여러분의 합격을 응원하
해커스공무원의 특별 혜택

FREE 공무원 국어 **특강**

해커스공무원(gosi.Hackers.com) 접속 후 로그인 ▶ 상단의 [무료강좌] 클릭 ▶ [교재 무료특강] 클릭하여 이용

해커스공무원 온라인 단과강의 **20% 할인쿠폰**

8F738D87E652DBTE

해커스공무원(gosi.Hackers.com) 접속 후 로그인 ▶ 상단의 [나의 강의실] 클릭 ▶
좌측의 [쿠폰등록] 클릭 ▶ 위 쿠폰번호 입력 후 이용

* 등록 후 7일간 사용 가능(ID당 1회에 한해 등록 가능)

합격예측 **온라인 모의고사 응시권 + 해설강의 수강권**

C3F9EDC8A744QECH

해커스공무원(gosi.Hackers.com) 접속 후 로그인 ▶ 상단의 [나의 강의실] 클릭 ▶
좌측의 [쿠폰등록] 클릭 ▶ 위 쿠폰번호 입력 후 이용

* ID당 1회에 한해 등록 가능

해커스 매일국어 **어플 이용권**

48A8TUJCQVXZ5YVV

구글 플레이스토어/애플 앱스토어에서 [해커스 매일국어] 검색 ▶
어플 다운로드 ▶ 어플 이용 시 노출되는 쿠폰 입력란 클릭 ▶ 위 쿠폰번호 입력 후 이용

▲ 매일국어 어플 바로가기

* 등록 후 30일간 사용 가능

* 해당 자료는 [해커스공무원 국어 기본서] 교재 내용으로 제공되는 자료로, 공무원 시험 대비에 도움이 되는 유용한 자료입니다.

쿠폰 이용 관련 문의 1588-4055

단기 합격을 위한
해커스공무원 커리큘럼

입문

탄탄한 기본기와 핵심 개념 완성!

누구나 이해하기 쉬운 개념 설명과 풍부한 예시로 부담없이 쌩기초 다지기
TIP 베이스가 있다면 **기본 단계**부터!

▼

기본+심화

필수 개념 학습으로 이론 완성!

반드시 알아야 할 기본 개념과 문제풀이 전략을 학습하고
심화 개념 학습으로 고득점을 위한 응용력 다지기

▼

기출+예상 문제풀이

문제풀이로 집중 학습하고 실력 업그레이드!

기출문제의 유형과 출제 의도를 이해하고 최신 출제 경향을 반영한
예상문제를 풀어보며 본인의 취약영역을 파악 및 보완하기

▼

동형문제풀이

동형모의고사로 실전력 강화!

실제 시험과 같은 형태의 실전모의고사를 풀어보며 실전감각 극대화

▼

최종 마무리

시험 직전 실전 시뮬레이션!

각 과목별 시험에 출제되는 내용들을 최종 점검하며 실전 완성

PASS

* 커리큘럼 및 세부 일정은 상이할 수 있으며,
자세한 사항은 해커스공무원 사이트에서 확인하세요.

단계별 교재 확인 및
수강신청은 여기서!

gosi.Hackers.com

해커스공무원

혜원국어

적중 여신의

압도적 문법

핵심 이론과 필수 기출문제로
문법 2주 완성!

공무원 국어에서 '문법'을 빼면 속 빈 강정이라고 할 수 있다. '문법'은 그만큼 합격에 비중 있는 영역이다.

최근 출제 경향이 상당수 비문학(독해)에 치중되었다고 해도 '문법'을 가볍게 여겼다가는 큰코다치기 십상이다.
초시생들은 생소하게 느껴지는 기본 개념들이 많고,
재시생들은 눈으로 보면 다 알 것 같은데 막상 문제를 접하면 멍해지는 경우가 허다하기 때문이다.
그래서 이왕 할 문법이라면 제대로 확실하게 해 두어야 한다.

문법의 경우는 이론의 핵심을 정확하게 이해하여 암기하지 않으면, 쉬운 문제에서도 실수할 확률이 크다.
문법 문제의 유형은 쉬워졌을지 모르나,
문제를 구체적으로 살펴보면 내용을 확실하게 알지 못했을 때 혼동되는 선택지로 인해 정답을 찾기 어려워지기 때문이다.

따라서 국어 '고득점'과 '합격'을 위해서는 '문법'을 제대로 정확하게 배우고 이해하고 암기해야 한다.
여러분들의 문법 학습을 단기에 효과적으로 돕기 위해서 본 교재가 탄생했다.
방대한 국어 문법 중 문제풀이에 반드시 필요한 핵심 이론을 학습하고,
학습한 이론을 문제에 적용 시키는 구성을 통해 어렵게만 느껴졌던 국어 문법을 쉽고 효율적으로 학습할 수 있을 것이다.

『해커스공무원 혜원국어 적중 여신의 압도적 문법』은
1. 충분히 '문법'을 이해할 수 있도록 쉽게 풀어 쓰고, 암기할 사항은 표로 정리하였다.
2. 학습의 극대화를 위해 최신 기출문제와 확인문제를 수록하여 '문법' 이론이 문제로 어떻게 실현되는지 체득할 수 있
   게 하였다.
3. 완벽한 이해를 돕는 다양한 부연설명을 통해 부족함 없는 이론 학습이 가능하다.

『해커스공무원 혜원국어 적중 여신의 압도적 문법』을 통해
수험생 여러분들의 합격에 이르는 시간이 확실히 단축되리라 믿는다.
가장 빠르고 효과적으로 문법을 쉽게 공략해 나감으로써 모든 수험생들이 압도적 합격에 한 발짝 가까워지기를 응원한다.

2024년 08월
노량진 연구실에서
고혜원

목차

이 책의 구성과 활용법

① 핵심 이론과 필수 기출문제로 문법 2주 완성!

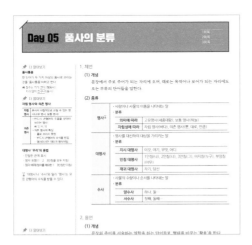

방대한 국어 문법 중, 문제풀이에 반드시 필요한 핵심 이론과 문제를 엄선하여 총 14개의 Day로 구성하였습니다.

매일 정해진 분량대로 학습하다보면 저절로 문제풀이 기술이 체화되어 2주만에 문법 실력을 완성할 수 있습니다.

② 이해를 돕는 다양한 학습장치로 핵심 문법 완전 정복!

더 알아보기

이론과 관련된 심화 내용을 수록하였습니다. 기본적인 내용 뿐만 아니라 좀 더 어려운 개념까지 확인할 수 있어 고난도 문제도 쉽게 공략할 수 있습니다.

별

이론을 더욱 쉽게 이해할 수 있도록 돕는 부연 설명을 수록하였습니다. 자칫 헷갈릴 수 있는 부분을 명쾌하게 설명해 주어 문법 이론을 보다 철저하게 학습할 수 있습니다.

③ 〈기출 문제〉와 〈확인 문제〉를 풀어보며 실전 감각 키우기!

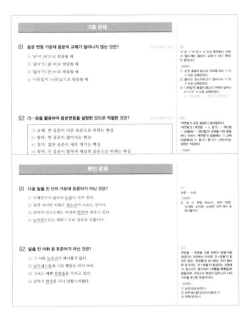

기출 문제

최신 기출 문제를 포함하여, 반드시 풀어봐야 하는 중요한 기출 문제를 엄선하여 수록하였습니다. 기출 문제를 풀어보며 자주 출제되는 중요한 기출 개념을 쉽게 파악할 수 있고, 실전 문제풀이 감각도 함께 끌어올릴 수 있습니다.

확인 문제

최신 출제 경향을 분석하여 앞으로 출제될 가능성이 높은 개념에 대한 확인 문제를 수록하였습니다. 실제 기출 문제와 동일한 유형의 문제를 풀어보면서 학습한 이론을 반복적으로 학습함으로써 어려운 문법 이론이 저절로 암기될 수 있습니다.

④ 개념이 저절로 학습되는 알찬 해설로 고득점 달성!

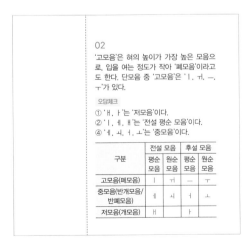

정답의 근거뿐만 아니라, 오답인 이유까지 상세하게 설명하여 문제풀이 학습 효과를 극대화할 수 있습니다.
선지 하나하나에 대한 설명을 꼼꼼하게 수록하여 해설만 보아도 부족함 없는 이론 학습이 가능합니다.

PART 1

언어와 국어

Day 01 언어와 국어

Day 01 언어와 국어

1. 언어의 특징

(1) 자의성

형식인 '언어'와 내용인 '의미' 사이에는 필연적인 관계가 없다.

[예] 동음이의어, 외국어, 방언, 언어의 변화 등

형식	내용

⇨ '형식'과 '내용'이 '1 : 多'의 관계이다.

(2) 규칙성

언어 안에는 일정한 규칙이 있다.

⇨ 문법적으로 올바른 문장을 만들어 내고, 비문법적인 문장을 바르게 고칠 수 있다.

(3) 사회성

언어는 사회적 약속이므로 개인이 함부로 바꿀 수 없다.

> "어째서 침대를 사진이라고 부르지 않느냔 말야."
> 남자는 그렇게 생각하며 미소를 지었다.
> "이제 달라질 거야."
> 이렇게 외치면서 그는 이제부터 침대를 '사진'이라고 부르기로 했다.
> "피곤하군, 사진 속으로 들어가야겠어."
> 그러고는 아침마다 한참씩 사진 속에 누운 채로 이제부터 의자를 뭐라고 부를지 고심했다. 그러다가 의자를 '시계'라고 부르기로 했다.
>
> – 피터 빅셀, <책상은 책상이다>

⇨ 개인이 함부로 언어를 바꿀 수 없다는 '사회성'을 무시한 것으로, 주인공은 앞으로 사람들과의 원활한 의사소통이 불가능해질 것이다.

(4) 역사성

언어는 사회적 약속이지만, 시간의 흐름에 따라 의미와 말소리 사이의 관계에 대한 사회적 약속이 변하기도 한다. 또 없던 말이 새롭게 생겨나기도 하고, 있던 말이 사라지기도 한다.

생성		컴퓨터, 나일론, 비행기, 버스 등
변화	형식의 변화	火(): 중세에는 '블'로 표기했는데, 현대에는 '불'로 표기함
	내용의 변화	**어여쁘다**: 중세에는 '불쌍하다'의 의미였는데, 현대에는 '아름답다'의 의미로 쓰임
사멸		미르[龍, 용 룡], 뫼[山, 뫼 산], 즈믄[千, 일천 천], 온[百, 일백 백] 등

(5) 창조성

인간은 새로운 단어를 만들어 내고, 또 이를 활용하여 무한한 문장과 글을 생성할 수 있다.

(6) 분절성

연속적인 것을 불연속적인 것으로 분절하여 언어로 나타낼 수 있다.

기호의 분절	기호 자체를 '음소, 형태소, 단어, 문장' 등의 단위로 나누어 인식함
개념의 분절	연속되는 시간의 흐름을 '봄, 여름, 가을, 겨울'로 나누어 인식하는 것과 같이 추상적인 개념도 분절하여(나누어) 인식함

(7) 추상성

언어는 각 대상의 공통된 속성을 뽑아 추상화할 수 있는데, 이를 '언어의 추상성(抽象性)'이라고 한다.

```
                              동물
                            (추상화)
        ┌──────────┬──────────┬──────────┐
       포유류        조류       파충류       양서류……
      (추상화)
   ┌────┬────┐
   개   고양이   원숭이……
```

2. 국어의 특징

(1) 음운적

① 파열음의 삼중 체계: 예사소리-된소리-거센소리

② 다른 언어에 비해 국어의 단모음은 10개로 많고, 마찰음은 3개(ㅅ, ㅆ, ㅎ)로 적다.

③ 종성에는 'ㄱ, ㄴ, ㄷ, ㄹ, ㅁ, ㅂ, ㅇ' 소리만 올 수 있고, 어두에는 두 개 이상의 자음이 올 수 없다.

(2) 어휘적

① 한자어, 감각어, 색채어, 친족어, 높임말이 발달하였다.

② 어휘의 삼중 체계: 고유어 - 한자어 - 외래어

✦ 더 알아보기

국어의 단모음 체계

구분	전설 모음		후설 모음	
고모음	ㅣ	ㅟ	ㅡ	ㅜ
중모음	ㅔ	ㅚ	ㅓ	ㅗ
저모음	ㅐ			ㅏ

(3) 형태적

① 단어 형성법이 발달하였다.

② 동사와 형용사의 활용 양상이 유사하다.

(4) 통사적

① 비교적 어순이 자유롭다.

② 조사나 문장 성분의 생략이 자주 일어난다.

③ '수식어+피수식어'의 순서로 배열한다.

예 귀여운 동생

3. 훈민정음

(1) 제자 원리

① 자음

📌 더 알아보기

기본자와 발음 기관의 모양

ㄱ	혀뿌리가 목구멍을 막는 모양
ㄴ	혀가 윗잇몸에 닿는 모양
ㅁ	입 모양
ㅅ	이 모양
ㅇ	목구멍 모양

가획자와 이체자

'가획자'는 소리의 세기가 세짐에 따라 획을 더하는 '가획의 원리'로 만들어진 글자이고, '이체자'는 그러한 원리를 따르지 않고 획만 더하여 만들어진 글자이다.

재출자

'재출자'는 초출자에 다시 'ㆍ'를 합용하여 만든 글자

상형의 원리	'기본자'는 발음 기관의 모양을 본떠 만듦
가획의 원리	기본자에 획을 더하여 '가획자'와 '이체자'를 만듦

구분	기본자	가획자	이체자
어금닛소리[牙音]	ㄱ	ㅋ	ㆁ
혓소리[舌音]	ㄴ	ㄷ, ㅌ	ㄹ
입술소리[脣音]	ㅁ	ㅂ, ㅍ	
잇소리[齒音]	ㅅ	ㅈ, ㅊ	ㅿ
목소리[喉音]	ㅇ	ㆆ, ㅎ	

② 모음

상형의 원리	'기본자'는 천지인(天地人), 즉 삼재(三才)를 본떠 만듦
합성의 원리	기본자를 서로 합쳐 초출자와 재출자를 만듦

구분	기본자	초출자(初出字)	재출자(再出字)
하늘[天]	ㆍ	ㅗ, ㅏ	ㅛ, ㅑ
땅[地]	ㅡ	ㅜ, ㅓ	ㅠ, ㅕ
사람[人]	ㅣ		

(2) 문자의 운용

⭐ '각자 병서'나 '합용 병서'로 만들어진 글자는 훈민정음 28자에 포함되지 않는다.

📌 더 알아보기

성조

훈민정음 창제 당시에는 의미를 구별하는 운소로 소리의 높낮이인 '성조'가 있었다. 이는 음절의 왼쪽에 '방점'을 찍어 나타내었다.

이어 쓰기[연서(連書)]	입술소리 아래에 'ㅇ'을 이어 써 순경음을 만듦 예 ㅱ, ㅸ, ㅹ, ㆄ		
나란히 쓰기[병서(竝書)]⭐	각자 병서	ㄲ, ㄸ, ㅃ, ㅆ, ㅉ, ㆅ	
	합용 병서	ㅺ, ㅼ, ㅽ, ㅾ / ㅄ, ㅄ, ㅶ, ㅷ / ㅴ, ㅵ	
붙여 쓰기[부서(附書)]	중성이 초성과 합칠 때에는 초성의 아래쪽이나 오른쪽에 놓임 예 ㄱ, 그, 고, 구 / ㄱ, 가, 거, 가		

01 <보기 1>의 사례와 <보기 2>의 언어 특성이 가장 잘못 짝지어진 것은?

2019 서울시 9급(6월)

보기 1

(가) '방송(放送)'은 '석방'에서 '보도'로 의미가 변하였다.

(나) '밥'이라는 의미의 말소리 [밥]을 내 마음대로 [법]으로 바꾸면 다른 사람들은 '밥'이라는 의미로 이해할 수 없다.

(다) '종이가 찢어졌어'라는 말을 배운 아이는 '책이 찢어졌어'라는 새로운 문장을 만들어 낸다.

(라) '오늘'이라는 의미를 가진 말을 한국어에서는 '오늘[오늘]', 영어에서는 'today(투데이)'라고 한다.

보기 2

| ⊙ 규칙성 | ⓒ 역사성 | ⓒ 창조성 | ⓔ 사회성 |

① (가) – ⓒ　② (나) – ⓔ　③ (다) – ⓒ　④ (라) – ⊙

02 다음 중 괄호 안에 들어갈 말로 가장 적절한 것은?

2017 사회복지직

'·'가 현대 국어에서 더 이상 사용되지 않고, '믈[水]'이 현대 국어에 와서 물로 형태가 바뀌었으며, '어리다'가 '어리석다[愚]'로 쓰이다가 현대 국어에 와서 '나이가 어리다[幼]'의 뜻으로 바뀌어 쓰이는 것 등과 같은 예에서 알 수 있는 언어의 특성을 언어의 (　　　)이라고 한다.

① 사회성　② 역사성　③ 자의성　④ 분절성

01

(라) 나라마다 '오늘'을 의미하는 단어의 표기와 소리가 다르다는 내용이다. 이는 언어의 형식과 내용 사이에 필연적 관계가 없다는 특성인 '언어의 자의성'과 관련이 있다. 따라서 '언어의 규칙성(⊙)'과의 연결은 바르지 않다.

오답체크

(가) '방송'의 의미가 시간에 따라 바뀐 경우이므로, 언어의 특성 중 '역사성(ⓒ)'과의 연결은 바르다.

(나) '밥'의 말소리를 개인이 멋대로 바꿀 경우 의사소통이 안 된다는 내용이다. 따라서 언어의 특성 중 '사회성(ⓔ)'과의 연결은 바르다.

(다) 배운 내용을 토대로, 새로운 말을 무한히 만들 수 있다는 내용이다. 따라서 언어의 특성 중 '창조성(ⓒ)'과의 연결은 바르다.

02

언어가 시대가 변화함에 따라 소멸하거나 형태나 의미가 바뀌는 것에 대한 내용이므로, 언어의 '역사성'과 관련 깊다.

오답체크

① '언어의 사회성'은 언어는 사회적 약속이므로, 개인이 함부로 바꿀 수 없다는 특성이다.

③ '언어의 자의성'은 형식과 내용의 관계가 필연적이지 않다는 특성이다.

④ '언어의 분절성'은 연속적인 것을 분절할 수 있다는 특성이다.

[정답]
01 ④　02 ②

03

"규칙이 존재한다."를 통해 '언어의 규칙성'에 대한 설명임을 알 수 있다. '언어의 분절성'은 연속된 세계를 언어가 분절적으로 표현하는 것으로 '기호의 분절'과 '개념의 분절'이 존재한다. 한 문장을 '음운, 형태소, 단어, 문장' 등으로 나누는 것은 '기호의 분절'에 해당하고, 무지개의 색처럼 연속적인 것을 '빨, 주, 노, 초, 파, 남, 보' 등 7색으로 구분하여 표현하는 것은 '개념의 분절'의 예이다.

오답체크
① '형식'과 '내용' 사이의 관계가 필연적이지 않다는 설명이므로, 자의성에 대한 설명으로 적절하다.
② '언어의 역사성'은 '언어'도 '생성, 변화, 소멸'의 과정을 거친다[가역성(可逆性)]는 말이므로, 설명이 적절하다.
③ '언어의 사회성'은 '언어는 사회적 약속'으로, 언중(言衆)에 의해 수용되면 개인이 함부로 바꿀 수 없다[불가역성(不可逆性)]는 말이므로, 설명이 적절하다.

04

우리말에 '접속 부사'는 있지만, '접속사'는 없다. 또 대명사는 있지만 '관계 대명사'는 없다.

오답체크
① 우리말에는 '주체 높임', '객체 높임', '상대 높임'이 있다. 따라서 높임법이 발달했다는 설명은 옳다.
③ 우리말의 어순은 자유로운 편이지만, 일반적으로 '주어 – 목적어 – 서술어'의 어순을 가지고 있다.
④ 우리말은 '문법 형태소(형식 형태소, 종속 형태소)'인 조사, 어미, 접사가 발달한 언어이다.

05

국어는 꾸미는 말(수식어)은 꾸밈을 받는 말(피수식어) '앞'에 온다.
예 새 신발

03 다음 중 언어의 특성에 대한 설명으로 적절하지 않은 것은?

2016 경찰 1차

① 언어의 자의성: 언어 형식과 내용의 관계가 반드시 고정된 것이 아니다.

② 언어의 역사성: 언어는 고정되어 불변하는 것이 아니라 시간의 흐름에 따라 의미나 형태가 변화하기도 한다.

③ 언어의 사회성: 언어 내용과 형식이 일단 한 사회 속에서 약속으로 굳어지면 아무나 마음대로 바꿀 수 없다.

④ 언어의 분절성: 음운, 단어, 문장, 담화 단위에 이르기까지 각 단위 혹은 단위 사이에 특정한 규칙이 존재한다.

04 한국어의 특성에 대한 설명으로 옳지 않은 것은?

2022 소방직 경력채용

① 높임법이 발달하였다.

② 접속사와 관계 대명사가 있다.

③ '주어 – 목적어 – 서술어'의 어순을 가지고 있다.

④ 문법적인 의미를 나타내는 문법 형태소가 발달하였다.

05 국어 문법의 특징으로 옳지 않은 것은?

2022 국회직 9급

① 어미가 발달되어 있다.

② 이중 주어 구문이 발달되어 있다.

③ 비교적 어순이 자유로운 언어에 속한다.

④ 공손성을 표현하는 수단이 발달했다.

⑤ 꾸미는 말이 꾸밈을 받는 말 뒤에 온다.

[정답]

03 ④   04 ②   05 ⑤

06 다음 중 국어의 특질에 대한 설명으로 가장 적절한 것은?

2020 경찰 1차

① 국어의 마찰음은 '예사소리 – 된소리 – 거센소리'의 3항 대립을 보인다.

② 국어의 단모음은 'ㅏ, ㅓ, ㅗ, ㅜ, ㅡ, ㅣ, ㅔ, ㅐ'로 모두 8개이다.

③ 국어는 조사와 어미로 다양한 문법적 기능을 수행하는 교착어적 특성을 가진다.

④ 국어의 어두(語頭)에는 '끝'과 같이 둘 이상의 자음이 올 수 있다.

07 훈민정음 제자 원리에 대한 설명으로 가장 옳지 않은 것은?

2024 서울시 9급

① 기본자와 가획자는 조음 기관의 모양을 공유한다.

② 순음은 가획될수록 음성학적 강도가 더 세진다.

③ 'ㅿ(반치음), ㄹ(리을)'은 가획자가 아닌 이체자이다.

④ 'ㆁ(옛이응), ㆆ(여린히읗)'은 조음 기관을 단순히 상형한 것이 아니라 그 자음이 발음되는 순간의 조음 기관을 상형한 것이다.

08 다음은 훈민정음의 제자 방법에 대한 설명이다. 이에 대한 예로 옳지 않은 것은?

2021 국회직 8급

> 훈민정음의 글자를 만드는 방법은 상형을 기본으로 하였다. 초성 글자의 경우 발음기관을 상형의 대상으로 삼아 ㄱ, ㄴ, ㅁ, ㅅ, ㅇ 기본 다섯 글자를 만들고 다른 글자들 중 일부는 '여(厲: 소리의 세기)'를 음성자질(音聲資質)로 삼아 기본 글자에 획을 더하여 만들었는데 이를 가획자라 한다.

① 아음 ㄱ에 획을 더해 가획자 ㅋ을 만들었다.

② 설음 ㄴ에 획을 더해 가획자 ㄷ을 만들었다.

③ 순음 ㅁ에 획을 더해 가획자 ㅂ을 만들었다.

④ 치음 ㅅ에 획을 더해 가획자 ㅈ을 만들었다.

⑤ 후음 ㅇ에 획을 더해 가획자 ㆁ(옛이응)을 만들었다.

06

국어는 체언 뒤에 격 조사가 붙어서 문장 성분을 표시한다. 또한 어간 뒤에 어미가 붙어 활용을 한다. 이처럼 국어는 조사와 어미가 붙어서 문법적 기능을 수행하는 교착어적(첨가어적) 특성을 갖는다.

오답체크

① '예사소리 – 된소리 – 거센소리'의 3항 대립을 보이는 것은 '마찰음'이 아니라 '파열음'과 '파찰음'이다. 파열음인 'ㄱ, ㄲ, ㅋ/ㄷ, ㄸ, ㅌ/ㅂ, ㅃ, ㅍ'과 파찰음인 'ㅈ, ㅉ, ㅊ'이 '예사소리 – 된소리 – 거센소리'의 3항 대립을 보인다.

② 소리를 내는 도중에 입술 모양이나 혀의 위치가 달라지지 않는 모음을 '단모음'이라 한다. 국어의 단모음은 'ㅏ, ㅐ, ㅓ, ㅔ, ㅗ, ㅚ, ㅜ, ㅟ, ㅡ, ㅣ'로 모두 10개이다.

④ 국어의 어두에 둘 이상의 자음(ㄲ, ㄸ, ㅃ 등)이 올 수 없다. 즉 국어의 어두에는 하나의 자음만 올 수 있다. 쌍자음 'ㄲ'은 하나의 자음이기 때문에 어두에 올 수 있다.

07

'ㆁ(옛이응)'은 'ㄹ'과 함께 이체자이다. '이체자'는 가획의 원리를 따르지 않고 획만 더하여 만들어진 글자이다.

오답체크

① 가획자는 소리의 세기가 세짐에 따라 획을 더하는 '가획의 원리'로 만들어진 글자이다. 따라서 기본자와 가획자는 조음 기관의 모양을 공유한다.

② 가획자는 소리의 세기가 세짐에 따라 획을 더하는 '가획의 원리'로 만들어진 글자이다. 따라서 순음(ㅁ)은 가획(ㅂ→ㅍ)될수록 음성학적 강도가 더 세질 것이다.

③ 가획의 원리를 따르지 않고 획만 더하여 만들어진 글자를 이체자라고 한다. 'ㅿ(반치음), ㄹ(리을)' 그리고 'ㆁ(옛이응)'이 여기에 속한다.

08

제시된 글에서는 기본자에 획을 더한 가획자에 대해 설명하고 있다. 그러나 'ㆁ(옛이응)'은 가획자가 아니라 이체자이다. 따라서 'ㆁ(옛이응)'은 가획자의 예로 적절하지 않다. 'ㅇ'의 가획자는 'ㆆ(여린 히읗)'과 'ㅎ'이다.

오답체크

① 'ㅋ'은 'ㄱ'의 가획자이다.

② 'ㄷ'은 'ㄴ'의 가획자이다.

③ 'ㅂ'은 'ㅁ'의 가획자이다.

④ 'ㅈ'은 'ㅅ'의 가획자이다.

[정답]

06 ③ 07 ④ 08 ⑤

09

〈보기〉에서 '가획자'는 획을 더할 때마다 소리의 세기가 세진다는 특징이 있다고 했다. 그런데 'ㄹ'은 '가획은 있으나' '소리의 세기와 관련이 없기 때문에 '가획자'가 아니라 '이체자'이다.

오답체크
② 'ㄷ'은 'ㄴ'의 가획자이다.
③ 'ㅂ'은 'ㅁ'의 가획자이다.
④ 'ㅊ'은 'ㅅ→ㅈ'의 가획자이다.

10

한글 창제 당시 초성 17자에 'ㅸ(순경음 비읍)'은 포함되지 않았다. 'ㅸ'은 운용의 원리 중 '이어 쓰기(연서)'에 의해 만들어진 '운용자'이다. 따라서 'ㅸ'이 포함된 '가비야본'은 초성 17자에 포함되지 않은 글자가 쓰인 것이다.

11

'가로로 나란히 써서'라는 부분과 예로 제시한 'ㄲ(각자 병서의 방식), ㅼ(합용 병서의 방식)' 등을 볼 때, 설명된 제자 원리는 '글자를 가로로 나란히 쓰는 방식'인 '竝書(나란히 병, 글 서)'이다.

오답체크
① 象形(본뜰 상, 모양 형): 모양을 본뜬다는 뜻으로, 자음과 모음의 기본자를 만든 원리이다.
② 加畫(더할 가, 그을 획=劃): 자음의 기본자에 획을 더하여 더 센소리가 나는 글자를 만드는 원리로, 'ㄷ, ㅌ' 등이 그 예이다.
④ 連書(이을 연, 글 서): 훈민정음에서 순경음(脣輕音)을 표기하기 위하여 순음자(脣音字, 입술소리) 밑에 'ㅇ'을 이어 쓰는 원리로, 'ㅸ, ㅹ, ㅱ, ㆄ' 등의 순경음이 그 사례가 된다.

---

09 〈보기〉의 밑줄 친 ㉠에 해당하는 글자가 아닌 것은?

2019 서울시 9급(6월)

보기

> 한글 중 초성자는 기본자, 가획자, 이체자로 구분된다. 기본자는 조음 기관의 모양을 상형한 글자이다. ㉠ 가획자는 기본자에 획을 더한 것으로, 획을 더할 때마다 그 글자가 나타내는 소리의 세기는 세어진다는 특징이 있다. 이체자는 획을 더한 것은 가획자와 같지만 가획을 해도 소리의 세기가 세어지지 않는다는 차이가 있다.

① ㄹ   ② ㄷ   ③ ㅂ   ④ ㅊ

10 다음 중 한글 창제 당시 초성 17자에 포함되지 않는 글자가 쓰인 것은?

2017 서울시 9급

① 님금   ② 늣거아

③ 바올   ④ 가비야본

11 다음에서 설명하는 훈민정음 제자 원리에 해당하는 것은?

2015 서울시 9급

> 'ㄱ, ㄷ, ㅂ, ㅅ, ㅈ, ㆆ' 등을 가로로 나란히 써서 'ㄲ, ㄸ, ㅃ, ㅆ, ㅉ, ㆅ'을 만드는 것인데, 필요한 경우에는 'ㅺ, ㅼ, ㅽ, ㅲ, ㅳ, ㅴ, ㅶ, ㅵ' 등도 만들어 썼다.

① 象形   ② 加畫

③ 竝書   ④ 連書

[정답]

09 ①   10 ④   11 ③

01 ㉠을 뒷받침할 수 있는 예로 가장 옳은 것은?

> 어휘 상호 간의 역학적 경쟁 원리는 ㉠ 어휘의 형식과 의미는 필연적으로 고착된 관계가 아니라는 것을 보여 주는 것으로, 의미 확장의 욕구와 기능 부담 경감의 욕구가 자연스럽게 공존하는 결과를 낳는다.

① '제비, 까치, 백조' 등의 공통점을 추출하여 '새'라고 한다.
② '생일'을 일본인은 'たんじょうび'로, 영국인은 'birthday'로 부른다.
③ 고유어인 '온'은 한자어 '백(百)'에 밀려 현재는 사용되지 않고 있다.
④ 무수히 많은 색이 연속된 무지개를 7가지 색으로 구분하여 표현한다.

02 다음에서 알 수 있는 언어의 특성으로 적절한 것은?

> '방송(放送)'은 과거에 '죄인을 감옥에서 나가도록 풀어 주던 일'이라는 의미로 사용되었지만, 지금은 '라디오나 텔레비전을 통하여 널리 듣고 볼 수 있도록 음성이나 영상을 전파로 내보내는 일'이라는 의미로 사용된다.

① 언어의 체계성 ② 언어의 창조성
③ 언어의 자의성 ④ 언어의 역사성

03 다음 중 <보기>의 단어들과 가장 관련이 있는 언어의 특성은?

> **보기**
>
> 사랑, 우정, 행복

① 자의성   ② 창조성   ③ 추상성   ④ 분절성

01
어휘의 형식과 의미가 필연적인 고착 관계가 아니라는 것은 '언어의 자의성'을 의미한다. 자의성은 어휘의 형식과 의미가 필연적인 관계가 아님을 나타내는 언어의 특성이므로, 뒷받침할 수 있는 예로는 ②가 가장 적절하다.

오답체크
① 언어의 의미는 같은 부류의 사물들에서 공통적 속성을 뽑아내는 추상화의 과정을 거쳐서 형성된다는 '언어의 추상성'과 관련된 예이다.
③ 언어는 '생성, 성장, 소멸'의 과정을 거친다는 '언어의 역사성'과 관련된 예이다.
④ 언어는 연속적인 실체를 분절적(불연속적)으로 표현한다는 것으로 '언어의 분절성'과 관련된 예이다.

02
'방송'의 의미가 시간의 흐름에 따라 변했다는 점에서 '언어의 역사성'에 관한 것이다.

03
<보기>의 단어는 '추상 명사'라는 공통점을 지닌다. 즉 추상적인 관념도 언어로 만들어 표현할 수 있다는 점에서 <보기>는 '언어의 창조성'과 관련이 있다.

오답체크
③ '추상성'은 각 대상의 공통된 속성을 뽑아 추상화(상위어와 하위어로의 구분)할 수 있다는 특성으로, <보기>와는 관련이 없다.

[정답]
01 ② 02 ④ 03 ②

04

우리말은 '고유어 – 한자어 – 외래어'의 삼중 체계를 이루고 있는데, 그중 한자어의 비율이 가장 높다.

오답체크
① 우리나라는 오랜 기간 유교 사회, 대가족 사회였기 때문에 '높임 표현, 친족어'가 발달해 있다.
② 우리말은 색채를 나타내는 색채 표현이 다양하다.
④ 우리말은 대강 짐작으로 잡은 수인 '어림수'에 관한 말이 발달해 있다.

05

국어의 마찰음은 'ㅅ, ㅆ, ㅎ'이다. 국어의 단모음의 수는 10개로 다른 언어에 비해 많은 편이지만, 마찰음의 수는 3개로 다른 언어에 비해 적은 편이다.

오답체크
① 격 조사에 의해 문장 성분이 결정되기 때문에, 어순은 비교적 자유롭다.
② 국어에는 음절의 첫소리에 두 개 이상의 자음이 올 수 없다는 제약이 있다(어두 자음군의 제약).
④ 파열음 계열의 자음은 'ㄱ – ㄲ – ㅋ'와 같이 '예사소리(평음) – 된소리(경음) – 거센소리(격음, 유기음)'의 삼중 체계를 이루고 있다.

06

'어찌하든지 간에'라는 뜻을 가진 '하여간(何如間)'만 한자어이고, 나머지는 모두 고유어이다.

04 다음 중 국어의 어휘적 특징이 아닌 것은?

① 높임 표현과 친족어가 발달해 있다.

② 색채를 나타내는 표현이 다양하다.

③ 우리말 중 고유어의 비율이 가장 높다.

④ '한둘, 서너'와 같은 어림수 표현이 발달해 있다.

05 다음 중 한국어의 특징으로 옳지 않은 것은?

① 문장 성분 간 이동이 자유로운 편이다.

② 두 개 이상의 자음이 첫소리에 올 수 없다.

③ 다른 언어에 비해 단모음과 마찰음의 수가 많은 편이다.

④ 파열음 계열은 '예사소리 – 된소리 – 거센소리'의 삼중 체계이다.

06 <보기>를 참고할 때, 밑줄 친 부분 중 어휘의 종류가 다른 하나는?

보기

국어의 어휘는 고유어, 한자어, 외래어의 삼중 체계를 이루고 있는데, 그중 가장 비율이 높은 것은 한자어이다.

① 아무튼, 불행 중 다행이다.

② 다만 너를 만나고 싶을 뿐이다.

③ 아내는 조용히 그러나 단호하게 말했다.

④ 하여간 이번 일은 네가 알아서 처리해라.

PART 2

음운론

📌 더 알아보기
음소와 운소

음운	음소 = 분절 음운 예 자음, 모음
	운소 = 비분절 음운 예 소리의 길이, 억양 등

📌 더 알아보기
조음 방법에 따른 분류

파열음	공기의 흐름을 완전히 막았다가 순간적으로 터뜨리면서 내는 소리
마찰음	마찰을 일으키면서 내는 소리
파찰음	공기의 흐름을 막았다가 터뜨리는 과정에서 터뜨리는 속도를 지연시키면서 마찰을 일으키면서 내는 소리
비음	입안의 통로를 막고 코로 공기를 내보내면서 내는 소리
유음	혀끝을 잇몸에 가볍게 대었다가 떼면서 나는 소리 또는 혀끝을 잇몸에 댄 채 날숨을 양옆으로 흘려보내면서 내는 소리

1. 음운(음소 + 운소)

뜻을 구별하게 해 주는 가장 작은 소리 단위를 말한다.

2. 자음 체계

(1) 자음의 개념

사람이 소리를 낼 때, 목 안 또는 입안에서 장애를 받고 나는 소리를 말한다.

(2) 자음 분류 기준

① 조음 위치

② 조음 방법

③ 울림 여부

④ 소리의 세기(예사소리-된소리-거센소리)

울림 여부	조음 방법	소리의 세기	양순음 (입술소리)	치조음 (혀끝소리)	경구개음 (센입천장 소리)	연구개음 (여린입천장소리)	후음 (목청소리)
안울림 소리	파열음	예사소리	ㅂ	ㄷ		ㄱ	
		된소리	ㅃ	ㄸ		ㄲ	
		거센소리	ㅍ	ㅌ		ㅋ	
	파찰음	예사소리			ㅈ		
		된소리			ㅉ		
		거센소리			ㅊ		
	마찰음	예사소리		ㅅ			ㅎ
		된소리		ㅆ			
울림 소리	비음		ㅁ	ㄴ		ㅇ	
	유음			ㄹ			

3. 모음 체계

(1) 모음의 개념

① 목 안 또는 입안에서 장애를 받지 않고 나는 소리를 말한다.

② 발음하는 동안 입술 모양이나 혀의 위치의 '변화' 여부를 기준으로 '단모음'과 '이중 모음'으로 나눈다.

- 발음하는 동안 입술 모양이나 혀의 위치가 변하지 않는 모음
- 단모음 종류

구분	전설 모음		후설 모음	
	평순 모음	원순 모음★	평순 모음	원순 모음
고모음 (폐모음)	ㅣ	ㅟ	ㅡ	ㅜ
중모음 (반개모음/ 반폐모음)	ㅔ	ㅚ	ㅓ	ㅗ
저모음 (개모음)	ㅐ		ㅏ	

단모음

- 단모음 분류 기준
  - 입술 모양
  - 혀의 높낮이
  - 혀의 전후 위치
  - 개구도(입 벌림 정도)

이중 모음

발음하는 동안 입술 모양이나 혀의 위치가 변하는 모음

예 ㅑ, ㅒ, ㅕ, ㅖ, ㅘ, ㅙ, ㅛ, ㅝ, ㅞ, ㅠ, ㅢ

★ 'ㅟ', 'ㅚ'는 이중 모음으로도 발음할 수 있다.

4. 소리의 길이(장단)

'비분절 음운'은 홀로 실현되지 못하고 분절 음운 중 '모음'에 얹혀서 실현된다★. 소리의 길이를 다르게 함으로써 단어의 뜻을 구별하므로 '소리의 길이'도 음운이다.

★ 장음은 단어의 첫음절의 '모음'에서만 실현된다.
예 눈[눈:] - 첫눈[천눈]

보충 시험에 자주 나오는 장음 단어

장음	단음
눈[snow]	눈[eyes]
말[language]	말[horse]
벌[bees]	벌[벌 받다]
굴[굴에 살아요]	굴[먹는 굴]
배[double]	배[먹는 배, 타는 배]
모자[어머니+아들]	모자[hat]
부자[rich man]	부자[아버지+아들]
경기[야구 경기]	경기[경기가 나쁘다]
성인[saint]	성인[법적 성인]

01

국어의 유음은 'ㄹ'뿐이다. 제시된 'ㄴ, ㅁ, ㅇ'은 유음이 아니라 '비음'이다.

01 설명이 옳지 않은 것은? 2017 국가직 9급

① 'ㄴ, ㅁ, ㅇ'은 유음이다.

② 'ㅅ, ㅆ, ㅎ'은 마찰음이다.

③ 'ㅡ, ㅓ, ㅏ'는 후설 모음이다.

④ 'ㅟ, ㅚ, ㅗ, ㅜ'는 원순 모음이다.

02

'ㅂ'은 양순음이므로 [+양순음]이 맞고, 'ㄱ'은 연구개음으로 '치조음'의 특성을 갖고 있지 않기 때문에 [-치조음]이 맞다.

오답체크

① 'ㄱ'은 '경구개음'이 아니라 '연구개음'이므로 [+경구개음]은 틀렸다. 'ㄹ'은 치조음으로, '후음'의 특성을 갖고 있지 않기 때문에 [-후음]은 맞다.

② 'ㅁ'은 양순음으로, 경구개음의 특성을 갖고 있지 않기 때문에 [-경구개음]은 맞다. 'ㅂ'은 양순음으로, '후음'의 특성을 갖고 있지 않기 때문에 [+후음]은 틀렸다.

④ 'ㅎ'은 후음이므로, [-후음]은 틀렸다. 'ㄱ'은 연구개음이므로, [-연구개음]도 틀렸다.

02 주어진 단어의 자음 두 개를 <보기>의 조건에 따라 순서대로 나타낼 때, 모두 옳은 것은? 2017 사회복지직

> **보기**
>
> 하나의 음운이 가진 조음 위치의 특성을 +라고 하고, 가지고 있지 않은 특성을 -로 규정한다. 예컨대 'ㅌ'은 [+치조음, -양순음, -경구개음, -연구개음, -후음]으로 나타낼 수 있다.

① 가로: [+경구개음], [-후음]

② 미비: [-경구개음], [+후음]

③ 부고: [+양순음], [-치조음]

④ 효과: [-후음], [-연구개음]

[정답]

01 ① 02 ③

03 현대 국어의 자음에 대한 다음과 같은 분류에서 파열음, 파찰음, 마찰음, 유음, 비음의 다섯 가지로 나누는 기준은? 2009 국가직 9급

> 현대 국어의 자음(子音)은 파열음(破裂音) /ㅂ, ㅃ, ㅍ, ㄷ, ㄸ, ㅌ, ㄱ, ㄲ, ㅋ/, 파찰음(破擦音) /ㅈ, ㅉ, ㅊ/, 마찰음(摩擦音) /ㅅ, ㅆ, ㅎ/, 유음(流音) /ㄹ/, 비음(鼻音) /ㅁ, ㄴ, ㅇ/ 등의 열아홉이다.

① 소리 내는 위치

② 소리 내는 방법

③ 혀의 위치

④ 입술의 모양

04 〈보기〉의 조건에 따라서 국어의 단모음을 나눈다면 가장 맞지 않는 것은? 2020 경찰 1차

> **보기**
>
> 국어의 단모음은 '혀의 앞뒤(앞, 뒤)'와 '혀의 높낮이(높음, 중간, 낮음)', '입술의 둥긂(둥긂, 안 둥긂)'에 따라 나눈다.

① ㅣ: 앞, 높음, 안 둥긂

② ㅓ: 뒤, 중간, 둥긂

③ ㅜ: 뒤, 높음, 둥긂

④ ㅚ: 앞, 중간, 둥긂

03

'파열음, 파찰음, 마찰음, 유음, 비음'으로 나누는 것은 소리 내는 방법(조음 방법)에 따른 것이다.

오답체크

① 소리 내는 위치에 따라 '양순음(입술소리, ㅂ/ㅃ/ㅍ/ㅁ), 치조음(혀끝소리, ㄷ/ㄸ/ㅌ/ㅅ/ㅆ/ㄴ/ㄹ), 경구개음(=센입천장소리, ㅈ/ㅉ/ㅊ), 연구개음(=여린입천장소리, ㄱ/ㄲ/ㅋ/ㅇ), 후두음(목청소리, ㅎ)'으로 나뉜다.

③ 혀의 위치는 모음을 분류하는 방법이다. 모음은 혀의 전후 위치에 따라 '전설 모음, 후설 모음'으로, 혀의 높낮이에 따라 '고모음, 중모음, 저모음'으로 분류된다.

④ 입술의 모양은 모음을 분류하는 방법이다. 모음은 입술 모양에 따라 '평순 모음, 원순 모음'으로 분류된다.

04

〈보기〉의 설명처럼 국어의 단모음은 혀의 앞뒤를 기준으로 '전설 모음, 후설 모음'으로, 혀의 높낮이를 기준으로 '고모음, 중모음, 저모음'으로, 입술 모양을 기준으로 '원순 모음, 평순 모음'으로 나눈다. 단모음 체계를 볼 때, 가장 옳지 않은 것은 ②의 'ㅓ'이다. 'ㅓ'의 혀의 위치는 '뒤', 혀의 높낮이는 '중간', 입술의 둥긂은 '안 둥긂'이다. 따라서 'ㅓ'를 '둥긂'이라고 제시한 ②의 분류는 맞지 않다.

[정답]

03 ② 04 ②

05

모음은 혀의 상하 위치(높이)에 따라 '고모음(高母音)', '중모음(中母音)', '저모음(低母音)'으로 나뉜다. 그중 혀의 위치(높이)가 가장 높은 고모음에는 'ㅣ, ㅟ, ㅡ, ㅜ'가 있다. 따라서 'ㅟ, ㅜ, ㅡ'가 쓰인 ①이 답이다.

오답체크

② 'ㅚ, ㅓ, ㅗ'는 혀의 위치가 중간인 '중모음'이다. '중모음'에는 'ㅔ, ㅚ, ㅓ, ㅗ'가 있다.

③ 'ㅐ, ㅏ'는 혀의 위치가 가장 낮은 '저모음'이고, 'ㅔ'는 혀의 위치가 중간인 '중모음'이다.

④ 'ㅣ'만 혀의 위치가 가장 높은 '고모음'이다. 'ㅔ'는 '중모음', 'ㅏ'는 '저모음'이다.

05 모음을 발음할 때 혀의 위치가 가장 높은 것으로만 묶은 것은?

2016 기상직 9급

① 위, 수, 그

② 죄, 너, 도

③ 개, 라, 네

④ 이, 베, 가

06

'장단'은 '모음'에 얹혀서 소리가 나기 때문에 '모음'과 '자음' 중 '모음'과만 관련이 있다.

오답체크

①, ③ '음운'은 뜻을 구별하는 소리의 가장 작은 단위이다. 그런데 '장단'과 '억양'은 '자음'이나 '모음'처럼 분절이 되지 않는다는 점에서 '분절 음운'과 구별하여, '비분절 음운'이라고 부른다.

④ 국어의 장음, 즉 '긴소리'는 첫째 음절에서만 나타난다. 예를 들어 '눈[雪]'이 첫째 음절에서는 장음[눈ː]으로 발음되지만, '첫눈'과 같이 둘째 음절 이하에서는 [천눈]으로 발음된다.

06 국어의 비분절 음운에 대한 설명으로 가장 적절하지 않은 것은?

2018 경찰 1차

① 국어의 비분절 음운에는 장단과 억양이 있다.

② 국어에서 장단의 문제는 모음과 자음 모두에 해당된다.

③ 국어의 비분절 음운은 자음, 모음처럼 정확히 소리마디의 경계를 그을 수 없지만 말소리 요소로서 의미를 변별하는 기능을 한다.

④ 국어에서 장음은 일반적으로 단어의 첫째 음절에 나타나는데, 특이하게 둘째 음절 이하에 오면 장음이 단음으로 발음되는 경향이 있다.

[정답]

05 ①   06 ②

01 다음 중 국어의 자음과 모음에 대한 설명으로 바른 것은?

① 국어의 마찰음에는 'ㅅ, ㅆ'만 있다.

② 'ㅈ, ㅉ, ㅊ'은 울림 여부로 구분된다.

③ 'ㅚ, ㅞ'는 단모음과 이중 모음 모두 발음할 수 있다.

④ 비음과 유음, 모음은 '유성음'이라는 공통점을 갖고 있다.

02 다음 중 '고모음'으로만 묶인 것은?

① ㅐ, ㅏ

② ㅣ, ㅔ, ㅐ

③ ㅣ, ㅟ, ㅡ, ㅜ

④ ㅔ, ㅚ, ㅓ, ㅗ

03 다음 중 소리의 길이가 같은 말로만 묶인 것은?

| ㄱ. 눈[眼] | ㄴ. 배[梨] | ㄷ. 말[言] | ㄹ. 상(賞) |

① ㄱ, ㄴ

② ㄱ, ㄹ

③ ㄴ, ㄷ

④ ㄱ, ㄴ, ㄹ

01

자음 중 '비음(ㄴ, ㅁ, ㅇ)과 유음(ㄹ)' 그리고 모든 모음은 유성음(울림소리)이다.

오답체크

① 'ㅅ, ㅆ' 외에도 'ㅎ'이 있다.

② 'ㅈ, ㅉ, ㅊ'은 무성음(안울림소리)으로, 소리의 세기에 따라 구분된다.

③ 'ㅚ, ㅟ'만 단모음과 이중 모음 모두 발음할 수 있다. 'ㅞ'는 이중 모음으로만 발음한다.

02

'고모음'은 혀의 높이가 가장 높은 모음으로, 입을 여는 정도가 작아 '폐모음'이라고도 한다. 단모음 중 '고모음'은 'ㅣ, ㅟ, ㅡ, ㅜ'가 있다.

오답체크

① 'ㅐ, ㅏ'는 '저모음'이다.

② 'ㅣ, ㅔ, ㅐ'는 '전설 평순 모음'이다.

④ 'ㅔ, ㅚ, ㅓ, ㅗ'는 '중모음'이다.

구분	전설 모음		후설 모음	
	평순 모음	원순 모음	평순 모음	원순 모음
고모음(폐모음)	ㅣ	ㅟ	ㅡ	ㅜ
중모음(반개모음/반폐모음)	ㅔ	ㅚ	ㅓ	ㅗ
저모음(개모음)	ㅐ		ㅏ	

03

'ㄱ(보는 눈), ㄴ(먹는 배), ㄹ(받는 상)'은 '짧은소리'로 발음한다.

오답체크

'ㄷ(하는 말)'은 '긴소리'로 발음한다.

[정답]

01 ④   02 ③   03 ④

1. 음운의 변동

(1) 개념

발음할 때 음운이 일정한 환경에서 변하는 현상이다.

(2) 종류

구분	내용
교체	어떤 음운이 다른 음운으로 바뀌는 현상 예 부엌 → [부억]
탈락	두 음운 중 어느 한 음운이 없어지는 현상 예 넋 → [넉]
축약	두 음운이 하나의 음운으로 줄어드는 현상 예 좋다 → [조타]
첨가	형태소가 합성될 때 그 사이에 특정 음운이 덧붙는 현상 예 맨입 → [맨닙]

📌 **더 알아보기**
음운 변동의 원인

조음 편리화의 원리	발음을 쉽게 하기 위해(경제성) 예 음절의 끝소리 규칙, 동화, 축약, 탈락
표현 효과의 원리	소리를 분명하게 구별하기 위 해(명확성) 예 경음화, 사잇소리 현상, 첨가

2. 교체

📌 **더 알아보기**
받침의 발음

대표음 ┬ ① 받침 + 자음
        │   예 잎도[입도→입또]
        └ ② 받침 + 모음(실질 형태소)
             예 잎 안[이반]

연음 ── ③ 받침 + 모음(형식 형태소)
             예 잎이[이피]

	음절의 끝에 'ㄱ, ㄴ, ㄷ, ㄹ, ㅁ, ㅂ, ㅇ' 이외의 자음이 올 때, 일곱 개의 자음 중 하나로 교체되는 현상		
음절의 끝소리 규칙	**환경(음절의 끝소리)**	→	**대표음**
	ㄱ, ㄲ, ㅋ		[ㄱ] 예 깎다[깍따], 키읔[키윽]
	ㄴ		[ㄴ] 예 난[난]
	ㄷ, ㅌ, ㅅ, ㅆ, ㅈ, ㅊ, ㅎ		[ㄷ] 예 솟다[솓따], 낮잠[낟짬]
	ㄹ		[ㄹ] 예 달나라[달라라]
	ㅁ		[ㅁ] 예 밤[밤]
	ㅂ, ㅍ		[ㅂ] 예 앞[압]
	ㅇ		[ㅇ] 예 공[공]
된소리되기	· 예사소리인 'ㄱ, ㄷ, ㅂ, ㅅ, ㅈ'이 된소리 'ㄲ, ㄸ, ㅃ, ㅆ, ㅉ'으로 교체되는 현상 · 유형 ① 받침 'ㄱ, ㄷ, ㅂ' 뒤 자음 'ㄱ, ㄷ, ㅂ, ㅅ, ㅈ'이 올 때 예 국밥[국빱] ② 어간 받침 'ㄴ(ㄸ), ㅁ(ㄻ), ㄼ, ㄾ'이 'ㄱ, ㄷ, ㅅ, ㅈ'으로 시작하는 어미와 결합할 때★ 예 더듬지[더듬찌] ③ 관형사형 '-(으)ㄹ' 뒤 자음 'ㄱ, ㄷ, ㅂ, ㅅ, ㅈ'이 올 때 예 할 데[할떼] ④ 한자어에서 'ㄹ' 받침 뒤 자음 'ㄷ, ㅅ, ㅈ'이 올 때 예 갈증[갈쯩]

⭐ 사동이나 피동 접미사가 결합된 경우
에는 된소리로 교체되지 않는다.
예 안다[안따] – 안기다[안기다]

비음화	음절의 끝소리 'ㅂ, ㄷ, ㄱ'이 비음 'ㅁ, ㄴ' 앞에서 각각 비음 'ㅁ, ㄴ, ㅇ'으로 교체 (동화)되는 현상 예 밥물[밤물]
유음화	비음 'ㄴ'이 앞이나 뒤에 오는 유음 'ㄹ'의 영향을 받아 'ㄹ'로 교체(동화)되는 현상 예 신라[실라]
구개음화	음절의 끝소리가 'ㄷ, ㅌ'인 형태소가 'ㅣ'로 시작하는 형식 형태소와 결합하면 구개음 'ㅈ, ㅊ'으로 교체(동화)되는 현상 예 해돋이[해도지]

★ 더 알아보기

동화
· 비음화, 유음화, 구개음화는 같아진 다는 점에서 '동화' 현상으로 묶을 수 있다.

· 동화의 종류

유형 1	동화의 정도에 따라 ① 완전 동화 ② 불완전 동화
유형 2	동화의 방향에 따라 ① 순행 동화 ② 역행 동화 ③ 상호 동화

3. 탈락

(1) 자음 탈락

자음군 단순화	두 개의 자음이 음절의 끝소리에 놓이게 되면 하나가 탈락하는 현상 예 삶[삼]
'ㅎ' 탈락	'ㅎ'으로 끝나는 용언의 어간이 모음으로 시작하는 형식 형태소와 결합할 때 'ㅎ'이 탈락하는 현상 예 잃어[이러]
'ㅅ' 탈락	ㅅ'으로 끝나는 용언의 어간이 모음으로 시작하는 형식 형태소와 결합할 때 'ㅅ'이 탈락하는 현상 예 이어서(잇 - + - 어서)
'ㄹ' 탈락	'ㄹ'로 끝나는 용언의 어간이 'ㄴ, ㄹ, ㅂ, 시, 오'로 시작하는 어미와 결합할 때 어간의 'ㄹ'이 탈락하는 현상 예 (맛이) 단(달 - + - ㄴ)

(2) 모음 탈락

ㅡ 탈락	'ㅡ'로 끝나는 용언의 어간이 '-아/-어'로 시작하는 어미와 결합하면 어간의 'ㅡ'가 탈락하는 현상이다. 예 쓰다: 쓰 - + - 어 → 써
동음 탈락	어간의 끝소리 '-아/-어' 뒤에 같은 모음이 오면 하나가 탈락하는 현상이다. 예 가다: 가 - + - 아서 → 가서, 가 - + - 아 → 가 ⇨ 'ㅓ'를 탈락시켜 발음하는 것은 표준 발음이 아니다. 　　예 되어 → [*되](×) [되어/되여/뒈어/뒈여](○)

4. 축약

자음 축약	'ㄱ, ㄷ, ㅂ, ㅈ'이 'ㅎ'과 만나 'ㅋ, ㅌ, ㅍ, ㅊ'으로 축약되는 현상 예 먹히다[머키다]
모음 축약★	단모음과 단모음이 만나 하나의 이중 모음으로 축약되는 현상 예 되어 → 돼

★ 모음 축약에 대한 보상으로 장모음화 가 일어난다.
[예외] '오아 → 와, 지어 → 져, 찌어 → 쪄, 치어 → 쳐' 등은 보상적 장모음화, 즉 긴소리로 발음하지 않는다.

5. 첨가

'ㄴ' 첨가	복합어의 앞말에 받침이 있고 뒷말의 첫 음절이 'ㅣ, ㅑ, ㅕ, ㅛ, ㅠ'로 시작하는 경우, 뒷말의 초성 자리에 'ㄴ' 소리가 첨가되는 현상 **예** 맨입[맨닙]
'ㅅ' 첨가	합성어에서 앞말의 끝소리가 모음이고 뒷말의 첫소리가 유성음이나 평음일 때 두 명사 사이에서 된소리나 'ㄴ, ㄴㄴ' 음이 덧나 ㅅ을 표기하게 되는 경우 **예** 콧날(코 + 날)

'사잇소리 현상'의 결과로 나타나는 경음화 중 사이시옷 표기가 없는 경우는 '교체'로, 사이시옷 표기가 있으며 발음이 '경음화'되는 경우나 'ㄴ, ㄴㄴ 첨가'는 '첨가'로 본다.

보충 사잇소리 현상과 사이시옷 표기

• 사잇소리 현상★

개념	① 명사와 명사가 만날 때 ② 앞 명사가 울림소리로 끝나고 ③ 뒤 명사의 시작이 거센소리, 된소리가 아닐 때 ④ 발음에 '된소리, ㄴ 소리, ㄴㄴ 소리'의 첨가 현상이 나타나는 것

• 사이시옷 표기 = ㅅ 첨가

	어근	+	어근	→	합성어
환경	울림 소리 中 모음	+	안울림 예사소리	→	된소리 **예** 코+등 → 콧등[코뜽/콛뜽]
			ㅁ 혹은 ㄴ		ㄴ 첨가 **예** 코+물 → 콧물[콘물]
			ㅣ 혹은 반모음 y 모음이 첨가된 모음		ㄴㄴ 첨가 **예** 뒤+일 → 뒷일[뒨:닐]

특징	수의적 현상이므로, 동일한 환경이라도 실현되지 않을 수 있다.				
	○	×	○	×
	나랏일	나라말	횟수(回數)	회수(回收)
	혼잣말	인사말	술잔	주잔(酒盞)
	물고기	불고기	빨랫줄	동아줄

⇨ 사잇소리 현상이 일어나는 말 중 ① 앞 어근이 모음이고, ② 둘 중 하나가 고유어일 때 사이시옷을 표기한다.

더 알아보기

사잇소리 현상의 예외

2017년 3분기 개정으로 인해 기존 사잇소리 현상의 예외로 다루어왔던 '관건(關鍵), 불법(不法), 교과(敎科), 효과(效果), 반값'이 사잇소리 현상이 일어나는 발음과 사잇소리 현상이 없는 발음이 모두 인정되는 단어로 수정되었다.

01 음운 변동 가운데 음운의 교체가 일어나지 않는 것은?

2024 서울시 9급

① '낮'이 [낟]으로 발음될 때

② '줍다'가 [줍:따]로 발음될 때

③ '많다'가 [만:타]로 발음될 때

④ '나뭇잎'이 [나문닙]으로 발음될 때

02 ㉠~㉣을 활용하여 음운변동을 설명한 것으로 적절한 것은?

2024 지방직 9급

> ㉠ 교체: 한 음운이 다른 음운으로 바뀌는 현상
> ㉡ 탈락: 한 음운이 없어지는 현상
> ㉢ 첨가: 없던 음운이 새로 생기는 현상
> ㉣ 축약: 두 음운이 합쳐져 제삼의 음운으로 바뀌는 현상

① '색연필'의 발음에서는 ㉠과 ㉢이 나타난다.

② '외곬'의 발음에서는 ㉠과 ㉣이 나타난다.

③ '값지다'의 발음에서는 ㉡과 ㉢이 나타난다.

④ '깨끗하다'의 발음에서는 ㉢과 ㉣이 나타난다.

01

'ㅎ'과 'ㄷ'이 만나 'ㅌ'으로 축약된다. 따라서 '많다'에는 음운의 '교체'가 아닌 '축약'만 일어났다.

오답체크

① '낮'은 음절의 끝소리 규칙에 따라 'ㅈ'이 'ㄷ'으로 교체되었다.

② '줍다'는 된소리되기가 일어나서 'ㄷ'이 'ㄸ'으로 교체되었다.

④ '나뭇잎'은 음절의 끝소리 규칙이 일어나서 'ㅍ'이 'ㅂ'으로 교체되었다.
   ※ '나뭇잎'에는 'ㄴ' 첨가도 일어났다.

02

'색연필'의 표준 발음은 [생년필]이다. '색연필'은 [색연필 → (ㄴ첨가) → 색년필 → (비음화) → 생년필]의 과정을 거쳐 발음된다. 따라서 '색연필'의 발음에는 ㉠ 교체(비음화)와 ㉢ 첨가(ㄴ첨가)가 나타난다는 설명은 적절하다.

오답체크

② '외곬'은 [외곬 → (자음군 단순화) → 외골]의 과정을 거쳐 [외골]로 발음된다. 따라서 '외곬'은 ㉡ 탈락(자음군 단순화)만 나타난다.
   ※ 'ㅚ'는 [ㅞ]로 발음할 수 있기 때문에, '외곬'의 표준 발음은 [외골/웨골]이다.

③ '값지다'는 [값지다 → (자음군 단순화) → 갑지다 → (된소리되기) → 갑찌다]의 과정을 거쳐 [갑찌다]로 발음된다. 따라서 '값지다'는 ㉠ 교체(된소리되기)와 ㉡ 탈락(자음군 단순화)가 나타난다.

④ '깨끗하다'는 [깨끗하다 → (음절의 끝소리 규칙) → 깨끋하다 → (자음 축약) → 깨끄타다]의 과정을 거쳐 [깨끄타다]로 발음된다. 따라서 '깨끗하다'는 ㉠ 교체(음절의 끝소리 규칙)와 ㉣ 축약(자음 축약)이 나타난다.

[정답]

01 ③   02 ①

	복면 [봉면]	후행하는 비음 'ㅁ'의 영향을 받아 'ㄱ'이 비음 'ㅇ'으로 교체된다.
[A]	받는 [반는]	후행하는 비음 'ㄴ'에 영향을 받아 'ㄷ'이 비음 'ㄴ'으로 교체된다.
	잡목 [잠목]	후행하는 비음 'ㅁ'에 영향을 받아 'ㅂ'이 비음 'ㅁ'으로 교체된다.
[B]	난로 [날로] 권리 [궐리] 신라 [실라]	후행하는 유음 'ㄹ'에 영향을 받아 'ㄴ'이 유음 'ㄹ'로 교체된다.

이를 볼 때, [A]와 [B]는 모두 뒤에 오는 자음의 조음 방법에 동화되는 음운 변동이다.
※ [A]는 비음이 아닌 자음이 비음으로 바뀌었기 때문에 '비음화'이고, [B]는 유음이 아닌 자음이 유음으로 바뀌었기 때문에 '유음화'이다.

---

03 **[A]와 [B]에서 일어난 음운 변동의 공통점으로 가장 적절한 것은?** 2022 법원직 9급

> [A] 복면[봉면], 받는[반는], 잡목[잠목]
> [B] 난로[날로], 권리[궐리], 신라[실라]

① 앞에 오는 자음의 조음 위치에 동화되는 음운 변동이다.
② 앞에 오는 자음의 조음 방법에 동화되는 음운 변동이다.
③ 뒤에 오는 자음의 조음 위치에 동화되는 음운 변동이다.
④ 뒤에 오는 자음의 조음 방법에 동화되는 음운 변동이다.

⊙ 따뜻하다 [따뜨타다]	'따뜻하다'는 [따뜻하다 → (음절의 끝소리 규칙) → 다뜯하다 → (자음 축약) → 따뜨타다]의 과정을 거쳐 발음된다. '음절의 끝소리 규칙'은 '대치(교체)', '자음 축약'은 '축약'이다.
ⓛ 삯일 [상닐]	'삯일'은 [삯일 → (자음군 단순화) → 삭일 → (ㄴ첨가) → 삭닐 → (비음화) → 상닐]의 과정을 거쳐 발음된다. '자음군 단순화'는 '탈락', 'ㄴ 첨가'는 '첨가', '비음화'는 '대치(교체)'이다.

⊙에는 '음절의 끝소리 규칙'이, ⓛ에는 '비음화'가 확인되기 때문에, ⊙과 ⓛ 모두 음운의 대치 현상이 일어난다는 설명은 옳다.

오답체크
① 음운의 탈락 현상은 ⓛ에서만 확인할 수 있다.
② 음운의 첨가 현상은 ⓛ에서만 확인할 수 있다.
③ 음운의 축약 현상은 ⊙에서만 확인할 수 있다.
⑤ ⊙은 '축약'이 일어났기 때문에, 음운의 개수가 하나 줄어들었다. 그런데 ⓛ은 '탈락'과 '첨가'가 일어났기 때문에, 음운의 개수는 동일하다. 따라서 음운의 개수가 줄어든 것은 ⊙뿐이다.

---

04 **밑줄 친 ⊙과 ⓛ의 음운 변동에 대한 설명으로 옳은 것은?** 2022 국회직 9급

> 한 단어 내의 음운 변동은 여러 유형이 함께 나타날 수도 있다. ⊙ 따뜻하다[따뜨타다]와 ⓛ 삯일[상닐]에 일어나는 음운 변동에는 공통점과 차이점이 존재한다.

① ⊙과 ⓛ 중 ⊙에만 음운의 탈락 현상이 일어난다.
② ⊙과 ⓛ 중 ⊙에만 음운의 첨가 현상이 일어난다.
③ ⊙과 ⓛ 모두 음운의 축약 현상이 일어난다.
④ ⊙과 ⓛ 모두 음운의 대치 현상이 일어난다.
⑤ ⊙과 ⓛ 모두 음운 변동을 거치며 음운의 개수가 줄어든다.

[정답]

03 ④   04 ④

05 <보기>의 ㉠~㉣에 대한 설명으로 가장 적절하지 않은 것은?

2022 법원직 9급

> **보기**
>
> 음운의 변동은 한 음운이 다른 음운으로 바뀌는 교체, 한 음운이 없어지는 탈락, 새로운 음운이 생기는 첨가, 두 음운이 하나의 음운으로 합쳐지는 축약으로 구분된다. 한 단어가 발음될 때 이 네 가지 변동 중 둘 이상이 나타나는 경우도 있고 하나의 음운이 두 번 이상의 음운 변동을 겪기도 한다.
>
> ㉠ 꽃잎[꼰닙]　　　　　　　　㉡ 맏며느리[만며느리]
>
> ㉢ 닫혔다[다쳗따]　　　　　　㉣ 넓죽하다[넙쭈카다]

① ㉠~㉣은 모두 음운이 교체되는 현상이 일어난다.

② ㉠과 ㉡에서는 공통적으로 음운의 첨가가 일어난다.

③ ㉢에서는 두 개의 음운이 하나로 축약되는 현상이 일어난다.

④ ㉣에서는 음운의 탈락과 축약이 일어난다.

05

㉠~㉣의 음운 변동을 분석하면 다음과 같다.

㉠ 꽃잎 [꼰닙]	'꽃잎'은 [꽃잎 → (음절의 끝소리 규칙) → 꼳입 → (ㄴ 첨가) → 꼳닙 → (비음화) → 꼰닙]의 과정을 거쳐 발음된다.
㉡ 맏며느리 [만며느리]	'맏며느리'는 [맏며느리 → (비음화) → 만며느리]의 과정을 거쳐 발음된다.
㉢ 닫혔다 [다쳗따]	'닫혔다'는 [닫혔다 → (음절의 끝소리 규칙) → 닫혇다 → (자음 축약) → 다텯다 → (구개음화) → 다쳗다 → (된소리되기) → 다쳗따 → (단모음화) → 다쳗따]의 과정을 거쳐 발음된다.
㉣ 넓죽하다 [넙쭈카다]	'넓죽하다'는 [넓죽하다 → (자음군 단순화) → 넙죽하다 → (된소리되기) → 넙쭉하다 → (자음 축약) → 넙쭈카다]의 과정을 거쳐 발음된다.

음운의 첨가가 일어나는 것은 ㉠뿐이다. 따라서 ㉠과 ㉡에서는 공통으로 음운의 첨가가 일어난다는 설명은 적절하지 않다.

오답체크

① ㉠은 '음절의 끝소리 규칙, 비음화', ㉡은 '비음화', ㉢은 '음절의 끝소리 규칙, 구개음화, 된소리되기', ㉣은 '된소리되기'가 일어났다. 따라서 ㉠~㉣ 모두 음운이 교체되는 현상이 일어난다는 설명은 적절하다.

③ ㉢에서는 'ㄷ'과 'ㅎ'이 만나 'ㅌ'으로 축약되는 현상, 즉 자음 축약 현상이 일어났다. 따라서 ㉢에서는 두 개의 음운이 하나로 축약되는 현상이 일어난다는 설명은 적절하다.

④ ㉣에서는 음운의 탈락(자음군 단순화)과 축약(자음 축약)이 일어났다. 따라서 ㉣에서는 음운의 탈락과 축약이 일어난다는 설명은 적절하다.

※ ㉢ '닫혔다'의 최종 발음은 [다쳗따]가 맞다. 시험 문제의 오류이다.

[정답]

05 ②

06
'잡고'는 'ㅂ'과 'ㄱ'이 만나, 'ㄱ'이 'ㄲ'으로 교체되어 [잡꼬]로 발음된다. 따라서 'ㄱ, ㄷ, ㅂ' 뒤에서 일어나는 된소리되기의 예로 적절하다.

오답체크

② '손재주'의 표준 발음은 [손째주]가 맞다. 그러나 '손재주'의 '손'은 용언이 아니기 때문에 어간이 아니다. 따라서 '어간 받침' 뒤에서 일어나는 된소리되기의 예로 적절하지 않다. 이에 해당하는 용례로는 '신고[신ː꼬], 앉고[안꼬], 더듬지[더듬찌], 닮고[담ː꼬]' 등이 있다.
  ※ '손재주'는 명사 '손'과 명사 '재주'가 만난 합성어로 [손째주]로 발음되는 사잇소리 현상의 예에 해당한다.

③ '먹을 것'의 표준 발음은 [머글껃]이 맞다. 그러나 '먹을'과 '것'은 한자가 아니기 때문에 ⓒ의 예로 적절하지 않다. '먹을 것'은 ⓔ의 예에 해당한다. ⓒ에 해당하는 용례로는 '발동(發動)[발똥], 발전(發展)[발쩐], 몰상식(沒常識)[몰쌍식], 불세출(不世出)[불쎄출]' 등이 있다.

④ '갈등(葛藤)'의 표준 발음은 [갈뜽]이 맞다. 그러나 '갈등'의 '갈'은 관형사형 어미가 붙은 말이 아니다. '갈등'은 ⓒ의 예에 해당한다. ⓔ에 해당하는 용례로는 '할 적에[할쩌게], 갈 곳[갈꼳], 할 도리[할또리], 만날 사람[만날싸람]' 등이 있다.

07

'부엌일'은 '부엌'과 '일'의 합성어이다. 음운 변동의 과정은 다음과 같다.

1단계	'일'은 실질 형태소이기 때문에 '부엌'의 받침 'ㅋ'이 연음되지 않고, 음절의 끝소리 규칙에 따라 'ㅋ'이 'ㄱ'으로 교체(⊙)되어 [부억일]이 된다.
2단계	[부억일]에 'ㄴ'이 첨가(ⓒ)되어 [부억닐]이 된다.
3단계	[부억닐]의 'ㄱ'이 비음 'ㄴ'에 동화되어 [부엉닐]이 된다.

'부엌일'은 '음절의 끝소리 규칙(⊙)', 'ㄴ 첨가(ⓒ)', '비음화(⊙)'의 과정을 거쳐 [부엉닐]로 발음된다.

---

06 **⊙~ⓔ에 대한 예로 가장 적절한 것은?**

> 특정 음운 환경에서 'ㄱ, ㄷ, ㅂ, ㅅ, ㅈ' 같은 예사소리가 'ㄲ, ㄸ, ㅃ, ㅆ, ㅉ' 같은 된소리로 바뀌는 현상이 일어나는데, 이를 된소리되기 또는 경음화라고 한다. 된소리되기의 종류로는 ⊙'ㄱ, ㄷ, ㅂ' 뒤에서 일어나는 된소리되기, ⓒ 어간 받침 'ㄴ, ㅁ' 뒤에서 일어나는 된소리되기, ⓒ'ㄹ'로 끝나는 한자와 'ㄷ, ㅅ, ㅈ'으로 시작하는 한자가 결합할 때 일어나는 된소리되기, ⓔ 관형사형 어미 '-(으)ㄹ' 뒤에 있는 체언에서 일어나는 된소리되기 등이 있다.

① ⊙: 잡고 → [잡꼬]

② ⓒ: 손재주 → [손째주]

③ ⓒ: 먹을 것 → [머글껃]

④ ⓔ: 갈등 → [갈뜽]

---

07 **국어의 주요한 음운 변동을 다음과 같이 유형화할 때, '부엌일'에 일어나는 음운 변동 유형으로 옳은 것은?**

	변동 전		변동 후
⊙	XaY	→	XbY(교체)
ⓒ	XY	→	XaY(첨가)
ⓒ	XabY	→	XcY(축약)
ⓔ	XaY	→	XY(탈락)

① ⊙, ⓒ

② ⊙, ⓔ

③ ⓒ, ⓒ

④ ⓒ, ⓔ

[정답]

06 ①　07 ①

08 다음에 대한 설명으로 적절한 것은?

2019 지방직 9급

> ㉠ 가을일[가을릴] ㉡ 텃마당[턴마당]
>
> ㉢ 입학생[이팍쌩] ㉣ 흙먼지[흥먼지]

① ㉠: 한 가지 유형의 음운 변동이 나타난다.

② ㉡: 인접한 음의 영향을 받아 조음 위치가 같아지는 동화 현상이 나타난다.

③ ㉢: 음운 변동 전의 음운 개수와 음운 변동 후의 음운 개수가 서로 다르다.

④ ㉣: 음절 끝에 'ㄱ, ㄴ, ㄷ, ㄹ, ㅁ, ㅂ, ㅇ' 이외의 자음이 오면 이 7개의 자음 중 하나로 바뀌는 규칙이 적용된다.

09 다음의 음운 현상이 일어난 사례는?

2018 교육행정직 9급

> 어간 '가-'에 어미 '-아서'가 결합하면 '가서'가 된다. 이러한 사례처럼 어간과 어미가 결합할 때, 동일한 모음이 연속되면 그중 하나가 탈락한다.

① 봄이 <u>가고</u> 여름이 온다.

② 집에 <u>가니</u> 벌써 밤이었다.

③ 우리만 먼저 <u>가도</u> 괜찮을까?

④ 학교에 <u>가면</u> 친구들을 만난다.

08

'입학생'에 일어난 음운 변동은 자음 축약(거센소리되기)과 된소리되기이다. 음운 변동 전 '입학생'의 음운은 'ㅣ, ㅂ, ㅎ, ㅏ, ㄱ, ㅅ, ㅐ, ㅇ'으로 8개이다. 한편, 음운 변동이 일어난 [이팍쌩]의 음운은 'ㅣ, ㅍ, ㅏ, ㄱ, ㅆ, ㅐ, ㅇ'으로 7개이다. 따라서 음운 변동 전의 음운 개수와 음운 변동 후의 음운 개수가 서로 다르다는 ③의 설명은 적절하다.

오답체크

① '가을일'은 [가을일 → (ㄴ 첨가) → 가을닐 → (유음화) → 가을릴]의 과정을 거쳐서 발음된다. 즉 '가을일'에는 'ㄴ' 첨가와 '유음화'라는 두 개의 음운 변동이 일어났다. 따라서 한 가지 유형의 음운 변동이 나타난다는 설명은 적절하지 않다.

② '텃마당'은 [텃마당 → (음절의 끝소리 규칙) → 턷마당 → (비음화) → 턴마당]의 과정을 거쳐서 발음되는데, 이는 인접한 음 'ㅁ'의 영향을 받아 조음 방법이 같아지는 동화 현상이다. 따라서 인접한 음의 영향을 받아 조음 위치가 같아지는 동화 현상이 나타난다는 설명은 적절하지 않다.

④ '흙먼지'는 [흙먼지 → (자음군 단순화) → 흑먼지 → (비음화) → 흥먼지]의 과정을 거쳐 발음된다. '자음군 단순화'는 탈락 현상이다. 따라서 음절 끝에 'ㄱ, ㄴ, ㄷ, ㄹ, ㅁ, ㅂ, ㅇ' 이외의 자음이 오면 이 7개의 자음 중 하나로 바뀌는 규칙인 '음절의 끝소리 규칙'이 적용되었다는 설명은 적절하지 않다.

09

동음 탈락에 대한 내용이다. 동음 탈락이 되려면 원형에 어간과 같은 성격의 모음이 있어야 하므로, 어미가 단독으로 사용될 수 있는지 없는지를 우선적으로 파악해야 한다. 우리말에 '도'라는 어미는 존재하지 않으므로 '가도'의 원형은 '가아도'임을 알 수 있다. 즉 'ㅏ'가 반복됨으로써 탈락된 형태로 볼 수 있다.

※ 먹도(×), 먹어도(○), 보도(×), 보아도 =봐도(○)

오답체크

나머지 '-고, -(으)니, -(으)면'은 단독으로 사용할 수 있는 어미이므로 동음 탈락된 형태로 볼 수 없다.

[정답]

08 ③   09 ③

10
동화의 방향에 따라 '순행 동화'와 '역행 동화' 그리고 '상호 동화'로 나뉜다. ①의 '손난로'는 후행하는 유음 'ㄹ'의 영향을 받아 앞의 받침 'ㄴ'이 'ㄹ'로 교체되어 [손날로]로 발음된다. 따라서 '역행 동화'이다. 그런데 ①을 제외한 나머지는 모두 '순행 동화'이므로 동화의 방향이 다른 하나는 ①이다.

오답체크
② '불놀이'는 선행하는 유음 'ㄹ'의 영향을 받아 뒤의 'ㄴ'이 'ㄹ'로 교체되어 [불로리]로 발음되므로, '순행 동화'이다.
③ '찰나'는 선행하는 유음 'ㄹ'의 영향을 받아 뒤의 'ㄴ'이 'ㄹ'로 교체되어 [찰라]로 발음되므로 '순행 동화'이다.
④ '강릉'은 선행하는 비음 'ㅇ'의 영향을 받아 뒤의 'ㄹ'이 'ㄴ'으로 교체되어 [강능]으로 발음되므로 '순행 동화'이다.

11
'끓는'은 [끓는 → (자음군 단순화) → 끌는 → (유음화) → 끌른]의 과정을 거쳐 발음된다. '자음군 단순화'는 탈락이고 '유음화'는 대치이다. 따라서 '끓는[끌른]'에 '탈락'과 '대치(교체)'가 나타난다는 설명은 옳다.

오답체크
① '값진'은 [값진 → (자음군 단순화) → 갑진 → (된소리되기) → 갑찐]의 과정을 거쳐 발음된다. '자음군 단순화'는 탈락이고, '된소리되기'는 대치이다. 따라서 '값진'에 나타난 음운 변동은 '탈락'과 '대치'이다.
② '밖과'는 [밖과 → (음절의 끝소리 규칙) → 박과 → (된소리되기) → 박꽈]의 과정을 거쳐 발음된다. '음절의 끝소리 규칙'과 '된소리되기'는 대치이다. 따라서 '밖과'에 나타난 음운 변동은 '대치'뿐이다.
④ '밭도'는 [밭도 → (음절의 끝소리 규칙) → 받도 → (된소리되기) → 받또]의 과정을 거쳐 발음된다. '음절의 끝소리 규칙'과 '된소리되기'는 대치이다. 따라서 '밭도'에 나타난 음운 변동은 '대치'뿐이다.

12
'한여름'은 [한+여름 → (ㄴ 첨가) → 한녀름]의 과정을 거쳐 발음된다. ①~④ 중 ④의 '한여름'만 ⓒ의 '첨가 현상'과 관련이 있고, ④를 제외한 나머지는 모두 ㉠의 '대치(교체) 현상'과 관련이 있다. 따라서 음운 현상의 유형이 나머지 셋과 가장 다른 하나는 ④다.

오답체크
① 비음화
② 유음화
③ 경음화

[정답]
10 ①　11 ③　12 ④

---

10 동화의 방향이 다른 것은?
2018 서울시 7급

① 손난로

② 불놀이

③ 찰나

④ 강릉

11 음운 변동에 대한 설명으로 옳은 것은?
2018 지방직 7급

① 값진[갑찐]: 탈락, 첨가 현상이 있다.

② 밖과[박꽈]: 대치, 축약 현상이 있다.

③ 끓는[끌른]: 탈락, 대치 현상이 있다.

④ 밭도[받또]: 대치, 첨가 현상이 있다.

12 음운 현상은 변동의 양상에 따라 크게 다섯 가지로 구분된다. 다음 중 음운 현상의 유형이 나머지 셋과 가장 다른 하나는?
2017 서울시 9급

㉠ 대치 - 한 음소가 다른 음소로 바뀌는 음운 현상
㉡ 탈락 - 한 음소가 없어지는 음운 현상
ⓒ 첨가 - 없던 음소가 새로 끼어드는 음운 현상
㉣ 축약 - 두 음소가 합쳐져 다른 음소로 바뀌는 음운 현상
㉤ 도치 - 두 음소가 서로 자리를 바꾸는 음운 현상

① 국+만 → [궁만]

② 물+난리 → [물랄리]

③ 입+고 → [입꼬]

④ 한+여름 → [한녀름]

13 '늑막염'을 표준 발음법에 맞게 발음할 때, 음운 변동의 종류와 횟수를 바르게 짝지은 것은?

2016 기상직 7급

	〈음의 동화〉	〈음의 첨가〉
①	1회	0회
②	1회	1회
③	2회	0회
④	2회	1회

14 〈보기〉의 ㉠과 ㉡에 알맞은 것으로 짝지은 것은?

2015 지방직 9급

> **보기**
>
> '몇 해'는 '음절의 끝소리 규칙'에 의해 (㉠)가 되고, 다시 (㉡)에 의해 [며태]로 소리 난다.

	㉠	㉡
①	[멷해]	축약
②	[멷해]	탈락
③	[멷해]	축약
④	[멷해]	탈락

15 음운 변동의 원인을 ㉠과 ㉡으로 구분할 때, 변동의 원인이 이질적인 하나는?

2014 기상직 9급

음운 변동이 일어나는 원인으로는 발음을 좀 더 쉽게 하려는 ㉠ 경제성의 원리에 의한 것과 표현 강화를 위한 ㉡ 표현 효과의 원리에 의한 것이 있다. 전자에는 음절의 끝소리 규칙, 음운의 동화, 음운의 축약과 탈락이 있고, 후자에는 된소리되기와 사잇소리현상이 있다.

① 맏누이
② 굳히다
③ 잡히다
④ 집비둘기

13

'늑막염'은 '늑막＋염'의 구성으로, 표준 발음은 [능망념]이다.
'늑막염'은 [늑막 → (비음 동화) → 능막＋염 → ('ㄴ' 첨가) → 능막념 → (비음 동화) → 능망념]의 과정을 거쳐 발음되므로, '음의 동화'는 2회, '음의 첨가'는 1회 일어났다.

14

㉠	'음절의 끝소리 규칙'에 따르면 받침에는 'ㄱ, ㄴ, ㄷ, ㄹ, ㅁ, ㅂ, ㅇ' 7자음만 소리 나고, 이외의 자음은 7대표음으로 교체된다. 'ㅊ'은 7자음에 포함되지 않으므로, ㉠에는 '몇'의 받침인 'ㅊ'이 대표음인 'ㄷ'으로 교체된 형태인 [멷해]가 들어가야 한다.
㉡	[멷해]가 [며태]로 소리 나는 과정에서 적용된 음운 규칙은 '축약'이다. '멷'의 받침인 'ㄷ'과 '해'의 초성인 'ㅎ'이 합쳐져 하나의 자음인 'ㅌ'으로 축약된다.

※ '몇 해'의 발음 과정: [몇해 → (음절의 끝소리 규칙) → 멷해 → (자음 축약) → 며태]

15

'집비둘기'의 표준 발음은 [집삐둘기]이다. 예삿소리인 'ㅂ'이 'ㅃ'으로 바뀌는 '된소리되기(경음화)'가 일어났기 때문에 '표현 효과의 원리'에 해당한다.

오답체크

①~③은 모두 ㉠이 변동의 원인이다.
① '맏누이'의 표준 발음은 [만누이]이다. 받침 'ㄷ'이 비음 'ㄴ'에 동화되어 '비음'으로 바뀐 것으로 '자음 동화(비음화)'에 속한다.
② '굳히다'의 표준 발음은 [구치다]이다. 'ㄷ'과 'ㅎ'이 만나 'ㅌ'으로 축약되고, 'ㅣ'로 시작하는 형식 형태소와 만나 구개음 'ㅊ'으로 바뀐 것으로 축약과 동화(구개음화)가 발생했다.
③ '잡히다'의 표준 발음은 [자피다]이다. 'ㅂ'과 'ㅎ'이 만나 'ㅍ'으로 축약된 것이다.

[정답]

13 ④　14 ①　15 ④

01

자음 받침은 모음으로 시작되는 형식 형태소와 만나면 연음되므로 음절의 끝소리 규칙이 적용되지 않는다. 따라서 '꽃이'는 [꼬치]로 발음되므로 교체 현상이 나타나지 않는다.

오답체크

①~③은 '꽃'의 받침 'ㅊ'이 음절의 끝소리 규칙에 의해 'ㄷ'으로 교체되어 발음하는 사례이다.
① 꽃[꼳]
② 꽃바구니[꼳빠구니]
③ 장미꽃[장미꼳]

01 다음 밑줄 친 '꽃'을 발음할 때 교체 현상이 나타나지 않는 것은?

① 편지를 꽃 안에 넣어 두었다.
② 꽃바구니 선물을 받았다.
③ 선물은 장미꽃 한 송이였다.
④ 마당에 심은 꽃이 아름답다.

02

'같이, 굳이'는 구개음화 현상이 일어나지만 '잔디'는 구개음화 현상과 관련이 없다. 구개음화는 한 형태소 내에서 일어나지 않으며, 'ㅣ' 모음으로 시작하는 형식 형태소와 결합했을 때만 일어나는 현상이다. 따라서 '잔디'와 같이 한 형태소 내에서는 구개음화가 일어나지 않는다.

오답체크

① 모두 '경음화'가 일어나는 어휘들이다. 옷감[옫깜], 작곡[작꼭], 갈등[갈뜽]
③ 모두 '비음화'가 일어나는 어휘들이다. 강릉[강능], 국물[궁물], 앞니[암니]
④ 모두 '두음 법칙'이 적용된 어휘들이다.

02 다음 중 같은 음운 현상을 보이는 어휘들로 묶이지 않은 것은?

① 옷감, 작곡, 갈등
② 같이, 잔디, 굳이
③ 강릉, 국물, 앞니
④ 여성, 유대, 요소

03

모음 조화는 우리말의 특성 중 하나인 것은 맞지만, 엄격하게 지켜지는 현상은 아니다.

오답체크

② 모음 조화는 표기와 발음이 같다.
③ 어간의 끝음절 'ㅏ(ㅑ), ㅗ'일 때는 어미를 '-아'로 적고, 그 밖의 모음에는 어미를 '-어'로 적으므로 어간과 어미에도 일어나는 현상에 해당한다.
예 막아, 먹어
④ 예외가 있기는 하지만(예 소곤소곤, 보글보글, 깡충깡충 등) 비교적 의성어나 의태어에서 모음 조화가 잘 지켜지는 편에 속한다.

03 모음 조화에 대한 설명으로 옳지 않은 것은?

① 우리말의 특성으로 엄격하게 지켜지는 편이다.
② 발음과 표기에 모두 반영되는 현상이다.
③ 어간과 어미의 결합에서도 일어나는 현상이다.
④ 의성어나 의태어에서 비교적 잘 지켜지는 편이다.

[정답]

01 ④   02 ②   03 ①

04 다음 중 음운 변동 종류가 다른 하나는?

① 좋아   ② 않다

③ 읊다   ④ 소나무

05 다음 중 ㉠, ㉡의 연결이 바른 것은?

> 단모음으로 끝나는 어간과 단모음으로 시작하는 어미가 결합하면 모음의 변동이 자주 일어난다. 모음 변동의 결과 ㉠ 두 개의 단모음 중 하나가 없어지기도 하고, ㉡ 두 개의 단모음이 합쳐져 이중 모음이 되기도 하며, 단모음 사이에 반모음이 첨가되기도 한다.

㉠	㉡
① 가- + -아서 → 가서	기- + -어 → [기여]
② 살피- + -어 → 살펴	보이- + -어 → [뵈어]
③ 가- + -아서 → 가서	보이- + -어 → [보여]
④ 살피- + -어 → 살펴	기- + -어 → [기여]

06 밑줄 친 ⓐ~ⓓ에 대한 이해로 옳지 않은 것은?

> • 윗니에 이어 ⓐ 아랫니가 돋아나자 토끼 이빨처럼 귀여워 보였다.
> • 조카는 생일 선물로 받은 ⓑ 색연필을 각별하게 아꼈다.
> • 타고난 뚝심도 없으면서 계속해서 공사판 같은 데 나가 ⓒ 막일을 하는 눈치였다.
> • 아침에 ⓓ 설익은 밥을 먹었더니 하루 종일 배가 더부룩하다.

① ⓐ는 앞말이 모음으로 끝나고 뒷말이 'ㄴ'으로 시작되는 합성어서 'ㄴ'이 첨가된 예로 볼 수 있다.

② ⓑ는 앞말이 자음으로 끝나고 뒷말이 'ㅣ' 모음 계열이어서 'ㄴ'이 첨가된 예로 볼 수 있다.

③ ⓒ는 'ㄴ' 소리가 첨가된 후, 'ㅁ'의 영향으로 'ㄱ'이 비음화된 경우로 파악할 수 있다.

④ ⓓ는 'ㄴ' 소리가 첨가된 후, 'ㄹ'의 영향으로 유음화된 경우로 파악할 수 있다.

04

'않다'의 표준 발음은 [안타]이다. 'ㅎ'과 'ㄷ'이 만나 'ㅌ'으로 축약된 것이므로, 음운 변동의 종류는 '축약'이다.

오답체크

나머지는 모두 '탈락'이다.

① 좋애[조:아]: 'ㅎ'으로 끝나는 어간이 모음으로 시작하는 어미와 만나 발음의 'ㅎ'이 탈락한다.

③ 읊대[읍따]: 겹받침 'ㄼ'이 자음으로 시작하는 어미와 연쇄될 때 둘 중 하나, 즉 'ㄹ'이 탈락한 후 음절의 끝소리 규칙에 의해 'ㅍ'이 'ㅂ'으로 바뀐다.

④ 솔+나무 → 소나무: '솔+나무'가 합쳐지면서, 'ㄹ'이 탈락한다.

※ '솔나무, 소나무' 모두 표준어이다.

05

'가-'의 'ㅏ'와 '-아서'의 'ㅏ'가 만나 '동음 탈락'으로 하나가 없어져 [가서]가 된 것이므로 ㉠의 예로 적절하다. '보이-'의 '이'와 '-어'가 만나 이중 모음 'ㅕ'가 된 것이므로 ㉡의 예로 적절하다.

오답체크

① ㉡의 '-어'가 이중 모음 'ㅕ'로 발음되지만, 이는 단모음이 합쳐진 것이 아니라 반모음(ㅣ)이 첨가된 것이므로 ㉡의 예로 적절하지 않다.

※ '기어'는 [기어]로 발음하는 것이 원칙이지만 'ㅣ' 모음 순행 동화로 [기여]로 발음할 수 있다.

② [살펴]는 'ㅣ'와 'ㅓ'가 만나 이중 모음 'ㅕ'로 축약된 것이므로, ㉠의 예로 적절하지 않다. 'ㅚ'는 단모음이기 때문에 [뵈어]는 ㉡의 예로 적절하지 않다.

06

'막일[망닐]'에서 비음화는 추가된 'ㄴ'으로 인해 일어난 것이지 초성 'ㅁ'의 영향으로 일어난 것이 아니다.

※ 막일[막일 → (ㄴ 첨가) → 막닐 → (비음화) → 망닐]

오답체크

① [아랜니]

② [생년필]

④ [설리근]

[정답]

04 ②   05 ③   06 ③

PART 3

형태론

Day 04 형태소, 단어의 형성

1. 형태소와 단어

✦ 더 알아보기
음절과 어절

음절	발음할 때 한 번에 소리 낼 수 있는 소리의 단위 예 예/쁜/꼬/치/마/니/피/얻/따
어절	말할 때 붙여 발음하는 단위. 띄어쓰기의 단위. 문장 성분의 판별 예 예쁜(관형어)/꽃이(주어)/많이(부사어)/피었다(서술어)

(1) 형태소

개념	일정한 의미(뜻)를 가지고 있는 가장 작은 말의 단위		
종류	**분류 기준**		**분류**
	자립성 유무	자립 형태소	단독으로 쓸 수 있는 형태소 예 체언(명사, 대명사, 수사), 수식언(관형사, 부사), 독립언 (감탄사)
		의존 형태소	단독으로 쓸 수 없는 형태소 예 용언의 어간, 어미, 조사, 접사
	형태소의 의미	실질 형태소	실질적인 어휘적 의미를 갖고 있는 형태소 예 체언, 용언의 어간, 수식언, 독립언
		형식 형태소	형식적인 문법적 의미를 갖고 있는 형태소 예 조사, 어미, 접사

⇨ 모든 형식 형태소는 의존 형태소이다. 그러나 그 역(반대)은 성립하지 않는다. 따라서 모든 의존 형태소가 형식 형태소인 것은 아니다.
⇨ 용언의 어간은 실질 형태소이자 의존 형태소이다.

✦ 더 알아보기
어근과 접사

어근	단어의 실질적인 의미를 가진 형태소
접사	어근의 앞이나 뒤에 붙어 ① 뜻을 더하거나 제한하는 형태소 (한정적 접사) ② 품사를 바꿔주는 형태소 (지배적 접사)

(2) 단어

개념	'자립성' 혹은 '분리성'을 가진 말의 가장 작은 단위 또는 그 말 뒤에 붙어 문법적 기능을 하는 말(= 조사)		
종류	**분류**		**내용**
	단일어		어근이 하나인 단어 예 하늘, 바다, 바람, 고래, 어머니, 도시락, 먹다, 먹었다, 먹겠다 등 ⇨ 단일어는 형태소와 단어의 수가 일치한다. (용언 제외)
	복합어	파생어	① 하나의 어근과 접사로 이루어진 단어 예 맨손, 헛소리, 군살, 지우개, 울보, 기쁨 등 ② 접사와 접사로 이루어진 단어 예 풋내기, 막둥이, 암수, 핫퉁이(솜옷) 등
		합성어	두 개 이상의 어근으로 이루어진 단어 예 보름달, 어린이, 덮밥, 춘추, 부슬비, 열쇠, 독서, 일몰 등

2. 합성어

(1) 개념

접사 없이, 두 개 이상의 어근이 붙어서 만들어진 말이다.

(2) 종류

① 의미 관계에 따라

구분	내용
대등 합성어	두 개의 어근이 대등한 연결 관계를 보이는 합성어 예 논밭, 앞뒤, 남녀, 뛰놀다, 오가다 등
종속 합성어	한 어근이 다른 어근을 수식하는 관계를 보이는 합성어 예 책가방, 유리병, 등지다, 빌어먹다 등
융합 합성어	합성 과정에서 제3의 의미가 생겨나는 합성어 예 춘추(나이), 밤낮(항상), 피땀(노력), 쥐뿔(아주 작음) 등

② 단어 배열법에 따라

구분	내용
통사적 합성어	국어의 일반적인 통사적 구성 방식에 따라 합성된 합성어 예 논밭, 곧잘, 그만두다, 힘들다, 늙은이, 뛰어가다 등
비통사적 합성어	국어의 통사적 구성 방식에 어긋나는 방식으로 합성된 합성어 예 부슬비, 검버섯, 뛰놀다, 독서(讀書: 읽다, 책을) 등

3. 파생어

(1) 개념

어근의 앞이나 뒤에 파생 접사가 붙어서 만들어진 말이다.

(2) 접사의 종류

① 위치에 따라

구분	내용
접두사	어근 앞에 붙는 접사 예 날고기, 한겨울 등
접미사	어근 뒤에 붙는 접사 예 겁쟁이, 마음씨 등

② 기능에 따라

구분	내용
한정적 접사	특정한 뜻을 더하는 접사 예 군말: '쓸데없는'의 뜻을 더함
지배적 접사	품사(문법적 기능)를 바꾸는 접사 예 웃음: '동사'를 '명사'로 바꿈

📌 **더 알아보기**

비통사적 합성어

1. 부사 + 명사
2. 중간 어미 생략
   [비교] 조사 생략은 통사적!
3. 어순이 우리말과 다른 한자 합성어

01

제시된 문장의 '형태소'를 분석하면 다음과 같다.

눈	이	녹–	–으면	남–	–은	발
실질/자립	형식/의존	실질/의존	형식/의존	실질/의존	형식/의존	실질/자립

자국	자리	마다	꽃	이	피–	–리–	–니
실질/자립	실질/자립	형식/의존	실질/자립	형식/의존	실질/의존	형식/의존	형식/의존

따라서 '의존 형태소'는 '10개'이다.

오답체크

① 자립 형태소는 '눈, 발, 자국, 자리, 꽃'으로 5개이다.
③ 실질 형태소는 '눈, 녹–, 남–, 발, 자국, 자리, 꽃, 피–'로 8개이다.
④ '어절'은 띄어쓰기 단위와 일치한다. 따라서 7개의 어절로 이루어진 문장이다. '음절'은 발음을 기준으로 한다. 따라서 19개의 음절로 이루어진 문장이다.

어절	눈이 / 녹으면 / 남은 / 발자국 / 자리마다 / 꽃이 / 피리니.
음절	[누니노그면나믄발짜국자리마다 꼬치피리니]

02

〈보기〉에 사용된 단어는 5개, 형태소는 7개로 그 수를 더하면 '12'이다.

단어의 수	이, 고기, 는, 매우, 기름지다 (5개)
형태소의 수	이, 고기, 는, 매우, 기름, –지–, –다 (7개)

03

국어에서 '실질 형태소'이면서 '의존 형태소'인 것은 '용언의 어간'뿐이다. 따라서 '빨갛다'의 어간 '빨갛–'이 답이다.

오답체크

① '저'는 관형사로, 실질 형태소이면서 자립 형태소이다.
② '은'은 보조사로, 형식 형태소이면서 의존 형태소이다.
③ '참'은 부사로, 실질 형태소이면서 자립 형태소이다.

[정답]

01 ② 02 ③ 03 ④

---

01 다음 문장에 대한 설명으로 가장 적절하지 않은 것은?

2022 법원직 9급

> 눈이 녹으면 남은 발자국 자리마다 꽃이 피리니.

① 자립 형태소는 5개이다.
② 의존 형태소는 9개이다.
③ 실질 형태소는 8개이다.
④ 7개의 어절, 19개의 음절로 이루어진 문장이다.

02 〈보기〉에 사용된 단어의 개수와 형태소의 개수를 모두 더하면?

2017 기상직 9급

보기

> 이 고기는 매우 기름지다.

① 10
② 11
③ 12
④ 13

03 〈보기〉에서 실질 형태소이면서 의존 형태소인 것은?

2017 경찰 1차

보기

> 저 나뭇잎은 참 빨갛다.

① 저
② 은
③ 참
④ 빨갛–

04 국어의 형태소에 대한 설명으로 가장 옳지 않은 것은?

2018 서울시 9급(3월)

① 조사는 앞말에 붙어서 나타난다는 점에서 '의존 형태소'이다.

② 동사의 어간은 스스로 실질적인 단어이므로 명사와 더불어 '자립 형태소'이다.

③ 명사는 실제적인 의미를 가지고 있다는 면에서 동사의 어간과 더불어 '실질 형태소'이다.

④ 어미는 조사와 마찬가지로 문법적 기능을 하므로, '문법 형태소'이다.

05 다음 중 파생법으로 만들어진 단어가 아닌 것은?

2022 군무원 9급

① 교육자답다   ② 살펴보다

③ 탐스럽다   ④ 순수하다

04

'형태소'는 '뜻을 가진 말의 가장 작은 단위'이다. 동사의 어간은 스스로 실질적인 의미를 지니므로 명사와 더불어 '실질 형태소'이다. 다만, 동사의 어간은 어미 없이는 자립할 수 없는 '의존 형태소'이기 때문에 이를 '자립 형태소'라고 설명한 ②의 설명은 옳지 않다.

오답체크

① '조사'는 자립하지 못하고 앞말에 붙어서 나타나기 때문에 '의존 형태소'이다.

③ 명사와 동사의 어간은 실질적인 의미를 가지고 있기 때문에 '실질 형태소'이다.

④ 어미는 조사처럼 실질적인 뜻은 없고, 문법적인 기능을 하므로 '문법 형태소(= 형식 형태소, 종속 형태소)'이다.

05

'파생법'은 실질 형태소에 접사를 붙여 파생어를 만드는 단어 형성 방법이다. 즉 파생법으로 만들어진 단어는 파생어이다. 그런데 '살펴보다'는 어근 '살피-'와 '보-'가 결합한 말로, 어근과 어근의 결합이므로 파생어가 아니라 합성어이다.

오답체크

① 어근 '교육자'와 접미사 '-답다'가 결합한 말로 파생어이다.

③ 어근 '탐'과 접미사 '-스럽다'가 결합한 말로 파생어이다.

④ 어근 '순수'와 접미사 '-하다'가 결합한 말로 파생어이다.

[정답]

04 ②   05 ②

06 <보기>의 ㉠과 ㉡에 해당하는 단어로 적절한 것은?

> **보기**
>
> ㉠: 어간과 어근이 일치하는 경우
> ㉡: 어간과 어근이 일치하지 않는 경우

① ㉠: 기르다 ㉡: 먹히다　　② ㉠: 비우다 ㉡: 먹었다
③ ㉠: 정답다 ㉡: 귀엽다　　④ ㉠: 앳되다 ㉡: 드높다

06

'어간'은 활용할 때 변하지 않는 부분이고, '어근'은 단어를 분석할 때 실질적 의미를 나타내는 중심이 되는 부분이다. 단일어는 어간과 어근이 일치하지만(㉠), 파생어는 어간과 어근이 일치하지 않는다(㉡).

	어간	어근
기르다	'기르다'는 '기르고, 기르니'로 활용하기 때문에 어간은 '기르-'이다.	'기르다'는 단일어이기 때문에 실질적 의미를 나타내는 중심이 되는 부분은 '기르-'이다. 따라서 어근은 '기르-'이다.
먹히다	'먹히다'는 '먹히고, 먹히니'로 활용하기 때문에 어간은 '먹히-'이다.	'먹히다'에서 실질적 의미를 나타내는 부분은 '먹-'이므로 어근은 '먹-'이다.

오답체크

② '비우다'는 어간과 어근이 일치하지 않고, '먹었다(먹다)'는 어간과 어근이 일치한다.

	어간	어근
비우다	'비우다'는 '비우고, 비우니'로 활용하기 때문에 어간은 '비우-'이다.	'비우다'에서 실질적 의미를 나타내는 부분인 어근은 '비-'이고, '-우-'는 접사이다.
먹었다	'먹(었)다'는 '먹(었)고, 먹(었)으니'로 활용하기 때문에 어간은 '먹-'이다.	'먹(었)다'는 단일어이기 때문에 실질적 의미를 나타내는 중심이 되는 부분은 '먹-'이다. 따라서 어근은 '먹-'이다.

③ '정답다'는 어간과 어근이 일치하지 않고, '귀엽다'는 어간과 어근이 일치한다.

	어간	어근
정답다	'정답다'는 '정답고, 정다우니'로 활용하기 때문에 어간은 '정답-'이다.	'정답다'에서 실질적 의미를 나타내는 부분인 어근은 '정-'이고, '-답다'는 접사이다.
귀엽다	'귀엽다'는 '귀엽고, 귀여우니'로 활용하기 때문에 어간은 '귀엽-'이다.	'귀엽다'는 단일어이기 때문에 실질적 의미를 나타내는 중심이 되는 부분은 '귀엽-'이다. 따라서 어근은 '귀엽-'이다.

④ '앳되다'와 '드높다'는 어간과 어근이 일치하지 않는다.

	어간	어근
앳되다	'앳되다'는 '앳되고, 앳되니'로 활용하기 때문에 어간은 '앳되-'이다.	'앳되다'에서 실질적 의미를 나타내는 부분은 '되-'이므로 어근은 '되-'이다. ※ 애-/앳-: '어린' 또는 '작은'의 뜻을 더하는 접두사 ※ '앳되다'를 '애(아이)'로 보아 '되다'를 접사로 간주하는 경우도 있는데, 이 경우에는 '애'가 어근이 된다.
드높다	'드높다'는 '드높고, 드높으니'로 활용하기 때문에 어간은 '드높-'이다.	'드높다'에서 실질적 의미를 나타내는 부분인 어근은 '높-'이고, '드-'는 접사이다. ※ 드-: '심하게' 또는 '높이'의 뜻을 더하는 접두사

[정답]
06 ①

07 다음을 참고할 때, 단어의 종류가 같은 것끼리 짝지어진 것은?

2024 국가직 9급

> 어떤 구성을 두 요소로만 쪼개었을 때, 그 두 요소를 직접구성요소라 한다. 직접구성요소가 어근과 어근인 단어는 합성어라 하고 어근과 접사인 단어는 파생어라 한다.

① 지우개 － 새파랗다

② 조각배 － 드높이다

③ 짓밟다 － 저녁노을

④ 풋사과 － 돌아가다

08 밑줄 친 단어의 단어 형성 방법이 다른 하나는?

2017 소방직

① 때가 한겨울이라 바다를 찾는 관광객이 많지 않다.

② 맨눈으로 볼 수 있는 별의 개수는 그렇게 많지 않다.

③ 그녀는 추위에 떨었는지 입술이 시퍼렇게 변해 있었다.

④ 이별이 안타까워 눈시울이 화끈하여 눈물이 펑펑 쏟아졌다.

07

제시된 설명은 단어의 종류를 '합성어'와 '파생어'로 분류하고 있다. '지우개(지우－ + －개)', '새파랗다(새－ + 파랗다)'는 파생어로, 단어 형성 방법이 동일하다.

오답체크
② '조각배(조각 + 배)'는 합성어, '드높이다(드높－ + －이다)'는 파생어이다.
③ '짓밟다(짓－ + 밟다)'는 파생어, '저녁노을(저녁 + 노을)'은 합성어이다.
④ '풋사과(풋－ + 사과)'는 파생어, '돌아가다(돌다 + 가다)'는 합성어이다.

08

'눈시울(눈 언저리의 속눈썹이 난 곳)'은 명사 '눈'과 '시울(언저리)'이 합쳐진 말이다. 즉 '눈'과 '시울' 모두 실질 형태소(어근)이므로, 단어 형성 방법은 '합성어'이다.

오답체크
④를 제외한 나머지는 '어근'과 '접사'가 결합된 '파생어'이다.
① '정확한' 또는 '한창인'의 뜻을 더하는 접두사 '한－'에 명사 '겨울'이 붙은 말이다.
  ※ '같은'의 의미를 갖는 '한'은 관형사이므로 '한마음, 한집안' 등은 합성어이다.
② '다른 것이 없는'의 뜻을 더하는 접두사 '맨－'에 명사 '눈'이 붙은 말이다.
③ '매우 짙고 선명하게'의 뜻을 더하는 접두사 '시－'에 형용사 '퍼렇다'가 붙은 말이다.

[정답]

07 ①　08 ④

09

㉠	㉠은 '어근+접사'의 구성이다. 이처럼 어근 뒤에 접사가 결합하는 경우, 이때의 접사는 접미사이다. 이처럼 접미 파생어인 것은 '높이다(②)', '읽히다(③)', '달리다(④)'이다.
㉡	㉡처럼 어근의 품사가 바뀌는 것은 '높이다(②)'이다. '높다'의 품사는 형용사이지만, 파생어 '높이다'의 품사는 동사이다.

오답체크
① '새빨갛다'는 접두사 '새-'와 어근 '빨갛다'의 결합이다.
③ '읽히다'는 접미사 '-히-'와 결합한 말은 맞지만, 품사는 동사로 변함이 없다.
④ 부사 '천천히'의 수식을 받는 '달리기'는 동사 '달리다'의 명사형이다. 즉 접미사 '-기'가 아닌 명사형 전성 어미 '-기'가 결합한 말이다. '달리다'는 '닫다'에 사동 접미사 '-리-'가 결합한 말이므로 ㉠의 예로는 적절하다. 그러나 품사는 동사로 변함이 없다.
[비교] '아침 달리기는 건강에 상당한 도움을 준다.'의 '달리기'는 ㉠과 ㉡의 조건을 모두 충족한다.

10
㉠ 관형어가 체언을 수식하는 것은 우리말의 일반적인 문장 구성 방법과 일치하므로 '큰집'은 통사적 합성어이다.
㉡ 용언의 어간이 연결 어미 없이 바로 결합하는 것은 우리말의 일반적인 문장 구성 방법에 어긋나므로 '굳세다'는 비통사적 합성어이다.

오답체크
① '굶주리다'는 비통사적 합성어, '곧잘'은 통사적 합성어이다.
② '뛰놀다'와 '덮밥'은 모두 비통사적 합성어이다.
④ '힘들다'와 '여름밤'은 모두 통사적 합성어이다.

---

09 <보기>의 ㉠과 ㉡을 모두 충족하는 예로 가장 적절한 것은? 　　　2023 법원직 9급

> **보기**
>
> 　파생어는 어근에 파생접사가 결합하여 만들어진다. 이때 접사가 어근의 앞에 결합하는 경우도 있고, ㉠ 접사가 어근의 뒤에 결합하는 경우도 있다. 또한 어근에 파생접사가 결합하여 새로운 단어가 형성될 때 ㉡ 어근의 품사가 바뀌는 경우도 있고, 바뀌지 않는 경우도 있다.

① 오늘따라 저녁노을이 유난히 새빨갛다.
② 아군의 사기를 높여야 승산이 있습니다.
③ 무엇보다 그 책은 쉽고 재미있게 읽힌다.
④ 나는 천천히 달리기가 더 어렵다.

---

10 ㉠, ㉡에 해당하는 단어를 바르게 연결한 것은? 　　　2022 지역 인재 9급

> 　우리 국어의 합성어는 형성 방법에 따라 ㉠ 통사적 합성어와 ㉡ 비통사적 합성어로 나눌 수 있다. 통사적 합성어란 국어의 일반적인 문장 구성 방법과 일치하는 방식으로 형성되는 합성어를 의미하며, 비통사적 합성어는 일반적인 문장 구성 방법과 어긋나는 방법으로 형성되는 합성어를 의미한다.

	㉠	㉡
①	굶주리다	곧잘
②	뛰놀다	덮밥
③	큰집	굳세다
④	힘들다	여름밤

11 <보기 1>을 참고하여 <보기 2>를 ⊙과 ⓒ으로 잘 분류한 것은?

2017 법원직 9급

보기 1

어근과 어근의 형식적 결합 방식에 따라 합성어를 나누어 볼 수 있다. 형식적 결합 방식이란 어근과 어근의 배열 방식이 국어의 정상적인 단어 배열 방식, 즉 통사적 구성과 같고 다름을 고려한 것이다. 여기에는 합성어의 각 구성 성분들이 가지는 배열 방식이 국어의 정상적인 단어 배열법과 같은 ⊙ '통사적 합성어'와 정상적인 배열 방식에 어긋나는 ⓒ '비통사적 합성어'가 있다.

보기 2

| a. 새해 | b. 힘들다 | c. 접칼 |
| d. 부슬비 | e. 돌아가다 | f. 오르내리다 |

   ⊙   ⓒ

① a, e   b, c, d, f

② a, b, e   c, d, f

③ a, c, d   b, e, f

④ b, e, f   a, c, d

12 ⊙~ⓜ의 파생어에 대한 설명으로 옳은 것은?

2022 국회직 9급

⊙ 어른스럽다, 슬기롭다

ⓒ 끓이다, 높이다

ⓒ 짓밟다, 짓누르다

ⓐ 착하다, 아름답다

ⓜ 먹이, 덮개

① ⊙에서 어근의 품사와 파생어의 품사는 서로 다르다.

② ⓒ에서 어근의 품사와 파생어의 품사는 서로 같다.

③ ⓒ에서 접두사는 명사 어근에 붙어 '함부로', '마구'의 뜻을 더한다.

④ ⓐ은 홀로 쓰일 수 있는 명사에 접미사가 결합한 파생어이다.

⑤ ⓜ에서 접미사는 형용사 어근에 붙어 명사를 파생한다.

11

⊙ 통사적 합성어

a. 새해: 관형사 '새'와 명사 '해'가 합성된 말이다. 관형사가 명사를 수식하는 것은 국어의 정상적인 배열법과 일치하므로 통사적 합성어이다.

b. 힘들다: '힘이 들다'에서 주격 조사 '이'가 생략된 채 합성된 말이다. 격 조사의 생략은 국어의 정상적인 배열법과 일치하므로 통사적 합성어이다.

e. 돌아가다: '돌다'와 '가다'가 연결 어미가 붙어 합성된 말이다. 용언이 이어질 때 연결 어미 '-아'를 쓴 것은 국어의 정상적인 배열법과 일치하므로 통사적 합성어이다.

ⓒ 비통사적 합성어

c. 접칼: 동사 '접다'의 어간 '접-'은 관형사형 어미(-은, -는, -을)가 붙지 않은 채 바로 명사 '칼'과 결합하고 있다. 용언의 어간 뒤에 바로 명사가 이어지는 것은 국어의 정상적인 배열법과 일치하지 않기 때문에 비통사적 합성어이다.

d. 부슬비: '부슬'은 부사이고, '비'는 명사이다. 국어의 정상적인 배열법에 따르면 '명사'를 수식하는 것은 부사가 아니라 관형사이다. 따라서 부사가 명사를 수식한 형태인 '부슬비'는 비통사적 합성어이다.

f. 오르내리다: '오르다'와 '내리다'가 연결 어미 없이 바로 합성된 말이다. 용언이 이어질 때 연결 어미 '-고'를 쓰지 않은 것은 국어의 정상적인 배열법과 일치하지 않으므로 비통사적 합성어이다.

12

파생어 '어른스럽다(어른+-스럽다)'와 '슬기롭다(슬기+-롭다)'의 품사는 형용사이다. 그러나 각각의 어근 '어른', '슬기'의 품사는 명사이다. 따라서 어근의 품사와 파생어의 품사가 서로 다르다는 설명은 옳다.

오답체크

② 파생어 '끓이다(끓-+-이-+-다)', '높이다(높-+-이-+-다)'의 품사는 동사이다. '끓이다'의 어근 '끓다'의 품사는 동사로, 파생어 '끓이다'의 품사와 동일하다. 그러나 '높이다'의 어근 '높다'의 품사는 형용사로, 파생어 '높이다'의 품사와 동일하지 않다.

③ '짓-'이 접두사인 것은 맞지만, 명사 어근이 아닌 동사 어근에 붙는다.

④ '착하다'의 어근 '착-', '아름답다'의 어근 '아름-'은 홀로 쓰일 수 없는 말이다.

⑤ '먹이'는 동사 '먹다'의 어근 '먹-'에 명사 파생 접미사 '-이'가 붙은 말이다. '덮개'는 동사 '덮다'의 어근 '덮-'에 명사 파생 접미사 '-개'가 붙은 말이다. 따라서 ⓜ은 형용사 어근이 아닌, 동사 어근에 붙어 명사를 파생한 단어들이다.

[정답]

11 ② 12 ①

13

밑줄 친 '후자의 경우'는 특정한 뜻을 더하는 접사가 어근 앞에 붙어 새말이 된 파생어를 말한다. ①의 '강마르다(형용사)'는 '강-(접두사) + 마르다(동사)'의 결합으로 파생어이다. '강마르다'는 '물기가 없이 바싹 메마르다. 성미가 부드럽지 못하고 메마르다. 살이 없이 몹시 수척하다.'라는 뜻을 나타낸다.

오답체크
② '첫눈'은 '첫(관형사) + 눈(명사)'의 결합으로 어근과 어근이 만난 합성어이다.
③ '새해'는 '새(관형사) + 해(명사)'의 결합으로 어근과 어근이 만난 합성어이다.
④ '얕보다'는 '얕다(형용사) + 보다(동사)'의 결합으로 어근과 어근이 만난 합성어(비통사적)이다.

14

'책 + 가방'은 '어근 + 어근'의 결합으로 '합성어'이다. ④를 제외한 나머지는 어근과 접사가 결합한 '파생어'이므로 단어 형성 방법이 나머지와 다른 하나는 ④의 '책가방'이다.

오답체크
① '가위'와 접미사 '-질'의 결합이므로 파생어이다.
② '달리-'와 접미사 '-기'의 결합이므로 파생어이다.
③ '멋'과 접미사 '-쟁이'의 결합이므로 파생어이다.

[정답]
13 ①   14 ④

---

13 〈보기〉의 밑줄 친 부분에 해당하는 예로 가장 옳은 것은?

2020 법원직 9급

보기

국어의 단어 형성 방식을 보면, 실질적인 의미를 갖는 어근들끼리 만나 새말을 만들기도 하지만, 특정한 뜻을 더하는 접사가 어근 앞에 붙어 새말을 만들기도 한다. 전자의 예로는 어근 '뛰다'가 어근 '놀다'를 만나 '뛰놀다'를 만드는 것을 들 수 있고, <u>후자의 예로는</u> '군'이 어근 '살' 앞에 붙어 '쓸데없는'의 뜻을 더하면서 '군살'을 만드는 것을 들 수 있다.

① '강'은 '마르다' 앞에 붙어 '심하게'의 뜻을 더하면서 '강마르다'를 만든다.

② '첫'은 '눈' 앞에 붙어 '처음의'의 뜻을 더하면서 '첫눈'을 만든다.

③ '새'는 '해' 앞에 붙어 '새로운'의 뜻을 더하면서 '새해'를 만든다.

④ '얕'은 '보다' 앞에 붙어 '얕게'의 뜻을 더하면서 '얕보다'를 만든다.

14 다음 중 단어 형성 방법이 나머지와 다른 것은?

2018 교육행정직 7급

① 가위질

② 달리기

③ 멋쟁이

④ 책가방

15 단어에 대한 설명으로 옳지 않은 것은?

2017 국가직 9급 추가

① '바다', '맑다'는 어근이 하나인 단일어이다.

② '회덮밥'은 파생어 '덮밥'에 새로운 어근 '회'가 결합된 합성어이다.

③ '곁눈질'은 합성어 '곁눈'에 접미사 '-질'이 결합된 파생어이다.

④ '웃음'은 어근 '웃-'에 접미사 '-음'이 붙어 명사가 된 파생어이다.

16 다음 밑줄 친 부분에 해당하는 것은?

2013 국가직 9급

> 합성어는 형성 방식에 있어서 앞의 어근과 뒤의 어근이 의미상 결합 방식이 어떠하냐에 따라 나눌 수 있다. 예를 들어 '앞뒤'는 두 어근의 결합 방식이 대등하므로 대등 합성어, '돌다리'는 앞 어근이 뒤 어근에 의미상 종속되어 있으므로 종속 합성어, '춘추'는 두 어근과는 완전히 다른 제삼의 의미가 도출되므로 융합 합성어라 할 수 있다.

① 손발   ② 논밭

③ 책가방   ④ 연세

15

'회-덮밥'의 최종 관계가 '회+덮밥'의 구성으로 합성어인 것은 맞다. 그러나 '덮밥'은 파생어가 아니라 합성어이다. '덮밥'은 '덮다'의 어간 '덮-'이 관형사형 어미 없이 어근 '밥'과 결합한 형태로 비통사적 합성어이다.

오답체크

① '바다(바다)'와 '맑다(맑-+다)'는 하나의 어근으로 이루어졌으므로 단일어가 맞다.

③ '곁눈-질'은 명사 '곁'과 명사 '눈'의 합성어인 '곁눈'에 '그 신체 부위를 이용한 어떤 행위'의 뜻을 더하는 접미사인 '-질'이 결합된 파생어이므로 적절한 설명이다.

④ '웃-음'은 '웃다'의 어근 '웃-'에 명사 파생 접미사 '-음'이 붙어 명사가 된 파생어이므로 적절한 설명이다.

16

'종속 합성어'는 앞 어근이 뒤 어근에 의미상 종속되는 합성어이다. 이에 해당하는 것은 '③ 책가방'이다. 앞 어근 '책'이 뒤 어근 '가방'에 의미상 종속되어 '책을 넣는 가방'의 의미를 갖기 때문이다.

오답체크

① '손발'은 문맥에 따라 대등 합성어가 될 수도 있고, 융합 합성어가 될 수도 있다.

대등 합성어	'손과 발'의 의미일 때는 대등 합성어 예 손발이 시리다.
융합 합성어	'자기의 손이나 발처럼 마음대로 부리는 사람'의 의미일 때는 융합 합성어 예 십여 년 동안 박 회장의 손발이 되어 왔다.

② '논밭'은 '논과 밭'의 의미이므로, 대등 합성어이다.

④ '해[year]'를 의미하는 '연(年, 해 년)'과 '세(歲, 해 세)'가 합하여 '나이'의 높임말을 나타내는 제3의 의미가 도출되므로, 융합 합성어이다.

[정답]

15 ②   16 ③

왼쪽 해설 단 (column)

01

어절은 띄어쓰기의 단위이다. 조사는 자립성이 없음에도 단어로 인정되는 말이다. 단어는 단어별로 띄어 써야 하기 때문에, 어절에 조사를 더하면 단어의 수를 알 수 있다.
• 단어의 수 = 어절의 수 + 조사의 수

오답체크

① 단일어는 하나의 형태소로 이루어진 단어이다('용언' 제외).
③ 형식 형태소인 '조사, 접사, 어미' 중 '조사'는 단어로 인정되는 말이다.
④ 단어의 정의는 자립할 수 있는 말 혹은 자립하는 말과 쉽게 분리되는 말이다. 이는 형식 형태소인 '조사'를 포함하기 위함이다. 따라서 단어는 모두 실질 형태소라는 설명은 틀렸다.

02

'나, 는, 어제, 스파게티, 를, 먹었다'로 모두 6개의 단어로 이루어져 있다.

오답체크

나머지는 모두 7개의 단어로 이루어져 있다.
① 그, 는, 오직, 너, 만, 을, 사랑한다
② 그, 아이, 는, 학교, 성적, 이, 좋다
③ 이른, 시간, 에, 친구, 집, 에, 가다

03

<보기>의 형태소를 분석하면 다음과 같다.

동생	이	개(ㅅ)	바위	뒤	에	숨-	-다
실질	형식	실질	실질	실질	형식	실질	형식
자립	의존	자립	자립	자립	의존	의존	의존

따라서 형태소를 바르게 분석한 것은 ④이다.

오답체크

'갯바위'는 '개(강이나 내에 바닷물이 드나드는 곳)'와 '바위'의 합성어이므로, 모두 실질 형태소이자 자립 형태소이다.
① 실질 형태소는 '동생, 개(ㅅ), 바위, 뒤, 숨-'이다.
② 형식 형태소는 '이, 에, -다'이다.
③ 자립 형태소는 '동생, 개(ㅅ), 바위, 뒤'이다.
※ 사이시옷은 형태소의 개수에 포함하지 않는다.

[정답]

01 ② 02 ④ 03 ④

오른쪽 문제 단 (column)

01 다음 중 설명이 바른 것은?

① 하나의 형태소로 이루어진 단어는 없다.

② 어절의 수는 단어의 수에서 조사의 수를 뺀 것이다.

③ 조사, 접사, 어미는 형태소는 맞지만 단어는 아니다.

④ 단어는 자립할 수 있는 말이므로, 실질 형태소만 단어이다.

02 다음 중 단어의 수가 다른 하나는?

① 그는 오직 너만을 사랑한다.

② 그 아이는 학교 성적이 좋다.

③ 이른 시간에 친구 집에 가다.

④ 나는 어제 스파게티를 먹었다.

03 다음 중 <보기>의 형태소를 바르게 분석한 것은?

보기

> 동생이 갯바위 뒤에 숨다.

① 실질 형태소: 동생, 이, 뒤, 숨-

② 형식 형태소: 이, 갯-, 에, -다

③ 자립 형태소: 동생, 갯바위, 뒤

④ 의존 형태소: 이, 에, 숨-, -다

04 다음 중 연결이 바른 것은?

① 단일어 – 가위, 군침

② 복합어 – 맨눈, 손발

③ 파생어 – 볼살, 믿음

④ 합성어 – 눈사람, 군소리

05 다음 중 ㉠의 단어 형성 방법으로만 묶인 것은?

> 올가을의 풍년은 농부들의 ㉠ 피땀과 희생으로 이루어진 결실이다.

① 통사적 합성어, 종속 합성어

② 통사적 합성어, 융합 합성어

③ 비통사적 합성어, 종속 합성어

④ 비통사적 합성어, 융합 합성어

06 <보기>의 ㉠에 해당하는 것이 아닌 것은?

보기

> 단어는 단일어와 복합어로 나뉜다. 단일어는 하나의 형태소로 이루어진 단어이고, 복합어는 둘 이상의 형태소로 이루어진 단어를 말한다. 복합어는 다시 합성어와 파생어로 나뉜다. 합성어는 실질적인 의미가 있는 어근과 어근이 만나 이루어지고 파생어는 어근과 형식적 의미가 있는 접사가 만나 이루어진다. 파생어의 경우 접사가 앞에 있는지 뒤에 있는지에 따라 접두 파생어와 ㉠ 접미 파생어로 구분하기도 한다.

① 말버짐

② 멋쟁이

③ 짓거리

④ 지우개

04

복합어는 '파생어'와 '합성어'를 아우르는 표현이다. '맨눈'은 접두사 '맨-'에 명사 '눈'이 결합한 것으로 '파생어'이다. '손발'은 명사 '손'과 '발'이 결합한 것으로 '합성어'이다. 따라서 '맨눈, 손발'은 '복합어'의 예로 적절하다.

오답체크

① '가위'는 단일어이지만, '군침(군- + 침)'은 파생어이다.

③ '믿음(믿- + -음)'은 파생어이지만, '볼살(볼 + 살)'은 합성어이다.

④ '눈사람(눈 + 사람)'은 합성어이지만, '군소리(군- + 소리)'는 파생어이다.

05

㉠은 순서상 '명사 + 명사'의 구성이므로, '통사적 합성어'이다. 더불어 의미상 '노력, 정성'이란 제3의 의미로 쓰였기 때문에, '융합 합성어'이기도 하다.

06

'말버짐'은 '큰'이라는 뜻을 더하는 접두사 '말-'에 '버짐(피부병)'이 결합한 파생어이다.

오답체크

② '멋쟁이'는 명사 '멋'에 '그것이 나타내는 속성을 많이 가진 사람'의 뜻을 더하는 접미사 '-쟁이'가 결합한 파생어이다.

③ '짓거리'는 명사 '짓'에 '비하'의 뜻을 더하는 접미사 '-거리'가 결합한 파생어이다.

④ '지우개'는 동사 어간 '지우-'에 '그러한 행위를 하는 간단한 도구'의 뜻을 더하고 명사를 만드는 접미사 '-개'가 결합한 파생어이다.

[정답]

04 ② 05 ② 06 ①

Day 05 품사의 분류

📌 더 알아보기

품사통용

한 단어가 두 가지 이상의 품사로 쓰이는 것을 '품사통용'이라고 한다.

예 철수는 키가 크다.(형용사)
　　키가 많이 컸구나!(동사)

📌 더 알아보기

자립 명사와 의존 명사

자립 명사	혼자서 자립적으로 쓰일 수 있는 명사(고유 명사, 보통 명사)
의존 명사	• 반드시 관형어의 도움을 받아야 쓰이는 명사 　예 것, 바, 데 • 의존 명사의 특징 　– 홀로 쓰이지 못함. 　– 반드시 관형어의 수식을 받음. 　– 명사이지만 의미가 형식적임.

대명사 '우리'의 용법

· 친밀한 관계 표시
· 청자 포함(1·2·3인칭을 모두 지칭)
· 청자 배제(청자를 제외한 1·3인칭만 지칭)

🏅 '대명사'나 '수사'와 달리 '명사'는 모든 관형어의 수식을 받을 수 있다.

1. 체언

(1) 개념

문장에서 주로 주어가 되는 자리에 오며, 때로는 목적어나 보어가 되는 자리에도 오는 부류의 단어들을 말한다.

(2) 종류

명사🏅	• 사람이나 사물의 이름을 나타내는 말 • 분류	
	의미에 따라	고유명사(세종대왕), 보통 명사(하늘)
	자립성에 따라	자립 명사(바다), 의존 명사(뿐, 대로, 만큼)
대명사	• 명사를 대신하여 대상을 가리키는 말 • 분류	
	지시 대명사	이것, 여기, 무엇, 어디
	인칭 대명사	1인칭(나), 2인칭(너), 3인칭(그), 미지칭(누구), 부정칭(아무)
	재귀 대명사	자기, 당신
수사	• 사물의 수량이나 순서를 나타내는 말 • 분류	
	양수사	하나, 둘…
	서수사	첫째, 둘째…

📌 더 알아보기

'동사'와 '형용사' 품사 판별

기준	동사	형용사
① 현재 시제 종결 어미 　'-는다/-ㄴ다' 결합	○	×
② 현재 시제 관형사형 어미 　'-는' 결합	○	×
③ 명령형(-아라/-어라), 　청유형(-자) 어미와 결합	○	×
④ 의도, 목적의 어미 　'-려, -러' 결합	○	×
⑤ '-고 있다', '-고 싶다' 　결합	○	×

2. 용언

(1) 개념

문장의 주어를 서술하는 역할을 하는 단어들로, 형태를 바꾸는 '활용'을 한다.

(2) 종류

구분	내용
동사	주어의 움직임이나 작용을 나타내는 단어　예 웃다, 울다
형용사	주어의 성질이나 상태를 나타내는 단어　예 기쁘다, 슬프다

(3) 불규칙 활용

① 어간 불규칙 활용

구분	내용
'ㅅ' 불규칙	'ㅅ'으로 끝나는 용언의 어간이 모음으로 시작하는 어미 앞에서 'ㅅ'이 탈락 예 짓다: 지으니(짓-+-으니)
'ㄷ' 불규칙	'ㄷ'으로 끝나는 용언의 어간이 모음으로 시작하는 어미 앞에서 'ㄹ'로 교체 예 걷다: 걸어서(걷-+-어서)
'ㅂ' 불규칙	'ㅂ'으로 끝나는 용언의 어간이 모음으로 시작하는 어미 앞에서 'ㅂ'이 '오/우'로 교체 예 굽다: 구워(굽-+-어), 구우니(구-+-으니)
'ㅜ' 불규칙	'ㅜ'로 끝나는 용언의 어간이 모음으로 시작하는 어미 앞에서 'ㅜ'가 탈락 예 푸다: 퍼(푸-+-어)
'르' 불규칙	'르'로 끝나는 용언의 어간이 모음으로 시작하는 어미 앞에서 'ㄹㄹ'로 교체 예 흐르다: 흘러(흐르-+-어)

② 어미 불규칙 활용

구분	내용
'여' 불규칙	어간 '하-'가 어미 '-아/-어'와 붙으면 어미가 '-여'로 교체 예 하다: 하여(하-+-아)
'러' 불규칙	어간이 '르'로 끝나는 일부 용언에서 어미 '-어'가 '-러'로 교체 예 푸르다: 푸르러(푸르-+-어)

③ 어간 + 어미 불규칙 활용: 'ㅎ' 불규칙 용언 ★

구분	내용
탈락 + 교체	'ㅎ'으로 끝나는 어간이 모음으로 시작하는 어미와 결합하면 어간의 말음 'ㅎ'이 탈락하고 어미도 모습이 교체 예 노랗다: 노래(노랗-+-어)
탈락	'-ㄴ, -ㄹ, -ㅁ, -오'의 어미 앞에서는 어간 'ㅎ'이 탈락 예 노란(노랗+ㄴ), 노람(노랗+ㅁ), 노랄(노랗+ㄹ), 노라오(노랗+오)

(4) 용언의 구성과 띄어쓰기

① 본용언과 보조 용언: 본용언과 보조 용언은 띄어 쓰는 것이 원칙이고, 붙여 쓰기도 허용한다. 예 사과를 먹어 보자!

② 본용언과 본용언: 각각의 단어이기 때문에 반드시 띄어 써야 한다.
예 쓰레기를 주워서 버렸다.

③ 합성용언: 하나의 단어이기 때문에 반드시 붙여 써야 한다.
예 뒤를 돌아보았다.

✚ 더 알아보기
규칙 활용

'ㄹ' 탈락	용언의 어간 말음 'ㄹ'이 어미 '-ㄴ, -ㄹ, -ㅂ, -시, -오' 앞에서 탈락 예 날다: 나는(날-+-는), 납니다(날-+-ㅂ니다)
'ㅡ' 탈락	용언의 어간 말음인 모음 'ㅡ'가 모음으로 시작하는 어미 앞에서 탈락 예 담그다: 담가(담그-+-어), 담갔다(담그-+-었다)

✚ 더 알아보기
어미의 종류

1. 어말 어미

종결 어미	문장의 끝을 맺어 주는 기능을 하는 어미
연결 어미	앞 문장과 뒤 문장을 연결하는 기능을 하는 어미
전성 어미	용언의 서술 기능을 다른 품사의 기능으로 바꾸어 주는 어미

2. 선어말 어미: 어말 어미 앞에 들어가는 어미

★ '좋다'를 제외한 모든 형용사가 'ㅎ' 불규칙 용언이다.

3. 수식언

(1) 개념

체언이나 용언을 수식하는 말이다.

(2) 종류

구분	내용		
관형사	체언 앞에 놓여서 체언, 주로 명사를 수식하는 단어　　예 새, 헌, 옛…		
부사★	· 용언이나 문장을 수식하는 단어 · 종류		
	성분 부사	어느 한 성분만을 수식하는 부사 예 오빠는 라면을 잘 끓인다.
	문장 부사★	문장 전체를 수식하는 부사 예 <u>과연</u> (이 일은 앞으로 어떻게 될 것인가?)
	접속 부사	앞 문장과 뒤 문장을 이어주는 부사 예 그는 자리에서 일어났다. <u>그리고</u> 창문을 열었다.

🏆 부사는 용언 외에도 관형사, 부사, 문장, 체언까지 수식할 수 있다.

🏆 '문장 부사'가 '성분 부사'에 비해 자리 이동이 자유롭다.

4. 관계언

(1) 개념

한 문장에 쓰인 단어들의 문법적 관계를 나타내는 말로, '조사'가 이에 해당한다.

(2) 종류

구분	내용
격조사★	앞에 오는 체언이 문장 안에서 일정한 자격을 갖게 하는 조사 예 주격 조사(이/가), 목적격 조사(을/를), 보격 조사(이/가), 부사격 조사(에, 와/과), 관형격 조사(의), 호격 조사(아/야), 서술격 조사(이다)
보조사	앞에 오는 말에 특정한 뜻을 더해 주는 조사 예 은/는, 도, 만, 까지
접속 조사	두 단어를 같은 자격으로 이어주는 조사 예 와/과, 하고, 이나

🏆 서술어가 '되다/아니다'일 때는 반드시 '보격 조사'가 붙은 보어가 필요하다. 다만, 이때의 '보격 조사'를 '보조사'가 대신할 수 있으며, 문장 성분은 여전히 '보어'이다.
서술격 조사 '이다'는 동사나 형용사처럼 활용한다.
예 사람이다 – 사람이니 – 사람이고

5. 독립언

독립적으로 쓰이는 말로, '놀람, 부름, 응답, 느낌'을 나타내는 '감탄사'가 이에 해당한다.
예 아하, 여보세요, 에헴 등

📌 더 알아보기
독립어와 독립언

┌─── 독립어 ───┐
독립언　　　명사(표제어)
= 감탄사　　명사 + 호격 조사
　　　　　　용언의 감탄형

01 다음 중 수사(數詞)가 쓰이지 않은 것은?

2022 군무원 7급

① 사과 하나를 집었다.

② 열의 세 곱은 서른이다.

③ 한 사람도 오지 않았다.

④ 영희가 첫째로 도착하였다.

02 문장의 밑줄 친 부분 중 품사가 다른 것은?

2017 기상직 9급

① 어머니는 당신께서 기른 채소를 종종 드셨어.

② 벌써 거기까지 갔을 리가 없지 않니?

③ 우리가 다니는 학교는 참 시설이 좋아.

④ 대영아, 조기 한 두름만 사오너라.

03 다음 대화문에서 대명사 '우리'의 용법이 나머지와 다른 하나는?

2014 지방직 7급

① A: 어제는 너한테 미안했어. 우리가 너무 심하게 한 것 같아.

　 B: 아니야, 내가 잘못했어. 너희 잘못이 아니야.

② A: 어제는 정말 좋았어. 우리가 언제 또 그런 기회를 가질 수 있겠니?

　 B: 그래, 나도 좋았어. 우리 다음에도 또 그런 자리 마련해 보자.

③ A: 우리는 점심에 스파게티를 자주 먹어.

　 B: 그래? 우리는 촌스러워서 그런지 스파게티 같은 건 잘 못 먹어.

④ A: 정말 미안하지만 우리 입장도 좀 생각해 줘.

　 B: 알겠어. 다음에 기회가 되면 도와주길 바랄게.

01

'수사'는 사물의 수량이나 순서를 나타내는 품사로, 양수사와 서수사가 있다. ③의 '한'은 '사람'을 꾸며주는 말이라는 점에서 '수사'가 아니라 '관형사(수 관형사)'이다.

오답체크

① '하나'는 수사이다.
② '열'과 '서른'은 수사이다. 한편, '세 곱'의 '세'는 '관형사(수 관형사)'이다.
④ '첫째'는 수사이다.
※ '첫째'가 '무엇보다 앞서는 것', '맏이'의 의미로 쓰인다면 '명사'이고, 체언을 수식한다면 '수 관형사'이다.
예 · 신발은 첫째로 발이 편안해야 한다. (명사)
· 김 선생네는 첫째가 벌써 초등학교 5학년이다.(명사)
· 시리즈물의 첫째 권(수 관형사)

02

밑줄 친 단어는 모두 체언이다. 체언에는 '명사, 대명사, 수사'가 있는데, ①의 '당신'만 '대명사'이다.
①의 '당신'은 주어인 '어머니'를 도로 나타내는 3인칭 재귀 대명사이다.

오답체크

나머지는 모두 '명사'이다. 의존 명사도 명사이다.

03

②는 'A'가 청자 'B'를 포함한 의미로 '우리'를 사용하고 있다. 'B' 역시 청자 'A'를 포함한 의미로 '우리'를 사용하고 있으므로 '청자 포함'의 '우리'의 용법이다.

오답체크

나머지는 모두 '청자 배제'의 용법으로 사용되었다.

[정답]

01 ③　02 ①　03 ②

PART 3

해커스군무원 해원국어 적중 여신의 압도적 문법

04

자립 명사 '바람'과 의존 명사 '바람'을 구분하는 문제이다.

㉠, ㉡, ㉢은 '바람' 앞의 내용이 반드시 있어야 하는 의존 명사이고, ㉣, ㉤은 앞의 내용이 없어도 되는 자립 명사이다.

반드시 관형어를 취하되 기본 뜻[wind]에서 다소 멀어진 의미는 '의존 명사'이고, '공기의 움직임' 자체나 이에 의미가 연결되어 확장된 '유행, 분위기'는 '자립 명사'이다.

04 다음 밑줄 친 ㉠~㉤을 두 부류로 나눌 때 가장 적절한 것은?

> • 허기가 져 급히 먹는 ㉠ 바람에 체했다.
> • 약 ㉡ 바람에 아무런 통증을 느끼지 못했다.
> • 어머니는 버선 ㉢ 바람으로 아들을 맞았다.
> • 문호를 개방하면서 서구화 ㉣ 바람이 불어닥쳤다.
> • 출발 신호음이 떨어지자 선수들은 ㉤ 바람같이 내달았다.

① ㉠, ㉡, ㉢ / ㉣, ㉤

② ㉠, ㉡, ㉣ / ㉢, ㉤

③ ㉡, ㉢, ㉣ / ㉠, ㉤

④ ㉡, ㉣, ㉤ / ㉠, ㉢

⑤ ㉢, ㉣, ㉤ / ㉠, ㉡

05

①~④ 모두 '본용언 + 보조 용언'의 구성이다. ④의 '보다'는 '추측'의 의미로 보조 형용사이고, 나머지는 '시도'의 의미로 보조 동사이다. 따라서 품사가 다른 하나는 ④이다.

05 밑줄 친 단어의 품사가 다른 것은?

① 이야기를 들어 보다.

② 일을 하다가 보면 요령이 생겨서 작업 속도가 빨라진다.

③ 이런 일을 당해 보지 않은 사람은 내 심정을 모른다.

④ 식구들이 모두 집에 돌아왔나 보다.

06

'밝다'는 의미에 따라 품사가 동사일 수도, 형용사일 수도 있다. '밝다'가 '밤이 지나고 환해지며 새날이 오다.'라는 의미일 때는 품사가 '동사'이고, '환하다'의 의미일 때는 품사가 '형용사'이다. 따라서 ③의 품사만 동사이고, 나머지는 형용사이다.

06 밑줄 친 부분의 품사가 다른 하나는?

① 옷 색깔이 아주 밝구나!

② 이 분야는 전망이 아주 밝단다.

③ 내일 날이 밝는 대로 떠나겠다.

④ 그는 예의가 밝은 사람이다.

★ 밝다

동사	밤이 지나고 환해지며 새날이 오다. ……………………………………………………………………… ③
형용사	1. 불빛 따위가 환하다. 2. 빛깔의 느낌이 환하고 산뜻하다. …………………………………………………………………… ① 3. 감각이나 지각의 능력이 뛰어나다. 4. 생각이나 태도가 분명하고 바르다. ……………………………………………………………………… ④ 5. 분위기, 표정 따위가 환하고 좋아 보이거나 그렇게 느껴지는 데가 있다. 6. 인지(認知)가 깨어 발전된 상태에 있다. 7. 예측되는 미래 상황이 긍정적이고 좋다. …………………………………………………………… ② 8. 어떤 일에 대하여 잘 알아 막히는 데가 없다.

[정답]

04 ①　05 ④　06 ③

07 밑줄 친 부분 중 보조 용언이 결합되지 않은 것은?

2015 국가직 9급

① 창문 너머로 날이 <u>밝아 온다</u>.

② 동생이 내 과자를 <u>먹어 버렸다</u>.

③ 우체국에 들러 선배의 편지를 <u>부쳐 주었다</u>.

④ 그는 환갑이 지났지만 40대처럼 <u>젊어 보인다</u>.

07

'보조 용언'은 '본용언과 연결되어 그것의 뜻을 보충하는 역할'을 하는 용언이다.
④ '그는 40대처럼 젊다.+(그는 그렇게) 보이다.'가 합쳐진 말로, '젊다'와 '보이다'가 모두 본래 의미인, 본용언이다.
보조 용언은 문장에서 생략해도 문맥의 뜻에 큰 영향을 끼치지 않는다.

[오답체크]
① '오다'는 '진행'의 뜻을 가진 보조 용언이다.
② '버리다'는 '종결, 완료'의 뜻을 가진 보조 용언이다.
③ '주다'는 '다른 사람을 위하여 어떤 행동을 함(봉사).'의 뜻을 가진 보조 용언이다.

08 밑줄 친 단어의 품사가 나머지와 다른 것은

2024 서울시 9급

① 선생님께서는 한동안 집에 <u>머무르셨다</u>.

② 사진으로 <u>젊은</u> 시절의 어머니 모습을 보았다.

③ 음식에는 간을 <u>알맞게</u> 하는 것이 가장 중요하다.

④ 오랜 시간 항상 나에게 힘이 되어 주어서 <u>고맙다</u>.

08

'머무르다'의 품사는 동사이다. ①을 제외한 나머지 단어의 품사는 형용사이다.

09 다음 중 '쓰다'의 품사가 나머지 셋과 다른 하나는?

2023 군무원 9급

① 양지바른 곳을 묏자리로 <u>썼다</u>.

② 그는 취직 기념으로 친구들에게 한턱을 <u>썼다</u>.

③ 여러 번 실패를 경험했지만 언제나 그 맛은 <u>썼다</u>.

④ 그 사람은 억울하게 누명을 <u>썼다</u>.

09

'맛이 쓰다'의 '쓰다'는 'bitter'의 의미이므로 품사는 형용사이다. ③을 제외한 나머지 '쓰다'의 품사는 동사이다.

[오답체크]
① '시체를 묻고 무덤을 만들다.'라는 의미로 품사는 동사이다.
② '다른 사람에게 베풀거나 내다.'라는 의미로 품사는 동사이다.
④ '사람이 죄나 누명 따위를 가지거나 입게 되다.'라는 의미로 품사는 동사이다.

[정답]

07 ④   08 ①   09 ③

'드리셨을'의 형태소 '드리− + −시− + −었− + −을'을 분석하면 다음과 같다.

드리−	−시−	−었−	−을
어간	선어말 어미	선어말 어미	전성 어미

따라서 '어간 + ㉠ + ㉠ + ㉡'이 아니라, '어간 + ㉠ + ㉠ + ㉣'로 분석해야 한다.

오답체크

① '모시겠지만'의 형태소 '모시− + −겠− + −지만'을 분석하면 다음과 같다.

모시−	−겠−	−지만
어간	선어말 어미	연결 어미

② '오갔기'의 형태소 '오− + 가 + −았− + −기'를 분석하면 다음과 같다.

오−	가	−았−	−기
어간		선어말 어미	전성 어미

④ '보내셨을걸'의 형태소 '보내− + −시− + −었− + −을걸'을 분석하면 다음과 같다.

보내−	−시−	−었−	−을걸
어간	선어말 어미	선어말 어미	종결 어미

①의 문장은 쓰레기를 '주운 뒤에 버렸다 (쓰레기를 주웠다. + 쓰레기를 버렸다.)'는 의미이다. 따라서 ①은 '본용언 + 보조 용언'이 아니라 '본용언 + 본용언'의 구성이다.
※ 뒤의 용언 '버리다'를 생략하면 원래의 문장이 뜻하는 바와 다른 문장이 된다. 즉 '버리다'가 '완료의 보조 용언'이 아니라 'waste'의 본용언이다.

오답체크

② 본용언 '알다'와 보조 용언 '척하다'의 구성이다.
③ 본용언 '먹다'와 보조 용언 '보다(try, 보조 동사)'의 구성이다.
④ 본용언 '알다'와 보조 용언 '가다(진행)'의 구성이다.

10 **㉠~㉣을 활용하여 사례의 밑줄 친 부분을 분석한 것으로 옳지 않은 것은?**

2022 지방직 7급

> 어간과 결합하는 어미는 다음과 같이 분류될 수 있다. 먼저 실현되는 위치에 따라 ㉠ 선어말 어미와 어말 어미로 나뉜다. 다음으로 어말 어미는 그 기능에 따라 ㉡ 연결 어미, ㉢ 종결 어미, ㉣ 전성 어미로 나뉜다.

사례	분석
① 형이 어머니를 잘 <u>모시겠지만</u> 조금은 걱정돼.	어간+㉠+㉡
② 많은 사람들이 <u>오갔기</u> 때문에 소독을 해야 해.	어간+㉠+㉣
③ 어머니께서 할머니께 전화를 <u>드리셨을</u> 텐데.	어간+㉠+㉠+㉡
④ 아버지께서 지난주에 편지를 <u>보내셨을걸</u>.	어간+㉠+㉠+㉢

11 **'본용언+보조 용언' 구성이 아닌 것은?**

2018 서울시 9급(6월)

① 영수는 쓰레기를 <u>주워서 버렸다</u>.
② 모르는 사람이 나를 <u>아는 척한다</u>.
③ 요리 맛이 어떤지 일단 <u>먹어는 본다</u>.
④ 우리는 공부를 할수록 더 많은 것을 <u>알아 간다</u>.

[정답]

10 ③   11 ①

12 밑줄 친 단어 중 동사만을 모두 고른 것은?

2015 국가직 7급

> ㉠ 옥수수는 가만 두어도 잘 <u>큰다</u>.
>
> ㉡ 이 규칙을 중시하지 <u>않은</u> 사람은 아무도 없었다.
>
> ㉢ 그 연예인도 사람인지라 <u>늙는</u> 것은 어쩔 수 없구나.

① ㉠, ㉡

② ㉠, ㉢

③ ㉡, ㉢

④ ㉠, ㉡, ㉢

---

13 밑줄 친 용언의 활용이 옳은 것은?

2022 국회직 8급

① 벼가 익으니 들판이 <u>누래</u>.

② 그는 시장에 <u>드르지</u> 않고 집에 왔다.

③ 아이들은 <u>기단</u> 작대기 끝에 헝겊을 매달았다.

④ 추위에 손이 <u>고와서</u> 글씨를 제대로 쓸 수가 없다.

⑤ 그가 내 옆구리를 냅다 <u>질르는</u> 바람에 눈을 떴다.

12

㉠ '크다'는 동사로도 형용사로도 쓰이는 단어이다. '크다'가 '자라다'의 의미일 때는 동사이다. 따라서 ㉠은 동사이다. 의미 외에 동사에만 붙는 어미 '-ㄴ다'가 붙은 것을 통해서도 품사가 동사임을 알 수 있다.

㉡ 보조 용언 '않다'는 본용언의 품사에 따라 품사가 결정된다. 즉 본용언이 동사이면 보조 용언 '않다'의 품사도 동사이고, 본용언이 형용사이면 보조 용언 '않다'의 품사도 형용사이다. 본용언 '중시하다'는 '중시하는-중시해라'처럼 동사의 활용이 가능한 것을 볼 때 품사는 동사이다. 따라서 보조 용언 '않다'의 품사도 동사이다.

㉢ '늙다'의 반의어 '젊다'의 품사는 형용사이다. 그러나 '늙다'의 품사는 항상 동사이다.

따라서 밑줄 친 단어 중 동사인 것은 ㉠, ㉡, ㉢ 모두이다.

13

'기단'의 기본형은 '기다랗다'의 준말인 '기닿다'이다. '기닿다'는 'ㅎ' 불규칙 용언이다. 따라서 어미 '-ㄴ'과 결합하면 어간의 'ㅎ'이 탈락한다. 따라서 '기단(기닿- + -ㄴ)'의 활용은 옳다.

오답체크

① 누래 → 누레: '누렇다'가 기본형이다. 따라서 '누레(누렇- + -어)'로 활용한다.

② 드르지 → 들르지: '들르다'가 기본형이다. 따라서 '들르지(들르- + -지)'로 활용한다.

④ 고와서 → 곱아서: '아름답다'라는 의미를 가진 '곱다'는 'ㅂ' 불규칙 용언이므로 '고와서(곱- + -아서)'로 활용한다. 그런데 '추위에 손이'를 볼 때, 문맥상 '손가락이나 발가락이 얼어서 감각이 없고 놀리기가 어렵다.'라는 의미를 가진 '곱다'이다. 이때의 '곱다'는 규칙 활용을 하는 용언이다. 따라서 '곱아서(곱- + -아서)'로 활용한다.

⑤ 질르는 → 지르는: '지르다[의미상(=찌르다)]'가 기본형이다. 따라서 '지르는(지르- + -는)'으로 활용한다.

[정답]

12 ④   13 ③

품	'품'의 기본형은 '푸다'이다. '푸다'는 모음으로 시작하는 어미와 결합하면 어간의 'ㅜ'가 탈락한다. 따라서 '품(푸다)'은 어간만 불규칙하게 바뀌는 부류이다.
이름	'이름'의 기본형은 '이르다'이다. '이르다'는 어미 '-어' 대신 '-러' 형태를 취한다. 따라서 '이름(이르다)'은 어미만 불규칙하게 바뀌는 부류이다.

오답체크

① '빠름(빠르다)'은 '르' 불규칙 용언이기 때문에 ㉠의 예로 적절하다. 그러나 '노람(노랗다)'은 'ㅎ' 불규칙 용언으로, 어간과 어미가 모두 불규칙하게 바뀌는 단어이다. 따라서 ㉡의 예로 적절하지 않다.

② '함(하다)'은 '여' 불규칙 용언이다. 어미 '-어' 대신 '-여'를 취한다는 점에서 ㉡의 예로 적절하다. 한편, '치름(치르다)'은 규칙 활용을 하는 용언이기 때문에 ㉠의 예로 적절하지 않다.

③ '불음(붇다)'은 'ㄷ' 불규칙 용언이다. 모음으로 시작하는 어미와 결합할 때, 어간의 'ㄷ'이 'ㄹ'로 교체된다는 점에서 ㉠의 예로 적절하다. 한편, '바람(바라다)'은 규칙 활용을 하는 용언이기 때문에 ㉡의 예로 적절하지 않다.

15

'휘두르다'는 모음으로 시작되는 어미와 만나면 어간의 '르'가 'ㄹㄹ'로 바뀌는 '르' 불규칙 용언(휘두르- + -어 → 휘둘러)에 해당한다. '자르다' 역시 모음으로 시작하는 어미와 만나면 어간의 '르'가 'ㄹㄹ'로 바뀌는 '르' 불규칙 용언(자르- + -아 → 잘라)이므로 두 단어의 불규칙 활용 유형은 같다.

오답체크

① '누르다'는 '황금이나 놋쇠의 빛깔과 같이 다소 밝고 탁하다.'의 뜻일 때는 '러' 불규칙 용언이고, 그 외의 뜻일 때는 '르' 불규칙 용언에 해당한다. 제시된 문장에서는 전자의 뜻이므로 '러' 불규칙 용언(누르- + -어 → 누르러)으로 파악할 수 있다. 반면에 '오르다'는 '르' 불규칙 용언(오르- + 아 → 올라)이므로 불규칙 활용의 유형이 다르다.

② '이르다'는 '1) 어떤 장소나 시간에 닿다. 2) 어떤 정도나 범위에 미치다.'의 뜻일 때는 '러' 불규칙 용언이고, 그 외의 뜻일 때는 '르' 불규칙 용언에 해당한다. 제시문 문장에서는 전자의 뜻이므로 '러' 불규칙 용언(이르- + -어 → 이르러)으로 파악할 수 있다. 반면에 '구르다'는 '르' 불규칙 용언(구르- + -어 → 굴러)이므로 불규칙 활용의 유형이 다르다.

④ '부르다'는 '르' 불규칙 용언(부르- + -어 → 불러)이고, '푸르다'는 '러' 불규칙 용언(푸르- + -어 → 푸르러)이므로 불규칙 활용의 유형이 다르다.

[정답]

14 ④　15 ③

---

14 ㉠, ㉡의 사례로 옳은 것만을 짝지은 것은?

2021 국가직 9급

> 용언의 불규칙활용은 크게 ㉠ 어간만 불규칙하게 바뀌는 부류, ㉡ 어미만 불규칙하게 바뀌는 부류, 어간과 어미 둘 다 불규칙하게 바뀌는 부류로 나눌 수 있다.

	㉠	㉡
①	걸음이 빠름	꽃이 노람
②	잔치를 치름	공부를 함
③	라면이 불음	합격을 바람
④	우물물을 품	목적지에 이름

15 밑줄 친 단어의 불규칙 활용 유형이 같은 것은?

2017 하반기 국가직 9급

① 나뭇잎이 <u>누르니</u> 가을이 왔다.
　 나무가 높아 <u>오르기</u> 힘들다.

② 목적지에 <u>이르기</u>는 아직 멀었다.
　 앞으로 <u>구르기</u>를 잘한다.

③ 주먹을 <u>휘두르지</u> 마라.
　 머리를 짧게 <u>자른다</u>.

④ 그를 불운한 천재라 <u>부른다</u>.
　 색깔이 아주 <u>푸르다</u>.

---

16 <보기>의 ㉠과 ㉡에 해당하는 예로만 묶은 것은?

2015 교육행정직 9급

> **보기**
>
> 불규칙 용언은 그 활용형에 따라 ㉠ 어간만이 불규칙적으로 바뀌는 것, 어미만이 불규칙적으로 바뀌는 것, ㉡ 어간과 어미 모두가 불규칙적으로 바뀌는 것으로 나뉜다.

	㉠	㉡
①	(고기를) 굽다	(진실을) 깨닫다
②	(고기를) 굽다	(하늘이) 파랗다
③	(들판이) 푸르다	(진실을) 깨닫다
④	(들판이) 푸르다	(하늘이) 파랗다

17 밑줄 친 용언의 활용형 중 가장 옳지 않은 것은?

2018 서울시 7급(6월)

① 아주 <u>곤혹스런</u> 상황에 빠졌다.
② 할아버지께 <u>여쭤워</u> 보시면 됩니다.
③ 라면이 <u>붇기</u> 전에 빨리 먹어라.
④ 내 처지가 너무 <u>설워서</u> 눈물만 나온다.

16

㉠ '(고기를) 굽다'는 어간 '굽-'에 모음으로 시작되는 어미가 붙어 활용할 때, '구워, 구우니'와 같이 어간의 받침 'ㅂ'이 'ㅜ'로 변한다. 즉 '㉠ 어간만이 불규칙적으로 바뀌는' 'ㅂ' 불규칙 용언이다. '굽다[曲]'는 규칙 활용을 한다.

㉡ '파랗다'의 어간 '파랗-'에 모음으로 시작되는 어미가 붙어 활용할 때, '파래, 파래서'와 같이 어간과 어미가 모두 변한다. 즉 '㉡ 어간과 어미 모두가 불규칙적으로 바뀌는' 'ㅎ' 불규칙 용언이다.

오답체크

㉠ (들판이) 푸르다: '푸르다'의 어간 '푸르-'는 어미 '-어'와 결합할 경우 '푸르러'와 같이 어미 '-어'가 '-러'로 바뀐다. 즉 '어미만 불규칙적으로 바뀌는' '러' 불규칙 용언이다.

㉡ (진실을) 깨닫다: '깨닫다'의 어간 '깨닫-'이 모음으로 시작하는 어미와 결합할 경우, '깨달아, 깨달으니'와 같이 어간의 받침 'ㄷ'이 'ㄹ'으로 바뀐다. 즉 '어간만이 불규칙적으로 바뀌는' 'ㄷ' 불규칙 용언이다.

17

곤혹스런 → 곤혹스러운: '곤혹스럽다'가 기본형이다. '곤혹스럽다'는 'ㅂ' 불규칙 용언이므로 '곤혹스럽- + -은 → 곤혹스러운'으로 활용해야 한다.

오답체크

② '여쭙다'는 'ㅂ' 불규칙 용언이므로 '여쭙- + -어 → 여쭤워'의 활용은 옳다.
※ '여쭈다'도 복수 표준어이므로 '여쭈- + -어 → 여쭈어(= 여쭤)'의 활용도 가능하다.

③ '붇다'는 'ㄷ' 불규칙 용언으로 모음으로 시작하는 어미와 결합할 때만, 'ㄷ'이 'ㄹ'로 교체된다. 따라서 '-기'와 결합된 경우에는 'ㄷ'이 'ㄹ'로 교체되지 않은 '붇기'의 활용은 옳다.

④ '섧다'는 'ㅂ' 불규칙 용언이므로 '섧- + -어서 → 설워서'의 활용은 옳다.
※ 같은 의미의 표준어 '서럽다' 역시 'ㅂ' 불규칙 용언으로 '서럽- + -어서 → 서러워서'로 활용한다.

[정답]

16 ② 17 ①

18

'물에 젖어서 부피가 커지다.'란 뜻을 가진 말의 기본형은 '붇다'이다. '붇다'는 'ㄷ' 불규칙 용언이기 때문에 모음으로 시작하는 어미와 결합할 때 어간의 받침 'ㄷ'이 'ㄹ'로 교체된다. 따라서 '붙은'이 아니라 '불은(붇- + -은)'의 형태를 취해야 하고 기본형은 '불다'가 아니라 '붇다'이다.

오답체크
① '갈다(날카롭게 날을 세우거나 표면을 매끄럽게 하기 위하여 다른 물건에 대고 문지르다.)'가 기본형인데, 'ㄴ'으로 시작하는 말과 결합할 때 어간의 'ㄹ'이 탈락한다. 따라서 '갈- + -니 → 가니'와 같이 활용한다.
③ '이르다(타이르다 / 미리 알려주다)'가 기본형이다. '이르다'는 'ㄹ' 불규칙 용언이기 때문에 모음 어미와 결합하면 '—'가 탈락하고 'ㄹ'이 덧생겨 'ㄹㄹ' 형태가 된다. 따라서 '이르- + -었- + -다 → 일렀다'와 같이 활용한다.
④ '들르다(지나는 길에 잠깐 들어가 머무르다.)'가 기본형이다. 어간의 '—'는 모음 어미 앞에서 탈락한다.(모음 '아/어' 앞에서 어간의 '—'가 탈락한다.) 따라서 '들르- + -었다 → 들렀다'와 같이 활용한다.

19

제시된 특징을 가진 품사는 '관형사'이다. 그런데 ①의 '달리'는 '사정이나 조건 따위가 서로 같지 않게'라는 의미를 가진 '부사'이다. '부사'는 독립된 품사로 단어와 띄어 쓴다. 그러나 '부사'는 '관형사'와 달리 조사와 결합하기도 하고, 주로 용언을 꾸며 준다는 점에서 제시된 조건을 모두 만족하는 단어가 아니다.

오답체크
② '서너'는 관형사로, 제시된 조건을 모두 만족하는 단어이다.
③ '어떤'은 관형사로, 제시된 조건을 모두 만족하는 단어이다.
④ '갖은'은 관형사로, 제시된 조건을 모두 만족하는 단어이다.

[정답]
18 ② 19 ①

---

18 밑줄 친 말의 기본형이 옳지 않은 것은?

2017 국가직 9급

① 무를 강판에 <u>가니</u> 즙이 나온다. (기본형: 갈다)

② 오래되어 <u>불은</u> 국수는 맛이 없다. (기본형: 불다)

③ 아이들에게 위험한 데서 놀지 말라고 <u>일렀다</u>. (기본형: 이르다)

④ 퇴근하는 길에 포장마차에 <u>들렀다가</u> 친구를 만났다. (기본형: 들르다)

19 다음 중 아래의 특징을 모두 만족하는 단어가 아닌 것은?

2022 군무원 7급

- 어떤 경우에도 조사와 결합하지 않는다.
- 독립된 품사로 단어와 띄어 쓴다.
- 주로 체언을 꾸며 준다.

① 달리   ② 서너

③ 어떤   ④ 갖은

20 ㉠, ㉡의 밑줄 친 단어의 품사가 동일한 것은?

2022 소방직 경력채용

① ㉠ 집에 가 <u>있어라</u>.

　㉡ 나에게는 꿈이 <u>있다</u>.

② ㉠ 해가 <u>내일</u>은 뜰 것이다.

　㉡ <u>내일</u>의 희망이 나를 부른다.

③ ㉠ <u>합리적</u> 판단이 중요하다.

　㉡ 인간은 <u>합리적</u>인 이성을 가지고 있다.

④ ㉠ 물이 <u>맑고</u> 깨끗하다.

　㉡ <u>맑은</u> 하늘에 해가 떴다.

---

21 <보기>의 ㄱ~ㅁ에 대한 설명 중 옳지 않은 것은?

2022 국회직 8급

> **보기**
>
> ㄱ. 우리 사무실은 도심에 있어 비교적 교통이 편리하다.
>
> ㄴ. 천세나 만세를 누리소서!
>
> ㄷ. 그 일은 어제 끝냈어야 했다.
>
> ㄹ. 넷에 넷을 더하면 여덟이다.
>
> ㅁ. 한창 크는 분야라서 지원자가 많다.

① ㄱ의 '비교적'은 관형사이다.

② ㄴ의 '만세'는 명사이다.

③ ㄷ의 '어제'는 부사이다.

④ ㄹ의 '여덟'은 수사이다.

⑤ ㅁ의 '크는'은 동사이다.

20

㉠과 ㉡의 '맑다'의 품사는 모두 형용사로 동일하다.

오답체크

① ㉠의 '있다'는 '머물다'의 의미이므로 품사는 동사이다. ㉡의 '있다'는 '존재하는 상태이다'의 의미이므로 품사는 형용사이다.

② ㉠의 '내일'의 품사는 부사이다. ㉡의 '내일'은 관형격 조사 '의'와 결합한 것을 보아 품사는 명사이다.

③ ㉠의 '합리적'은 바로 뒤의 체언 '판단'을 수식하므로 품사는 관형사이다. ㉡의 '합리적'은 서술격 조사 '이다'와 결합한 것을 보아 품사는 명사이다.

21

'비교적'은 '교통'이 아닌, '편리하다'를 수식하는 말이다. 즉 '교통이 비교적 편리하다'로 바꿔도 의미상 큰 차이가 없는 것을 볼 때, '비교적'은 서술어 '편리하다'를 수식하고 있다. 따라서 서술어를 수식하는 '비교적'의 품사는 관형사가 아니라 부사이다.

오답체크

② '만세'는 '영원한 삶'이라는 의미이므로 품사는 명사이다.

③ '어제'는 서술어 '끝내다'를 수식하고 있기 때문에 품사는 부사이다.

④ '여덟'이 서술격 조사 '이다'와 결합한 것을 볼 때, '여덟'의 품사는 수사이다.

⑤ '크다'가 '성장하다'의 의미로 쓰였기 때문에, '크다'의 품사는 동사이다.

[정답]

20 ④　21 ①

22

ⓔ의 '및'은 '포돌이가 웃는다.'와 '포순이가 웃는다.'라는 두 문장을 이어주는 기능을 한다.

오답체크
① '그리고'는 두 문장을 이어주는 기능을 하기 때문에 접속 부사이다.
② '웃다'는 주어만 있으면 완벽한 문장이 되는 한 자리 서술어이다. 즉 필수적 부사어를 요구하지 않는 서술어이기 때문에, '와'를 필수적 부사어임을 나타내는 부사격 조사라고 한 설명은 적절하지 않다. '와'는 두 문장을 이어주는 접속 조사이다.
③ '닮다'는 주어, 부사어가 있어야 완벽한 문장이 되는 두 자리 서술어이다. 만약 문장의 순서가 '포돌이가(주어) 포순이와(부사어) 서로(부사어) 닮았다(서술어).'였다면 이때의 '와'는 부사격 조사이다. 다만, 제시된 문장에서는 (포돌이와 포순이)가 묶여 하나의 주어가 되므로 접속 조사이다. 그러나 두 문장이 결합한 것이 아닌, 한 문장이다.

22 다음 예의 밑줄 친 부분에 대한 설명으로 가장 적절한 것은?

> ㉠ 포돌이가 웃는다. <u>그리고</u> 포순이가 웃는다.
> ㉡ 포돌이<u>와</u> 포순이가 웃는다.
> ㉢ 포돌이<u>와</u> 포순이가 서로 닮았다.
> ㉣ 포돌이 <u>및</u> 포순이가 웃는다.

① ㉠의 '그리고'는 문장의 다른 성분을 수식하지 않고 독립적으로 기능하므로 감탄사이다.
② ㉡의 '와'는 그 앞말이 필수적인 부사어임을 나타내는 부사격 조사이다.
③ ㉢의 '와'는 두 문장이 결합되었음을 뜻하는 접속 조사이다.
④ ㉣의 '및'은 두 문장이 결합될 때 쓰이는 접속 부사(문장 부사)이다.

23

'여기'의 품사는 대명사이다. 다른 단어들과 달리 '여기에'처럼 조사를 취할 수 있다.

오답체크
① '그'는 바로 뒤의 체언 '사람'을 수식한다는 점에서 품사는 관형사(지시 관형사)이다.
② '천'은 바로 뒤의 체언 '년'을 수식한다는 점에서 품사는 관형사(수 관형사)이다.
④ '이'는 바로 뒤의 체언 '물건'을 수식한다는 점에서 품사는 관형사(지시 관형사)이다.

23 다음 밑줄 친 단어 중에서 품사가 다른 것은?

① <u>그</u> 사람 이름은 잊었지만
② <u>천</u> 년의 바람이 흐른다.
③ <u>여기</u> 그 사람의 뼈를 묻고
④ <u>이</u> 물건 말고 다른 것 주세요.

[정답]
22 ④   23 ③

24 〈보기〉의 Ⓐ의 사례로 가장 적절하지 않은 것은?

> **보기**
>
> 하나의 단어는 보통 하나의 품사 부류에 속한다. 하지만 하나의 단어가 문장에서의 쓰임에 따라 여러 가지 품사의 역할을 할 때가 있다. 이런 단어는 사전에서도 두 가지 이상의 품사로 처리된다. 예를 들어 "마라톤을 좋아하는 사람 다섯이 대회에 참가했다."에서의 '다섯'은 수사이지만 "마라톤을 좋아하는 다섯 사람이 대회에 참가했다."에서의 '다섯'은 관형사이다. 이처럼 하나의 단어가 두 가지 이상의 품사로 처리되는 것을 Ⓐ <u>품사의 통용</u>이라고 한다.

① 나도 철수<u>만큼</u> 잘할 수 있다.

　각자 먹을 <u>만큼</u> 먹어라.

② 뉴스에서 <u>내일</u>의 날씨를 예보하고 있다.

　오늘은 이만하고 <u>내일</u> 다시 시작합시다.

③ 어느새 태양이 솟아 <u>밝은</u> 빛을 비춘다.

　벽지가 <u>밝아</u> 집 안이 환해 보인다.

④ 키가 <u>큰</u> 나무는 우리에게 그늘을 주었다.

　철수야, 키가 몰라보게 <u>컸구나</u>.

25 국어 품사에 대한 설명으로 가장 옳지 않은 것은?

① 관형사는 체언만 수식할 수 있다.

② 명사가 다른 명사를 수식하는 경우도 있다.

③ 부사가 체언을 수식하는 경우는 없다.

④ 부사 뒤에 조사가 오는 경우도 있다.

24

'밝다'는 동사와 형용사로도 쓰이는 단어는 맞다. 그런데 ③의 두 예문에 쓰인 '밝다'의 품사는 모두 형용사이다. 따라서 〈보기〉에서 설명한 '품사 통용'의 사례로 적절하지 않다.

[비교] 동사 '밝다'의 예문: 벌써 새벽이 밝아 온다.

오답체크

① '만큼'은 조사로도 쓰이고, 의존 명사로도 쓰인다. 첫 번째 문장에서는 체언 '철수' 뒤에 쓰인 것을 보아 품사는 조사이다. 한편, 두 번째 문장에서는 관형어 '먹을'의 수식을 받는 것을 보아 품사는 의존 명사이다.

② '내일'은 명사로도 쓰이고 부사로도 쓰인다. 첫 번째 문장에서 관형격 조사 '의'와 결합한 것을 보아 품사는 명사이다. 한편 두 번째 문장에서는 부사 '다시'를 수식하는 것을 보아 품사는 부사이다.

④ '크다'는 'big'의 의미일 때는 형용사이고 'grow'의 의미일 때는 동사이다. 첫 번째 문장에서는 'big'의 의미로 쓰인 것을 보아 품사는 형용사이다. 한편 두 번째 문장에서는 'grow'의 의미로 쓰인 것을 보아 품사는 동사이다.

25

체언을 수식하는 품사는 주로 '관형사'이지만, 간혹 부사가 체언을 수식하는 경우도 있다. 따라서 부사가 체언을 수식하는 경우는 없다고 한 ③의 설명은 적절하지 않다.

오답체크

① 부사는 용언, 관형어, 체언 등 다양하게 수식할 수 있지만, 관형사는 오직 체언만 수식할 수 있다.
　예 <u>옛</u> 생각

② 명사도 관형사처럼 다른 명사를 수식하기도 한다.
　예 <u>고향</u> 생각

④ 관형사와 달리, 부사는 보조사와 결합할 수 있다.
　예 밥을 많<u>이도</u> 퍼 왔구나.

[정답]

24 ③　25 ③

PART 3

해커스공무원 해원국어 적중 요인의 압도적 문법

01

단어를 분류하는 기준에는 '형태, 기능, 의미'가 있다. 그중 '의미'는 단어의 개별적 의미가 아닌, 형식적·형태적·문법적 의미이다. 따라서 ③의 설명은 적절하지 않다.

오답체크

① 문장의 다른 단어와의 관계는 '기능(역할)'을 말한다. 관계에 따라 '체언, 용언, 수식언, 관계언, 독립언'으로 나눈다.
② 형식적 의미에 따라 '명사, 대명사, 수사, 동사, 형용사, 조사, 관형사, 부사, 감탄사'로 나눈다.
④ 형태에 따라 '가변어, 불변어'로 나눈다.

02

불변어에는 '체언(명사, 대명사, 수사), 수식언(관형사, 부사), 조사(서술격 조사 '이다'는 제외), 독립언(감탄사)'이 있다. 서술격 조사 '이다'는 다른 조사들과 달리, 활용을 한다. 따라서 '불변어'가 아니라, '가변어'이다.

※ '가변어'에는 용언(동사, 형용사)과 서술격 조사 '이다'가 있다.

오답체크

서술격 조사를 제외한 조사들은 모두 '불변어'이다.
① 보조사
② 목적격 조사
④ 부사격 조사

03

〈보기〉의 '누구'는 특정하지 않은 대상을 가리키는 대명사, 즉 부정칭(不定稱)이다. 이와 동일한 것은 ④이다.

오답체크

①, ② '누구'는 모르는 사물이나 사람을 가리키는 대명사, 즉 미지칭(未知稱)이다.
③ 대상을 굳이 밝히지 않는 의미로 사용되었다.

[정답]

01 ③   02 ③   03 ④

---

01 다음 중 단어를 분류하는 기준이 아닌 것은?

① 문장에서 다른 단어와 맺는 관계에 따라

② 단어가 가진 형식적 의미가 무엇인지에 따라

③ 개별적 단어가 가진 실질적인 의미가 무엇인지에 따라

④ 문장 속에서 사용될 때 형태를 바꾸는지 아닌지에 따라

02 다음 중 ㉠의 예로 적절하지 않은 것은?

> 단어가 문장 속에서 쓰일 때 형태가 변하는 것은 '가변어', 형태가 변하지 않는 것은 '㉠ 불변어'라 한다.

① 나는 학생이다.

② 이 시계는 동생을 주어라.

③ 그는 입만 열면 불평이다.

④ 영희에게 무슨 일이 생겼을까?

03 대명사 '누구'의 쓰임이 <보기>와 동일한 것은?

보기

> "여보, 정신차려! 거기 누구 냉수 좀 얼른 떠오라고!"
>
> −홍성원, 〈육이오〉

① 저 사람이 누구입니까?

② 이 아이는 누굴 닮았어요?

③ 누구를 만나느라고 좀 늦었어.

④ 이건 누구 개인의 문제가 아니다.

04 다음 중 9품사를 기준으로, 품사가 동일한 것으로 묶인 것은?

> 배가 ㉠ 아팠는데 조금 ㉡ 있으니 곧 ㉢ 괜찮아지더라.

① ㉠, ㉡

② ㉠, ㉢

③ ㉡, ㉢

④ ㉠, ㉡, ㉢

05 밑줄 친 보조 용언 중 품사가 다른 하나는?

① 밥을 먹지 아니하다.

② 얼굴이 곱지 아니하다.

③ 동생은 학교에 가지 않다.

④ 입사한 지 얼마 지나지 않다.

06 밑줄 친 '주다'가 보조 용언이 아닌 것은?

① 생각했던 것보다 선물을 많이 주었다.

② 형이 고장 난 컴퓨터를 고쳐 주었다.

③ 그는 친구의 숙제를 대신 해 주었다.

④ 가는 길에 선배의 편지를 부쳐 주었다.

04

㉡ '있다(있으니)'는 동사, 형용사로 통용되는 말로, 문맥상 '(시간이)경과하다.'라는 의미이므로, 품사는 동사이다.
  ※ '있다'는 '머물다, 계속 다니다, 상태를 유지하다, 시간이 경과하다.'의 의미일 때는 '동사'이고 이외의 뜻일 때는 '형용사'이다.
㉢ '괜찮다'는 형용사지만, '-아지다/-어지다(관용적으로 피동을 만드는 보조 용언, 앞말에 붙여 씀.)'가 붙은 '괜찮아지다(괜찮아지더라)'는 품사가 동사이다.

오답체크
㉠ '아프다(아팠는데)'는 형용사이다.

05

보조 용언 '아니하다(않다)'는 본용언의 품사에 따라 그 품사가 결정된다.
②의 본용언은 '곱다'로 형용사이다. 따라서 보조 용언의 품사도 형용사이다.

오답체크
①, ③, ④ 본용언(먹다, 가다, 지나다)이 동사이므로, 보조 용언의 품사도 동사이다.

06

'선물을 주다'에서 '주다'는 '물건 따위를 남에게 건네어 가지거나 누리게 하다(give).'의 뜻을 가진 동사, 즉 본용언에 해당한다.
  ※ 보조 용언은 본용언 뒤에서 기능하며, 보조 동사 '주다'는 '-어 주다'의 구성으로 쓰여 '앞 동사의 행위가 다른 사람의 행위에 영향을 미침을 나타내는 말'로 기능한다.

[정답]

04 ③   05 ②   06 ①

07

- 물으면: 기본형 '묻다' / 'ㄷ' 불규칙 '묻다-묻고-묻지-물어(묻-+-어)'
- 대답할지: 기본형 '대답하다' / '여' 불규칙, '하다'와 '-하다(접사)'가 붙는 모든 용언
  ※ 하다-하고-하여(해)-하였다(했다) / 사랑하다, 일하다, 대답하다 등
- 몰라서: 기본형 '모르다' / '르' 불규칙. '모르다-모르고-몰라(모르-+-아)'

08

〈보기〉는 '불규칙 용언'에 대한 설명이다. 그런데 ③의 밑줄 친 '묻다'는 '묻으니, 묻어서'와 같이 모음 어미와 결합했을 때도 규칙 활용을 한다는 점에서 '규칙 용언'이다. 따라서 〈보기〉와 관련이 없다.

※ '묻다(땅에)'는 '규칙 용언'이고 '묻다(질문)'는 '불규칙 용언'이다.

오답체크
나머지는 모두 불규칙 용언이다.
① '굽다'는 '구워, 구우니'와 같이 활용하는 'ㅂ' 불규칙 용언이다.
② '붓다'는 '부어, 부으니'와 같이 활용하는 'ㅅ' 불규칙 용언이다.
④ '덥다'는 '더워, 더우니'와 같이 활용하는 'ㅂ' 불규칙 용언이다.

09

'ㅎ' 불규칙 용언에 속하는 단어들은 '좋다'를 제외한 모든 낱말이 형용사임은 맞다. 하지만 'ㅎ' 불규칙은 '-ㄴ, -ㄹ, -ㅁ, -오' 앞에서 어간의 'ㅎ'만 탈락하는 불규칙 활용도 하므로 모든 경우에 어간과 어미가 불규칙적으로 변화한다는 것은 적절하지 않은 설명이다.

오답체크
① '선생님께 묻다'의 '묻다'는 '묻-+-어 → 물어'의 형태로 활용하는 'ㄷ' 불규칙 활용 용언이고, '김장독을 묻다'의 '묻다'는 '묻+-어 → 묻어'의 형태로 활용되므로 규칙 활용 용언이다.
② '그녀는 여전히 곱다'의 '곱다'는 '곱-+-아 → 고와'의 형태로 활용되므로 'ㅂ' 불규칙 활용 용언이고, '아이가 옷을 입다'의 '입다'는 '입-+-어 → 입어'의 형태로 활용되므로 규칙 활용 용언이다.
③ '아직 (시간이) 이르다'의 '이르다'는 '이르-+-어 → 일러'의 형태로 활용되므로 '르' 불규칙 활용 용언이고, '산의 정상에 이르다'의 '이르다'는 '이르-+-어 → 이르러'의 형태로 활용되므로 '러' 불규칙 활용 용언이다.

[정답]

07 ② 08 ③ 09 ④

07 다음 문장에서 불규칙 용언은 모두 몇 개가 있는가?

> 어른이 오셔서 내 나이를 물으면, 무슨 말로 대답할지 몰라서 엄마만 쳐다보았다.

① 2개　　　　② 3개　　　　③ 4개　　　　④ 5개

08 다음 중 〈보기〉와 관련이 없는 것은?

보기

> 어간이 'ㅅ', 'ㄷ', 'ㅂ'으로 끝나는 일부 용언이 활용할 때, 다음과 같이 어간의 형태가 변하는 것을 볼 수 있다.
> ㄱ. 낫다: 낫고, 나아, 나으니, 나았다
> ㄴ. 붇다: 붇고, 불어, 불으니, 불었다
> ㄷ. 돕다: 돕고, 도와, 도우니, 도왔다

① 고기를 잘 굽는 법을 배우다.
② 포트에 물을 붓고 잠시 기다리다.
③ 철수는 금괴를 모두 땅에 묻었다.
④ 날은 덥지만 바람이 시원하게 분다.

09 다음은 불규칙 용언에 대한 설명이다. 적절하지 않은 것은?

① '모르는 것을 선생님께 묻다.'의 '묻다'와 '마당에 김장독을 묻다.'의 '묻다'를 보면 그 형태가 같은 단어일지라도 의미에 따라 규칙 활용 용언일 수도 있고, 불규칙 활용 용언일 수도 있음을 알 수 있다.

② '그녀는 여전히 곱다.'의 '곱다'와 '아이가 옷을 입다.'의 '입다'를 보면 같은 'ㅂ' 받침을 가진 용언일지라도 같은 활용형을 띠지 않을 수도 있음을 알 수 있다.

③ '집에 가기에는 아직 이르다.'의 '이르다'와 '산의 정상에 이르다.'의 '이르다'는 그 형태가 같은 단어일지라도 의미에 따라 그 활용의 형태가 다를 수도 있음을 알 수 있다.

④ '하늘이 파랗다.'의 '파랗다'와 '토마토가 빨갛게 익었다.'의 '빨갛다'를 보면 'ㅎ' 불규칙 용언에 속하는 단어들은 예외 없이 모두 형용사임을 알 수 있고, 이 경우 모든 경우에 어간과 어미가 불규칙적으로 변화함을 알 수 있다.

10 ㉠의 사례로 적절하지 않은 것은?

> 일반적으로 한 단어는 하나의 품사로 고정되어 쓰이지만, 어떤 단어는 ㉠ 둘 이상의 품사로 쓰이는 경우가 있다. 이를 품사 통용이라고 부른다.

① 발이 커서 신발이 작다.
　작은 힘이라도 보태다.
② 그는 소같이 일만 하였다.
　선생님이 하는 것과 같이 하세요.
③ 오늘 해야 할 일을 끝내야 한다.
　오늘이 첫 출근 날입니다.
④ 경제적 여유가 생기면 여행을 가고 싶다.
　계획을 짜서 시간을 경제적으로 이용했다.

11 다음의 밑줄 친 부분에 해당하는 것은?

> 부사는 주로 용언을 꾸며주는 수식언이다. 부사는 모두 부사어에 속하는데, 부사어는 문장에서 위치 이동이 비교적 자유로운 편이지만 자리를 바꿀 수 없는 경우도 있다.

① 어제 갑자기 일어난 일이다.
② 조만간 꼭 만나 뵙기를 원합니다.
③ 그 작품을 못 봐서 아쉬웠어요.
④ 제발 기회가 더 있었으면 좋겠어요.

12 다음 ㉠~㉢ 중 감탄사는?

> ㉠ 시원하구나. 새벽을 깨우는 ㉡ 종소리여. ㉢ 오냐, ㉣ 바로 네 소리였구나.

① ㉠
② ㉡
③ ㉢
④ ㉣

10

'크다'는 의미에 따라 동사 혹은 형용사로 기능하지만, 그 반의어인 '작다'는 형용사로만 기능하는 단어이다.

오답체크
② '같이'는 조사 혹은 부사로 기능하는 품사 통용 단어이다. '소같이'처럼 명사 뒤에 오면 조사이고, '함께'의 뜻을 가질 때에는 부사로 기능한다.
③ '오늘'은 명사 혹은 부사로 기능하는 품사 통용 단어이다. 용언을 수식하면 부사이고, 조사와 결합하여 '지금 지나가고 있는 이날'의 뜻을 나타낼 때는 명사이다. 따라서 첫 번째 문장의 '오늘'은 부사이고, 두 번째 문장의 품사는 명사이다.
④ 접미사 '-적(的)'이 붙은 단어는 관형사, 명사, 부사 등으로 기능한다. 체언을 수식하면 관형사, 조사와 결합하면 명사, 용언을 수식하면 부사이다. 첫 번째 문장의 '경제적'은 뒤의 명사 '여유'를 수식하므로 관형사이고, 두 번째 문장은 조사 '으로'와 결합했으므로 품사는 명사이다.

11

'못'은 부정 부사, 즉 성분 부사이므로 바로 뒤의 문장 성분을 수식하기 때문에 자리 이동에 제약이 있다.

오답체크
나머지 부사들은 모두 문장 부사로, 문장 부사는 문장 전체와 관련을 맺기 때문에 비교적 자리 이동이 자유롭다.

12

'오냐'는 부름에 대답할 때 쓰는 '감탄사'이다.

오답체크
① 형용사 '시원하다'의 감탄형일 뿐, 감탄사는 아니다.
② '명사+호격 조사'의 형태로, 독립어이지만, 감탄사(독립언)는 아니다.
④ 후행하는 체언(대명사) '너'를 수식하는 '부사'이다.

[정답]
10 ①　11 ③　12 ③

PART 4

통사론

Day 06 성분과 문장의 짜임

1. 문장 성분

(1) 개념

문장 안에서 일정한 문법적 기능을 하는 각 부분이다.

(2) 종류

① 주성분: 문장을 이루는 데 골격이 되는 문장 성분이다.

구분	내용
주어	동작, 상태, 성질의 주체를 나타내는 문장 성분 예 철수가 오다.
서술어	주어의 동작, 상태, 성질을 풀이하는 기능을 하는 문장 성분 예 그녀는 예쁘다.
목적어	서술어가 표현하는 동작의 대상이 되는 문장 성분 예 과일을 먹는다.
보어	'되다', '아니다'가 요구하는 문장 성분 중 주어를 제외한 문장 성분 예 물이 얼음이 되다.

② 부속 성분: 주로 주성분의 내용을 수식하는 문장 성분이다.

구분	내용
관형어	체언을 수식하는 문장 성분 예 새 책
부사어	서술어, 관형어, 다른 부사어, 문장을 수식하는 문장 성분 예 학교에 가다.

③ 독립 성분: 다른 문장 성분과 직접적인 관련이 없는 문장 성분이다.

구분	내용
독립어	문장의 다른 성분과 직접적인 관련이 없는 문장 성분 예 어머나, 철수야!

📌 더 알아보기

서술어 자릿수

· 개념

서술어가 문장을 이루는 데 필수적으로 필요한 문장 성분의 수

· 종류

한 자리 서술어	주어만을 필요로 하는 서술어 예 하늘이 파랗다. ⇨ 대부분의 자동사, 형용사
두 자리 서술어	주어 이외에 목적어나 부사어 또는 보어를 필요로 하는 서술어 예 나는 동물이 아니다. ⇨ 타동사, 대칭 동사(싸우다, 닮다), '되다'와 '아니다
세 자리 서술어	주어, 부사어, 목적어를 필요로 하는 서술어 예 아버지가 할머니께 용돈을 드렸다.

관형어와 부사어의 실현 형태

1. 관형어
   ① 관형사 ② 체언 + 관형격 조사
   ③ 용언 + 관형사형 어미
   ④ 체언 + 체언 ⑤ 명사 + 적(的)
   ⑥ 관형절
2. 부사어
   ① 부사 ② 체언 + 부사격 조사
   ③ 부사 + 보조사
   ④ 용언 + 부사형 어미
   ⑤ 접속 부사 ⑥ 부사절

독립어 실현 형태

① 감탄사
② 체언 + 호격 조사
③ 표제어, 제시어
④ 용언의 감탄형

2. 문장의 짜임★

구분	내용
홑문장	주어와 서술어의 관계가 한 번만 나타나는 문장
겹문장	주어와 서술어의 관계가 두 번 이상 나타나는 문장

☆ 주어의 수와 상관없이 서술어의 수를 기준으로 판별한다.

3. 겹문장의 종류

(1) 안은 문장

① 홑문장이 다른 문장 속의 한 성분이 되는 문장이다.

② 종류

구분	내용
명사절을 안은 문장	명사형 전성 어미 '-음', '-기'가 붙어 문장에서 주어, 목적어, 보어, 부사어의 기능을 하는 절을 안은 문장 예 나는 <u>그가 내 마음을 알아주기</u>를 바랐다.
관형절을 안은 문장	관형사형 전성 어미 '-은', '-는', '-을', '-던'이 붙어 문장에서 관형어의 기능을 하는 절을 안은 문장 예 이것은 <u>내가 본</u> 영화이다.
부사절을 안은 문장	부사형 전성 어미 '-이', '-게', '-도록' 등이 붙어 문장에서 부사어의 기능을 하는 절을 안은 문장 예 그는 <u>넋이 나가도록</u> 술을 마셨다.
서술절을 안은 문장	'주어 + [주어 + 서술어]'의 형태로, 문장에서 서술어 기능을 하는 절을 안은 문장 예 철수가 <u>직업이 의사</u>이다.
인용절을 안은 문장	인용격 조사 '라고(직접 인용)', '고(간접 인용)'가 붙어 다른 사람의 말을 인용하는 기능을 하는 절을 안은 문장 예 영희는 <u>"철수가 1등이다."</u>라고 말했다. 　　영희는 <u>철수가 1등이</u>라고 말했다.

✦ 더 알아보기
관형절의 종류

관계 관형절	관형절 내 성분의 생략이 있는 것 예 이것은 내가 먹은 도시락이다. 　목적어 '도시락을' 생략 　→ 관계 관형절
동격 관형절	관형절 내 성분의 생략이 없는 것 예 그가 결혼했다는 소식을 들었다. 　'그가 결혼했다' 안에 생략된 성분 × 　→ 동격 관형절

(2) 이어진 문장★

① 문장이 대등하게 혹은 종속적으로 이어져 있는 문장이다.

② 종류

구분	내용
대등하게 이어진 문장	앞 절과 뒤 절의 의미가 대등한 관계로 이어진 문장 예 산은 높고, 물은 맑다.
종속적으로 이어진 문장	앞 절과 뒤 절의 의미가 종속적인 관계로 이어진 문장 예 날이 추워서 바다가 얼었다.

☆ **이어진 문장의 종류 구별하기**
'대등하게 이어진 문장'은 앞뒤 문장의 순서를 교체해도 원래의 의미와 동일하다. 그러나 '종속적으로 이어진 문장'은 순서를 교체하면 원래의 의미와 달라진다.

01

㉠~㉢의 문장 성분을 분석하면 다음과 같다.
㉠ 아이가 작은 침대에서 예쁘게 잔다.

아이가	작은	침대에서	예쁘게	잔다
주어	관형어	부사어	부사어	서술어

㉡ 그는 친구의 딸을 며느리로 삼았다.

그는	친구의	딸을	며느리로	삼았다
주어	관형어	목적어	부사어	서술어

㉢ 앗, 영희가 뜨거운 물을 엎질렀구나!

앗	영희가	뜨거운	물을	엎질렀구나
독립어	주어	관형어	목적어	서술어

주성분에는 '주어, 목적어, 보어, 서술어'가 있다.
㉠은 '주어, 서술어', ㉡은 '주어, 목적어, 서술어', ㉢은 '주어, 목적어, 서술어'가 주성분이다. 따라서 주성분의 개수가 일치한다는 분석은 적절하지 않다.

오답체크
① ㉠은 '작은', ㉡은 '친구의', ㉢은 '뜨거운'이라는 관형어가 있다.
③ 부속 성분에는 '관형어, 부사어'가 있다. ㉠은 '작은(관형어), 침대에서(부사어), 예쁘게(부사어)', ㉡은 '친구의(관형어), 며느리로(부사어)', ㉢은 '뜨거운(관형어)'이라는 부속 성분이 있다. ㉠의 부속 성분의 개수는 3개로, ㉡(2개)과 ㉢(1개)보다 많다.
④ 부사어는 부속 성분이지만, 문장을 이루는 데 반드시 필요한 경우도 있는데 이를 '필수적 부사어'라 한다. ㉠의 부사어 '침대에서', '예쁘게'는 생략할 수 있다. 한편, ㉡의 부사어 '며느리로'는 생략할 경우, 완벽한 문장을 이룰 수 없다. 따라서 ㉡에 필수적 부사어가 존재한다는 분석은 적절하다.

02

'주다'는 '누가(주어) 누구에게(부사어) 무엇을(목적어) 주다'라는 꼴로 쓰인다. 즉 '주어, 필수 부사어, 목적어'를 필요로 하는 세 자리 서술어이다.

오답체크
나머지는 모두 2개의 문장 성분을 필요로 하는 두 자리 서술어이다.
① '아니다'는 '누가(주어) 무엇이(보어) 아니다'의 꼴로 쓰인다. 즉 '주어, 보어'를 필요로 하는 두 자리 서술어이다.
③ '먹다'는 '누가(주어), 무엇을(목적어) 먹다'의 꼴로 쓰인다. 즉 '주어, 목적어'를 필요로 하는 두 자리 서술어이다.
④ '읽다'는 '누가(주어), 무엇을(목적어) 읽다'의 꼴로 쓰인다. 즉 '주어, 목적어'를 필요로 하는 두 자리 서술어이다.
※ '먹다'와 '읽다'는 타동사이므로, 목적어를 반드시 필요로 한다.

[정답]

01 ② 02 ②

01 <보기>를 바탕으로 아래 ㉠~㉢을 분석한 내용으로 가장 적절하지 않은 것은?

2022 법원직 9급

보기

> 문장 성분은 문장의 주된 골격을 이루는 주성분, 주로 주성분의 내용을 수식하는 부속 성분, 다른 문장 성분과 관계를 맺지 않는 독립 성분으로 나누어진다. 주성분에는 주어, 서술어, 목적어, 보어가 있고, 부속 성분에는 부사어, 관형어가 있으며, 독립 성분에는 독립어가 있다.

> ㉠ 아이가 작은 침대에서 예쁘게 잔다.
> ㉡ 그는 친구의 딸을 며느리로 삼았다.
> ㉢ 앗, 영희가 뜨거운 물을 엎질렀구나!

① ㉠~㉢은 모두 관형어가 존재한다.

② ㉠~㉢의 주성분의 개수가 일치한다.

③ ㉠의 부속 성분의 개수는 ㉡, ㉢보다 많다.

④ ㉡은 ㉠과 달리 필수적 부사어가 존재한다.

02 다음 문장 중 밑줄 친 서술어의 자릿수가 다른 것은?

2016 경찰 1차

① 어제 만났던 그는 이제 선생님이 <u>아니다.</u>

② 군대에 가는 민수는 후배들에게 책을 <u>주었다.</u>

③ 배가 많이 고팠던 철수는 라면을 맛있게 <u>먹었다.</u>

④ 삶에 관심이 많은 학생들이 도서관에서 책을 <u>읽는다.</u>

03 ㉠~㉣을 설명한 내용으로 적절하지 않은 것은?

2023 지방직 9급

- ㉠ 지원은 자는 동생을 깨웠다.
- 유선은 도자기를 ㉡ 만들었다.
- 물이 ㉢ 얼음이 되었다.
- ㉣ 어머나, 현지가 언제 이렇게 컸지?

① ㉠: 동작의 주체를 나타내는 주어이다.

② ㉡: 주어와 목적어를 요구하는 서술어이다.

③ ㉢: 서술어를 꾸며주는 부사어이다.

④ ㉣: 문장의 다른 성분과 직접적으로 관련을 맺지 않는 독립어이다.

04 밑줄 친 부분의 문장 성분이 나머지 셋과 다른 것은?

2022 서울시 9급(2월)

① 입은 삐뚤어져도 말은 바로 해라.

② 호랑이도 제 말 하면 온다.

③ 아니 땐 굴뚝에 연기 날까?

④ 꿀도 약이라면 쓰다.

05 〈보기〉를 바탕으로 '필요한 문장 성분'에 대해 판단한 내용으로 적절한 것은?

2019 기상직 9급

보기

- ㉠ 벤치에 앉은 그녀는 너무 예뻤다.
- ㉡ 경찬이는 TV에서 만화를 보았다.
- ㉢ 할아버지께서 우리들에게 세뱃돈을 주셨다.
- ㉣ 우리도 경전철이 언제 개통될지 모른다.

① ㉠에는 문장 성분이 여러 개 있지만 필수적인 것은 주어와 부사어와 서술어이다.

② ㉡에서 필수적인 문장 성분은 4개이다.

③ ㉢을 보면 문장의 부속 성분인 부사어 '우리들에게'도 필수적인 문장 성분이 될 수 있다.

④ ㉣에는 서술어 '개통되다'의 주어가 2개이므로 중복되는 주어를 생략해야 한다.

03

'되었다' 앞의 '이'는 보격 조사이다. 따라서 '얼음이'의 문장 성분은 부사어가 아니라, 보어이다.

※ '얼음이' 대신 부사격 조사 '으로'를 사용한 '얼음으로'가 쓰였다면, 이때 '얼음으로'의 문장 성분은 부사어이다.

오답체크

① '지원'은 동작 '깨우다'의 주체이다. 이처럼 주체를 나타내는 문장 성분은 '주어'이다.

② '만들다'는 타동사이다. 따라서 주어와 목적어를 요구하는 두 자리 서술어이다.

④ '어머나'는 감탄사이다. 따라서 독립어이다.

※ 모든 '독립어'는 '감탄사'가 아니지만, 모든 '감탄사'는 '독립어'이다.

04

'말은'의 문장 성분은 목적어('말을 바로하다.'로 해석됨.)이다. ①을 제외한 나머지 밑줄 친 부분의 문장 성분은 모두 주어이다. 따라서 문장 성분이 다른 하나는 ①이다.

오답체크

② '호랑이'는 '오다'의 주체이므로 '호랑이도'의 문장 성분은 주어('호랑이가 오다.'로 해석됨.)이다.

③ '연기'는 '나다'의 주체이므로 '연기'의 문장 성분은 주어('연기가 나다.'로 해석됨.)이다.

④ '꿀'은 '쓰다'의 주체이므로 '꿀도'의 문장 성분은 주어('꿀이 쓰다.'로 해석됨.)이다.

05

'주다'는 주어, 목적어, 필수 부사어가 있어야 완벽한 문장이 되는 세 자리 서술어이다. 따라서 '우리들에게'는 생략하면 안 되는 필수적 부사어이다.

오답체크

① ㉠은 '벤치에(부사어) 앉은(관형어) 그녀는(주어) 너무(부사어) 예뻤다(서술어)'에는 여러 개의 문장 성분이 있는 것은 맞다. 그러나 필수적인 것은 주어와 부사어와 서술어라는 설명은 적절하지 않다. 서술어 '예쁘다'는 형용사이다. 형용사는 주어만 있으면 완벽한 문장(형용사는 한 자리 서술어)이 되기 때문에, 필수적인 문장 성분은 '주어, 서술어'뿐이다.

② '보다'는 타동사두 자리 서술어로 '주어, 목적어'만 있으면 완벽한 문장이 된다. 따라서 필수적인 문장 성분은 3개이다.

④ 서술어 '개통되다'와 호응하는 주어는 '경전철이' 1개뿐이다. 주어 '우리도(우리가)'와 호응하는 서술어는 '개통되다'가 아니라 '모르다'이다. 중복되는 주어가 없기 때문에 생략할 주어도 없다.

[정답]

03 ③   04 ①   05 ③

06

'에서'는 일반적으로 체언에 붙어 처소, 출처, 근거 등의 의미를 갖는 부사어를 만들어 주는 부사격 조사이다. 다만, 체언이 단체 무정 명사일 경우에는 부사격 조사가 아니라 주격 조사가 된다. '시(市)'는 단체 무정 명사이다. 따라서 '에서'는 주격 조사이기 때문에 '시에서(의미상 '시가')'의 문장 성분은 주어이다. 한편, ①을 제외한 밑줄 친 부분의 문장 성분은 부사어이다. 따라서 문장 성분이 다른 하나는 ①이다.

오답체크
② '활짝'은 서술어 '피었다'를 수식하는 기능을 하기 때문에 문장 성분은 부사어이다.
③ '소리도 없이'가 서술어 '진다'를 수식하는 기능을 하기 때문에 문장 성분은 부사어(부사절)이다.
④ '그곳'은 단체 무정 명사가 아니고, '그곳이'로 바꿔서 나타내기 어렵다. 따라서 '그곳에서'의 '에서'는 부사격 조사이다. 부사격 조사가 붙은 말의 문장 성분은 부사어이므로 '그곳에서'의 문장 성분은 부사어이다.
  ※ ②의 '활짝'과 달리 ④의 '그곳에서'는 자리 이동이 자유롭다. 이를 볼 때, '그곳에서'는 특정한 문장 성분을 수식하는 '성분 부사어'가 아닌 문장 전체를 수식하는 '문장 부사어'이다.

07

'잎이 노랗게 물들었다'에서 부사어 '노랗게'를 삭제한, '잎이 물들었다.'만으로는 완벽한 문장이 될 수 없다. 따라서 ①이 부사어를 필수적으로 요구하는 두 자리 서술어라는 설명은 적절하다.

오답체크
② '읽다'는 부사어가 없어도 완벽한 문장을 이룰 수 있는 서술어이다. 즉 '읽다'는 '주어와 목적어'만을 요구하는 두 자리 서술어(타동사)이다.
③ 서술어가 '되다'나 '아니다'일 때는 '주어' 외에 '보어'를 필수적으로 요구한다. ©의 서술어는 '되다'이므로 보어를 필수적으로 요구하지 않는 한 자리 서술어라는 설명은 적절하지 않다.
④ '여기다'는 '주어와 목적어' 외에 '어떻게'에 해당하는 '부사어'가 있어야 완벽한 문장이 된다. 따라서 '여기다'는 주어와 목적어 외에도 부사어를 필수적으로 요구하는 세 자리 서술어이다.

[정답]
06 ①   07 ①

06 밑줄 친 부분의 문장 성분이 다른 것은?

2019 경찰 1차

① 4월이면 매년 <u>시에서</u> 나무를 심었다.

② 어느덧 벚꽃이 <u>활짝</u> 피었다.

③ 목련은 <u>소리도 없이</u> 진다.

④ 사람들은 <u>그곳에서</u> 봄을 즐겼다.

07 다음 밑줄 친 서술어에 대한 설명으로 가장 적절한 것은?

2018 경찰 2차

• 잎이 노랗게 ㉠ 물들었다.
• 그는 이 소설책을 열심히 ㉡ 읽었다.
• 저 사람은 전혀 다른 사람이 ㉢ 되었다.
• 그녀는 자신의 행운을 당연하게 ㉣ 여긴다.

① ㉠은 부사어를 필수적으로 요구하는 두 자리 서술어이다.

② ㉡은 부사어를 필수적으로 요구하는 세 자리 서술어이다.

③ ㉢은 보어를 필수적으로 요구하지 않는 한 자리 서술어이다.

④ ㉣은 목적어 외에 부사어를 필수적으로 요구하지 않는 두 자리 서술어이다.

08 다음 중 국어의 문장 성분에 관한 설명이 옳은 것끼리 묶인 것은? 2016 서울시 7급

> ㉠ 주어는 성격에 따라 필요로 하는 문장 성분의 숫자가 다르다.
>
> ㉡ 주어, 서술어, 목적어, 부사어는 주성분에 속한다.
>
> ㉢ '물이 얼음으로 되었다.'의 문장 성분은 주어, 부사어, 서술어이다.
>
> ㉣ 부사어는 관형어나 다른 부사어를 수식하기도 한다.
>
> ㉤ 체언에 호격 조사가 결합된 형태는 독립어에 해당된다.
>
> ㉥ 문장에서 주어는 생략될 수 있지만 목적어는 생략될 수 없다.

① ㉠, ㉡, ㉢

② ㉡, ㉢, ㉣

③ ㉢, ㉣, ㉤

④ ㉣, ㉤, ㉥

㉢ 주격 조사 '이'가 쓰인 '물이'는 주어, 부사격 조사 '으로'가 쓰인 '얼음으로'는 부사어, 주어를 서술하는 '되었다'는 서술어이다. 서술어가 '되다'이기는 하지만, 보격 조사 '이/가'가 아닌 부사격 조사 '으로'가 쓰였기 때문에, '얼음으로'는 부사어가 맞다.

㉣ 관형어가 명사만 수식하는 것과 달리, 부사어는 서술어 외에도 관형어 및 다른 부사어를 수식하는 기능을 갖고 있다.

㉤ 독립어에는 '감탄사, 호격 조사가 붙은 명사, 제시어, 대답하는 말, 문장 접속 부사' 따위가 있다. 따라서 ㉤의 설명은 옳다.

오답체크

㉠ 문장 성분의 수를 결정하는 것은 '주어'가 아니라 '서술어'이다.

㉡ '주어, 서술어, 목적어'는 주성분이 맞지만, '부사어'는 부속 성분이다. 주성분에는 '주어, 서술어, 목적어, 보어'가 있다.

㉥ 주어와 목적어 모두 주성분이지만, 구어체에서는 자주 생략된다.

09 다음 중 서술어의 자릿수를 잘못 제시한 것은? 2016 서울시 7급

① 우정은 마치 보석과도 같단다. → 두 자리 서술어

② 나 엊저녁에 시험공부로 녹초가 됐어. → 두 자리 서술어

③ 철수의 생각은 나와는 아주 달라. → 세 자리 서술어

④ 원영이가 길가 우체통에 편지를 넣었어. → 세 자리 서술어

09

다르다'는 '~이/가(주어) ~와/과(필수 부사어) 다르다(서술어)'처럼 쓰인다. 즉 '다르다'는 '주어와 필수 부사어'를 필요로 하는 두 자리 서술어이다.

오답체크

① '같다'는 '~이/가(주어) ~와/과(필수 부사어) 같다(서술어)'처럼 쓰인다. 즉 '주어와 필수 부사어'를 필요로 하는 두 자리 서술어이다.

② '되다'는 '~이/가(주어) ~이/가(보어) 되다'처럼 쓰인다. 즉 '되다'는 주어와 보어를 필요로 하는 두 자리 서술어이다.

④ '넣다'는 '~이/가(주어) ~을/를(목적어) ~에(필수 부사어) 넣다(서술어)'처럼 쓰인다. 즉 '넣다'는 '주어와 목적어, 필수 부사어'를 필요로 하는 세 자리 서술어이다.

[정답]

08 ③   09 ③

10

문장은 주술 관계가 한 번만 나타나는 홑문장과, 주술 관계가 두 번 이상 나타나는 겹문장이 있다. ③은 주어(돌잔치가)와 서술어(있어) 관계가 한 번만 나타나는 홑문장이다. ③을 제외한 나머지는 겹문장이다.

10 문장의 짜임이 다른 것은?

2024 서울시 9급

① 예쁜 꽃이 피었네.

② 누가 그런 일을 한다고 그래.

③ 그 집에서 오늘 돌잔치가 있어.

④ 모두가 따뜻한 봄이 오기를 기다리고 있지.

11

㉠에 생략된 주어는 '담징'이 아니라 '땀'이다. 즉 '땀이 이마에 흐르다.'라는 문장이 관형절로 안기면서, '땀을'과 중복되어 생략된 것이다.

오답체크
① ㉠은 관형절로, ㉡은 명사절로, ㉢은 부사절로 안겨 있다.
② ㉠은 체언 '땀'을 수식한다는 점에서 관형어. ㉡은 목적격 조사 '을'을 볼 때 목적어. ㉢은 문장 전체를 수식한다는 점에서 부사어의 구실을 한다.
④ '그가 착한'은 후행하는 체언 '사람'을, '그가 착한 사람임을 모르는'은 후행하는 체언 '사람'을 수식한다는 점에서, 각각 관형절이다.

11 다음 글을 이용하여 국어 문장 구조에 관한 수업을 진행하였다. 발표 내용으로 가장 적절하지 않은 것은?

2022 군무원 7급

> ㉠ 담징은 이마에 흐르는 땀을 씻었다.
> ㉡ 그가 착한 사람임을 모르는 사람은 거의 없다.
> ㉢ 그 사람은 아는 것도 없이 잘난 척을 해.

① 위 문장의 밑줄 친 부분은 모두 다른 문장 속에 안긴문장입니다.

② 그런데 ㉠, ㉡, ㉢에서 밑줄 친 부분은 각각 관형어, 목적어, 부사어의 구실을 하고 있습니다.

③ ㉠의 밑줄 친 부분에서 주어가 나타나 있지 않은데, 생략된 주어는 '담징'입니다.

④ ㉡에서는 밑줄 친 부분뿐 아니라 '그가 착한'과 '그가 착한 사람임을 모르는'도 안긴문장입니다.

[정답]

10 ③ 11 ③

12 <보기>는 이어진문장과 안은문장에 대해 정리한 것이다. 탐구의 결과로 가장 적절하지 않은 것은?

2022 법원직 9급

> **보기**
>
> • 이어진문장: 둘 이상의 홑문장이 대등하거나 종속적으로 이어진 문장
>   ㄱ. 동생은 과일은 좋아하지만, 야채는 싫어한다.
>   동생은 야채는 싫어하지만, 과일은 좋아한다.
>   ㄴ. 철수가 오면 그들은 출발할 것이다.
>   그들이 출발하면 철수가 올 것이다.
> • 안은문장: 홑문장을 전체 문장의 한 성분으로 안고 있는 문장
>   ㄷ. 언니는 그 아이가 학생임을 알았다.
>   ㄹ. 책을 읽던 영수가 수지에게 다가왔다.
>   ※ ㄷ과 ㄹ의 밑줄 친 부분은 안긴문장임.

① 이어진문장은 두 문장이 '대조'나 '조건'의 의미 관계로 연결되기도 하는군.
② 이어진문장은 앞뒤 문장의 순서가 바뀌어도 동일한 의미를 나타내는군.
③ 안긴문장은 안은문장에서 명사처럼 쓰이거나 명사를 꾸미는 등 다양한 역할을 하는군.
④ 안긴문장과 안은문장의 주어는 같을 수도 있고 서로 다를 수도 있군.

13 안긴문장의 유형이 다른 것은?

2023 국회직 8급

① 아이들은 장난을 좋아하기 마련이에요.
② 이러다가는 버스를 놓치기 십상이다.
③ 공부가 어렵기는 해도 결국 저 하기 나름이에요.
④ 비가 많이 오기 때문에 공사를 할 수 없다.
⑤ 나는 하루도 달리기를 거른 기억이 없다.

12

ㄱ처럼 '대등하게 이어진문장'은 앞뒤 문장의 순서가 바뀌어도 동일한 의미를 나타낸다. 그러나 ㄴ처럼 '종속적으로 이어진문장'은 앞뒤 문장의 순서를 바꾸면 문장의 의미가 달라진다. 따라서 모든 '이어진문장'이 앞뒤 문장의 순서가 바뀌어도 동일한 의미를 나타낸다는 탐구는 적절하지 않다.

오답체크
① ㄱ은 '대조'의 의미 관계로 연결된 경우이고, ㄴ은 '조건'의 의미 관계로 연결된 경우이다.
③ ㄷ은 명사처럼 쓰인 경우이고, ㄹ은 명사를 꾸미는 관형사처럼 쓰인 경우이다. ㄷ처럼 명사같이 쓰이는 것을 '명사절'이라 하고, ㄹ처럼 관형사같이 쓰이는 것을 '관형절'이라 한다.
④ ㄷ에서 안긴문장의 주어는 '아이가'이지만, 안은문장의 주어는 '언니는'이다. 따라서 ㄷ은 안긴문장과 안은문장의 주어가 다른 경우이다. 한편, ㄹ은 안긴문장과 안은문장의 주어는 '영수가'로 동일하다.

13

안긴문장의 유형을 판단하는 문제처럼 보이지만, 사실상 '-기'가 명사 파생 접미사인지, 명사형 전성 어미인지 판단하는 문제이다.
⑤는 '하루도 달리기를 거른'이라는 관형절을 안은문장이다. 또 관형절을 빼고, '나는 기억이 없다.'만 보자면, 서술절을 안은문장으로 볼 수도 있다. 그러나 '달리기'의 '-기'는 어미가 아닌 접미사이기 때문에 명사절을 안은문장으로 볼 수는 없다.

오답체크
① '좋아하기'가 서술성을 가지고 있다는 점에서 명사절을 안은문장이다.
② '놓치기'가 서술성을 가지고 있다는 점에서 명사절을 안은문장이다.
③ '어렵기'와 '하기'가 서술성을 가지고 있다는 점에서 명사절을 안은문장이다.
④ '오기'가 서술성을 가지고 있다는 점에서 명사절을 안은문장이다.
※ '①, ②, ⑤'는 안은문장으로 '③, ④'는 이어진문장으로 분류할 수도 있다.

[정답]

12 ② 13 ⑤

PART 4

해커스공무원 해권국어 적중 여신의 압도적 문법

14

ⓒ의 안긴문장은 '내가 모르는'이다. '내가 노래를 모르다'라는 문장이, 안기는 과정에서 목적어 '노래를'이 생략된 것이다. 따라서 ⓒ의 안긴문장에는 목적어가 생략되어 있다는 설명은 옳다.

오답체크

① ㉠은 '그 사람이 정직함'이라는 명사절이 안겨 있는 문장이다.
② ㉠의 안긴문장 '그 사람이 정직함'에는 서술어가 생략되어 있지 않다.
③ ⓒ은 '내가 모르는'이라는 관형절이 안겨 있는 문장이다. 명사절이 안겨 있는 문장은 ⓒ이 아니라 ㉠이다.
⑤ ㉠과 ⓒ 모두 서술절을 포함하고 있지 않다.

15

'(꽃이) 예쁘다.'라는 문장이 '꽃밭에는 꽃이 활짝 피었다.'라는 문장 속에 안겨 관형어 역할을 하고 있다. 따라서 ②는 '주어'가 생략된 관계 관형절을 안은문장이다.

오답체크

① '갖은'은 '가지다'의 준말 '갖다'의 활용형이 아니라, '골고루 다 갖춘. 또는 여러 가지의'의 의미를 가진 관형사이다. 또 '가지다'의 준말인 '갖다'는 모음으로 시작하는 어미와 결합해 활용하지 않는다. 따라서 '갖은'은 항상 관형사이다.
   ※ '갖은양념'은 한 단어이기 때문에 붙여 써야 한다.
③ '오랜'은 '오래다'의 활용형이 아니라, '이미 지난 동안이 긴'의 의미를 가진 관형사이다.
   ※ '때의 지나간 동안이 길다.'라는 의미를 가진 형용사 '오래다'가 있기는 하지만, 반드시 앞에 주어나 부사어가 제시되어야 한다.
④ '여남은'은 '열이 조금 넘는 수의'라는 의미를 가진 관형사이다.
   ※ '여남은' 뒤에 조사가 온다면, 품사는 관형사가 아니라 수사이다.
   예 회원이 여남은밖에 모이지 않았다.

14 ㉠, ⓒ의 문장에 대한 설명으로 옳은 것은?

> ㉠ 나는 그 사람이 정직함을 믿는다.
> ⓒ 그녀는 내가 모르는 노래를 불렀다.

① ㉠은 부사절이 안겨 있는 문장이다.
② ㉠의 안긴문장에는 서술어가 생략되어 있다.
③ ⓒ은 명사절이 안겨 있는 문장이다.
④ ⓒ의 안긴문장에는 목적어가 생략되어 있다.
⑤ ㉠과 ⓒ은 모두 서술절을 포함하고 있다.

15 〈보기〉의 ㉠을 포함하고 있는 안은문장은?

보기

> 관형사가 문장에 쓰이면 관형어로 기능한다. 그래서 관형사는 항상 관형어로 쓰인다. 즉 관형사는 문장에서 관형어로서 체언을 수식한다. 그런데 관형사만 관형어로 쓰이는 것이 아니라, ㉠ 관형사절이 관형어로 쓰이기도 한다. 즉 관형사절이 체언을 수식한다.

① 그는 갖은 양념으로 맛을 내었다.
② 꽃밭에는 예쁜 꽃이 활짝 피었다.
③ 오랜 가뭄 끝에 비가 내렸다.
④ 사무실 밖에서 여남은 명이 웅성대고 있었다.

[정답]

14 ④   15 ②

16 밑줄 친 관형절의 성격이 다른 것은?

2021 국회직 8급

① 우리는 급히 학교로 <u>돌아오라는</u> 연락을 받았다.

② 내가 어제 <u>책을 산</u> 서점은 바로 우리 집 앞에 있다.

③ <u>충무공이 만든</u> 거북선은 세계 최초의 철갑선이었다.

④ 우리는 <u>사람이 살지 않는</u> 그 섬에서 하룻밤을 지냈다.

⑤ <u>수양버들이 서 있는</u> 돌각담에 올라가 아득히 먼 수평선을 바라본다.

16

①의 경우 안긴문장 속에 생략된 문장 성분이 없고, '연락'과 의미상 동격을 이룬다. 따라서 ①은 동격 관형절이다. 한편, ①을 제외한 나머지는 모두 안긴문장 속에 생략된 문장 성분이 있기 때문에 관계 관형절이다. 따라서 관형절의 성격이 다른 것은 ①이다.

오답체크
② '서점에서'라는 부사어가 생략되어 있다.
③ '거북선을'이라는 목적어가 생략되어 있다.
④ '섬에'라는 부사어가 생략되어 있다.
⑤ '돌각담에'라는 부사어가 생략되어 있다.

---

17 〈보기〉에 제시된 "안은문장"의 예로 가장 적절하지 않은 것은?

2018 경찰 2차

보기

　　겹문장이 만들어지는 방식에는 크게 두 가지가 있다. 하나는 문장들이 서로 나란히 이어지는 방식이며 다른 하나는 문장이 다른 문장을 안는 방식이다. 전자의 방식으로 만들어진 문장을 이어진문장, 후자의 방식으로 만들어진 문장을 안은문장이라고 한다.

① 그것은 영이가 입을 옷이다.

② 우리는 돈 없이 여행을 떠났다.

③ 결국 그 사람이 범인이었음이 밝혀졌다.

④ 많이 바쁘시겠지만 꼭 참석해 주십시오.

17

④는 '많이 바쁘다.'와 '꼭 참석해 주십시오.'라는 문장이 나란히 이어진 방식의 문장으로, 앞 절과 뒤 절을 교체할 수는 없다. 따라서 ④는 안은문장이 아니라 종속적으로 이어진문장이다.

오답체크
① '그것은 영이가 입을 옷이다.'는 관형절을 안은문장이다.
② '우리는 돈 없이 여행을 떠났다.'는 부사절을 안은문장이다.
③ '결국 그 사람이 범인이었음이 밝혀졌다.'는 명사절을 안은문장이다.

[정답]
16 ① 17 ④

18

'대등하게 이어진문장'이라면, 앞뒤 문장의 순서를 바꿔도 의미가 변하지 않아야 한다. 그런데 ①은 앞뒤 문장의 순서를 바꿀 경우 '나는 학교에 가고 밥을 먹었다.'와 같이 그 의미가 달라지기 때문에 '대등하게 이어진문장'이 아닌 '종속적으로 이어진문장'이다.

오답체크
② '오늘은 비가 오고 / 어제는 눈이 왔다.'와 같이 앞뒤 문장의 순서를 바꿔도 의미상 변화가 없기 때문에 ㉠의 예로 적절하다.
③ '단풍이 들면 / 가을이 된다.'와 같이 앞뒤 문장의 순서를 바꾸면 그 의미가 달라지기 때문에 ㉡의 예로 적절하다.
④ '사람들이 많은데 / 공원에 갔다.'와 같이 앞뒤 문장의 순서를 바꾸면 그 의미가 달라지기 때문에 ㉡의 예로 적절하다.

19

④는 '소금은 휘발유에는 잘 녹지 않지만, 물에 잘 녹는다.'와 같이 문장의 순서를 바꿔도 의미 변화가 없다는 점에서 '대등하게 이어진문장'이다.

오답체크
④를 제외한 나머지는 종속적으로 이어진문장이다.
① '글을 읽다'와 '생각이 달라지다' 두 문장의 순서를 바꾸면 의미가 달라지므로, 종속적으로 이어진문장이다.
② '밤이 새다'와 '학생들은 토론을 계속하였다' 두 문장의 순서를 바꾸면 의미가 달라지므로, 종속적으로 이어진문장이다.
③ '날씨가 풀리다'와 '물웅덩이가 생겨났다' 두 문장의 순서를 바꾸면 의미가 달라지므로, 종속적으로 이어진문장이다.

20

학교 문법에서 겹문장과 홑문장을 구분하는 기준은 '서술어'의 수이다. 따라서 서술어가 '되지(본용언) 않았다(보조 용언)'와 같이 하나만 쓰인 ①은 홑문장이다.
※ '본용언+보조 용언'의 구성은 서술어 1개로 본다.

오답체크
② '아는 것도 없이'란 부사절이 '그는 학교를 떠났다.'의 문장에 안겨 있다. 따라서 부사절을 안은문장이다.
③ '나는 학교에 가고'와 '동생은 유치원에 갔다.'는 두 문장이 대등하게 이어진, 대등하게 이어진문장이다.
④ '나는 그림 그리기'가 '〜가 어릴 적부터 취미였다.'의 문장에 주어로 안겨 있다. 따라서 명사절을 안은문장이다.

[정답]
18 ① 19 ④ 20 ①

---

18 다음 밑줄 친 부분에 해당하는 예로 가장 적절하지 않은 것은?
2017 경찰 1차

> 문장은 홑문장과 겹문장으로 나뉘며, 겹문장은 다시 이어진문장과 안은문장으로 나뉜다. 이어진문장은 두 개의 홑문장이 대등한 자격으로 이어지는 ㉠ <u>대등하게 이어진문장</u>과 앞의 홑문장이 뒤의 홑문장에 종속적으로 연결되는 ㉡ <u>종속적으로 이어진문장</u>으로 나눌 수 있다. 〈이하 생략〉

① ㉠: 나는 밥을 먹고 학교에 갔다.
② ㉠: 어제는 눈이 왔고 오늘은 비가 온다.
③ ㉡: 가을이 되면 단풍이 든다.
④ ㉡: 공원에 갔는데 사람들이 많았다.

19 대등하게 이어진문장은?
2016 교육행정직 7급

① 동주는 그 글을 읽고서 생각이 달라졌다.
② 밤이 새도록 학생들은 토론을 계속하였다.
③ 날씨가 풀리면서 여기저기 물웅덩이가 생겨났다.
④ 소금은 물에 잘 녹지만 휘발유에는 잘 녹지 않는다.

20 학교 문법을 기준으로 할 때 겹문장이 아닌 것은?
2012 지방직 7급

① 한강의 다리는 그 당시 몇 개 되지 않았다.
② 그는 아는 것도 없이 학교를 떠났다.
③ 나는 학교에 가고 동생은 유치원에 갔다.
④ 나는 그림 그리기가 어릴 적부터 취미였다.

확인 문제

01 밑줄 친 단어의 문장 성분이 다른 하나는?

① 지난겨울 동창회에서 있었던 일이다.

② 형이 동생보다 낫다.

③ 다행히도 다친 사람은 없었다.

④ 교과서에 참고서까지 넣어서 가방이 무거웠다.

02 다음 중 '서술어 자릿수'를 잘못 판단한 것은?

① 아들이 아버지와 얼굴이 다르다. → 세 자리 서술어

② 불을 넣은 방바닥이 따스하다. → 한 자리 서술어

③ 임금이 백성들에게 선정을 베풀었다. → 세 자리 서술어

④ 이것이 진정한 사랑이 아닐까? → 두 자리 서술어

03 다음 예문 중 문장 구조가 다른 하나는?

① 그는 발에 땀이 나도록 뛰었다.

② 우리는 인간이 존귀하다고 믿는다.

③ 농부들은 비가 오기를 간절히 기다렸다.

④ 겨울이 오니 눈꽃이 온 세상을 뒤덮었다.

04 관형절의 성격이 다른 하나는?

① 동생은 대학생이 된 형과 여행을 떠났다.

② 그는 고향에 살고 있는 가족들에게 편지를 보냈다.

③ 나는 상민과 수현이 결혼한 사실을 몰랐다.

④ 여기서 구매한 과일은 모두 맛이 좋다.

01
'넣다'는 부사어와 목적어를 필요로 하는 세 자리 서술어이다. 보조사 '까지'가 오면서 목적격 조사 '을/를'이 생략되었을 뿐 '참고서까지'의 문장 성분은 목적어이다. 의미상 '교과서와 참고서를 넣다.'로 해석할 수 있다. 나머지 단어들의 문장 성분은 부사어이다.

02
'다르다'는 주어와 부사어를 필요로 하는 두 자리 서술어이다.

오답체크

② '따스하다'는 주어만을 필요로 하는 한 자리 서술어이다.

③ '베풀었다(베풀다)'는 '⊙ 일을 차리어 벌리다.'의 의미일 때는 주어와 목적어를 필요로 하는 두 자리 서술어이나, '© 남에게 돈을 주거나 일을 도와주어서 혜택을 받게 하다.'의 의미일 때는 주어, 목적어와 부사어를 필요로 하는 세 자리 서술어이다. 예문은 후자이므로 세 자리 서술어라는 판단은 옳다.

④ '아니다'는 '되다'와 함께 보어를 필요로 하는 두 자리 서술어이다.

03
제시된 문장들은 모두 서술어가 2개 이상인 겹문장이다. ④는 '겨울이 오다'와 '눈꽃이 온 세상을 뒤덮었다'의 두 문장이 연결 어미 '-니'로 연결된 종속적으로 이어진문장이다. 나머지 선택지들은 모두 안은문장이다.

오답체크

① 부사절 '발에 땀이 나도록'을 안은문장이다.

② 인용절 '인간이 존귀하다고'를 안은문장이다.

③ 명사절 '비가 오기'를 안은문장이다.

04
관형절 안에 생략된 문장 성분이 없으면 '동격 관형절'이고 생략된 문장 성분이 있으면 '관계 관형절'이다. 관계 관형절의 생략된 성분은 안은문장의 어떤 성분과 동일한 대상을 지시한다.
'상민과 수현이 결혼한'은 생략된 성분이 없으므로 '동격 관형절'에 해당한다.

오답체크

① 관형절 '대학생이 된'이 안겨 있는 문장이다. '(형이) 대학생이 되다.'의 의미이므로 주어가 생략된 '관계 관형절'이다.

② 관형절 '고향에 살고 있는'이 안겨 있는 문장이다. '(가족들이) 고향에 살고 있다.'의 의미이므로 주어가 생략된 '관계 관형절'이다.

④ 관형절 '여기서 구매한'이 안겨 있는 문장이다. '(과일을) 여기서 구매하다.'의 의미이므로 목적어가 생략된 '관계 관형절'이다.

[정답]

01 ④   02 ①   03 ④   04 ③

통사론   해커스공무원 혜원국어 **적중 요신의 압도적 문법**

Day 07 문법 요소

1. 종결 표현

(1) 개념

문장을 끝맺는 표현으로, 종결 표현에 따라 문장 전체의 의미가 달라진다.

(2) 종류

구분	개념	종결 어미
평서문	단순하게 설명하거나 객관적 진술을 하는 문장 예 나는 학교에 일찍 간다.	-다, -ㅂ니다
의문문	질문하여 대답을 요구하는 문장 예 네가 운전할 거니?	-니, -느냐
명령문🏆	어떤 행동을 하도록 요구하는 문장 예 깨끗이 씻어라.	-아라/-어라(동), -게
청유문🏆	청자에게 같이 행동할 것을 요구하는 문장 예 (우리) 학교에 같이 가자.	-자, -세
감탄문	독백조로 자기 느낌을 표현하는 문장 예 그의 목소리는 참 고와라!	-구나, -아라/어라(형)

2. 부정 표현

(1) 개념

부정 부사나 부정 용언이 붙어 내용을 부정(否定)하는 표현을 말한다.

(2) 종류

구분	내용
능력 부정 '못' 부정	주체의 능력을 부정하는 표현 예 밥을 못 먹는다. 밥을 먹지 못한다.
의지 부정 '안' 부정	주체의 의지를 부정하는 표현 예 밥을 안 먹는다. 밥을 먹지 않는다.
상태 부정	주체의 상태를 부정하는 표현 예 꽃이 안 예쁘다. 꽃이 예쁘지 않다.

📌 **더 알아보기**

의문문의 종류

판정 의문문	의문사 無 긍정 혹은 부정의 대답을 요구하는 의문문 예 그 영화를 봤니?
설명 의문문	의문사 有 구체적인 설명을 요구하는 의문문 예 영화는 언제 시작합니까?
수사 의문문	대답을 요구하지 않고 서술이나 명령, 감탄, 반어 등의 의미를 가진 의문문으로 표현상의 효과를 위해 사용하는 의문문 예 어쩜 그리 고울까?(감탄)

🏆 '명령문'과 '청유문'의 서술어는 '동사' 만 가능!

📌 **더 알아보기**

'말다' 부정문

명령문과 청유문에서는 부정 표현 '않다', '못하다' 대신 '말다'를 쓴다.
예 밥을 먹지 않자! (×)
　→ 밥을 먹지 말자! (○)

3. 사동·피동 표현★

(1) 사동 표현

구분	내용
개념	주어가 다른 주체나 대상에 의해 행동하는 것
실현	• 사동 접미사: '-이-, -히-, -리-, -기-, -우-, -구-, -추-, -이키-, -으키-, -애-', '-시키다' 예 아이에게 밥을 <u>먹이다</u>. 아이를 병원에 <u>입원시키다</u>. • 본용언 + 보조 용언 '-게 하다' 예 언니가 동생이 숙제를 <u>하게 하다</u>.

(2) 피동 표현

구분	내용
개념	주어가 다른 힘에 의해 움직이는 것
실현	• 피동 접미사: '-이-, -히-, -리-, -기-', '-되다' 예 도둑이 경찰에게 <u>잡히다</u>. 수익금이 문화 사업에 <u>사용되었다</u>. • 본용언 + 보조 용언 '어지다', '-게 되다' 예 새로운 말이 <u>만들어지다</u>. 내가 아이를 <u>양육하게 되다</u>.

4. 높임 표현

(1) 개념

말하는 사람이 특정 대상을 일정 수준으로 대우하는 의도를 드러내기 위해 사용하는 표현을 말한다.

(2) 종류

구분	높임 대상	실현 방법
주체 높임	서술어의 주체 (주어)	• 선어말 어미 '-시-'를 사용 • 주체 높임의 특수 어휘 사용 예 말씀(말), 진지(밥), 댁(집), 드시다(먹다), 계시다(있다), 편찮다(아프다), 주무시다(자다)
객체 높임	서술어의 객체 (목적어, 부사어)	객체 높임의 특수 어휘 사용 예 모시다(데리다), 드리다(주다), 여쭈다/여쭙다(묻다), 뵈다/뵙다(보다) 등
상대 높임	청자	종결 어미 사용 예 격식체: 합쇼체 - 하오체 - 하게체 - 해라체 　　비격식체: 해요체 - 해체

🏆 **사동사와 피동사 판별 팁!**
목적어가 있으면 '사동사',
목적어가 없으면 '피동사'

📌 **더 알아보기**

사동·피동 표현 특징
· '이중 피동 표현'은 우리말 어법에 어긋나지만, '이중 사동 표현'은 우리말 어법에 어긋나지 않는다.
· 파생적 사동은 직접 사동, 간접 사동의 의미가 모두 가능하기 때문에 중의적으로 해석된다.
· 피동 표현에 대응하는 능동 표현이 없는 것도 있다.
　예 아이가 감기에 걸리다.

📌 **더 알아보기**

압존법과 간접 높임

압존법	청자가 문장의 주어보다 더 높은 대상일 때 주어를 높이지 않고 표현하는 방법 예 할아버지, 아버지는 외출했습니다.
간접 높임	주어와 관련된 것을 높임으로써 주어를 간접적으로 높이는 방법 예 할아버지는 귀가 크시다.

절대 시제와 상대 시제

절대 시제 문장의 끝!	발화시를 기준으로 결정되는 시제로, 선어말 어미를 통해 실현됨
상대 시제 문장의 가운데!	사건시를 기준으로 결정되는 시제, 관형사형과 연결 어미를 통해 실현됨

예 그녀는 아까 식당에서 밥을 먹는 나를 보았다.

- 절대 시제: '보았다'는 발화시를 기준으로 과거이므로, 절대 시제는 '과거'
- 상대 시제: '밥을 먹은 것'과 '나를 본 것'이란 사건이 일어난 시점은 동일하므로, 상대 시제는 '현재'

5. 시간 표현

(1) 시제

구분	내용
개념	말하는 시점인 '발화시'를 기준으로 하여, 사건이 일어나는 시점인 '사건시'의 시간상의 위치를 나타내는 표현
종류	• **과거 시제**: 사건시가 발화시보다 앞선 시제 　예 어제 먹었다. • **현재 시제**: 사건시와 발화시가 일치하는 시제 　예 지금 먹는다. • **미래 시제**: 사건시가 발화시보다 나중에 오는 시제 　예 내일 먹겠다.

(2) 동작상

구분	내용
개념	시간의 흐름 속에서 동작이 끝나지 않고 계속 진행되는지, 아니면 완전히 완료되었는지를 나타내는 표현
종류	• **진행상**: 동작이 계속되고 있음을 표시하는 동작상 　예 샤워를 하면서 양치를 한다. 신발을 신고 있다. • **완료상**: 동작이 완료되었음을 표시하는 동작상 　예 영화를 보고서 헤어졌다. 햄버거를 다 먹어 버렸다.

01 밑줄 친 부분에 해당하는 표현으로 옳은 것은?

2014 사회복지직

> 청유문은 화자가 청자에게 같이 행동할 것을 요청하는 문장이다. 즉, 청유문은 청유형 어미 '-자', '-(으)ㅂ시다' 등이 붙는 서술어의 행동을 화자와 청자가 공동으로 하도록 유발하는 것이다. 그러나 간혹 청자만 행하기를 바라거나 <u>화자만 행하기를 바랄 때에도 쓰인다.</u>

① (반장이 떠드는 친구에게) 조용히 좀 하자.

② (식사를 먼저 마친 사람들이 귀찮게 말을 걸 때) 밥 좀 먹읍시다.

③ (회의에서 논의가 길어질 때) 이 문제는 나중에 다시 다루도록 합시다.

④ (같은 반 친구에게) 영화표가 두 장 생겼어. 오늘 나와 같이 보러 가자.

02 <보기>에서 언급된 의문문에 해당하지 않는 것은?

2007 국가직 7급

보기

> 의문문 중에는 화자가 이미 알고 있거나 믿고 있으면서 그것을 청자의 동의를 구하여 확인하기 위한 의문문이나, 형태상으로는 의문문이지만 의미상으로는 긍정이나 부정을 단언(斷言)하는 의문문도 있다.

① 윤태가 나쁜 짓을 보고 가만히 있을 것 같아?

② 우리 여름에 유럽 여행 가서 정말로 재미있었지?

③ 아까 중국 음식점에 짬뽕하고 군만두 시키셨어요?

④ 아무리 그래도 그렇지, 아저씨가 널 안 도와주겠니?

01

화자(말하는 사람)가 밥을 먹도록 말을 걸지 말아 달라는 목적으로 쓰인 것이다. 따라서 답은 ②이다.

오답체크

① 청자(듣는 사람)만 조용히 하기를 바라는 목적으로 쓴 표현이다.

③, ④ 화자와 청자가 함께 행하기를 바라는 목적으로 쓴 표현이다.

02

<보기>에 언급된 의문문의 종류는 '확인 의문문(화자가 이미 알고 있거나 믿고 있으면서 그것을 청자의 동의를 구하여 확인하기 위한 의문문)'과 '수사 의문문(형태상으로는 의문문이지만 의미상으로는 긍정이나 부정을 단언(斷言)하는 의문문)'이다. 그런데 ③은 '확인 의문문', '수사 의문문'이 아닌 '네/아니요'의 대답을 요구하는 '판정 의문문'이다.

오답체크

① 형태상 의문문이지만 실제 의미는 '가만히 있지 않을 것'이라는 단언이므로, '수사 의문문'이다.

② 청자의 동의를 구하여 확인하기 위한 의문문이므로, '확인 의문문'이다.

④ 형태상 의문문이지만 실제 의미는 '아저씨가 널 도와줄 것'이라는 단언이므로, '수사 의문문'이다.

[정답]

01 ②   02 ③

03

화자가 청자에게 같이 행동할 것을 요청하는 뜻을 나타내는 종결 어미를 '청유형 종결 어미'라고 한다. ①~④ 중 청유형 종결 어미가 포함된 것은 ①이다. ①의 '-세'는 '하게'할 자리에 쓰이는 청유형 어미이다.
※ 청유형의 종결 어미에는 '-자(해라체), -세(하게체), -ㅂ시다(하오체), -십시다(-시지요, 합쇼체)' 등이 있다.

오답체크
② '-아라'는 해라체 명령형 어미이다.
③ '-게'는 하게체 명령형 어미이다.
④ '-구려'는 하오체 감탄형 어미이다.

04

ⓔ은 부정소를 사용하지 않고 부정의 의미를 내포하는 경우에 대한 설명이므로 ④에는 부정소가 없지만 부정의 의미를 내포하는 예(가령 '내가 어떻게 웃을 수 있겠소?')가 와야 한다. 그러나 ④는 부정소 '않을~'이 포함된 문장이지만 의미상 '하겠다'라는 긍정의 의미를 내포하는 문장이므로 ⓔ의 예가 아닌 ⓜ의 사례에 해당한다.

오답체크
① 부정 서술어 '-지 마라(-지 말다)'가 사용되었다.
② 부정의 의미를 가지는 접두사 '비(非 아닐 비)-'가 사용되었다.
③ 부정의 뜻을 가진 어휘인 '모르다'가 사용되었다.
⑤ 부정소 '못'과 '않았다'가 사용되었지만, 이중 부정에 해당하는 문장으로 결과적으로 의미상 긍정(이번 일은 그럭저럭 괜찮다.)이다.

---

03 청유형 종결 어미가 포함된 것은?

2018 교육행정직 9급

① 이따가 <u>가세</u>.

② 자리에 <u>앉아라</u>.

③ 자네 이것 좀 <u>먹게</u>.

④ 옷이 무척 <u>예쁘구려</u>.

04 다음은 국어의 부정(否定) 표현에 대한 설명이다. ㉠~㉤의 예시로 적절하지 않은 것은?

2015 국회직 8급

> 부정의 의미를 나타내기 위하여 가장 많이 사용하는 방법은 이른바 부정소라고 불리는 ㉠ 부정 부사나 부정 서술어를 사용하는 경우이다. 그러나 이밖에도 ㉡ 부정의 의미를 가지는 접두사를 이용하기도 하고 ㉢ 부정의 뜻을 가지는 어휘를 이용하여 부정의 의미를 나타내기도 한다. 더욱이 우리말에는 ㉣ 부정소를 사용하지 않아도 부정의 의미를 내포하는 경우도 있고 반대로 ㉤ 부정소를 사용하였더라도 의미상으로는 긍정인 경우도 있다.

① ㉠: 너무 시끄럽게 떠들지 마라.

② ㉡: 이번 계획은 너무나 비교육적이다.

③ ㉢: 나는 그녀의 마음을 잘 모른다.

④ ㉣: 제가 어찌 그 일을 하지 않을 수 있겠습니까?

⑤ ㉤: 그가 이번 일을 그렇게 못 하지는 않았다.

05 ⟨보기⟩의 ㉠~㉢에 들어갈 것을 바르게 연결한 것은?

보기

　　사동문은 사동주가 피사동주에게 어떤 행위를 하게 하는 것을 표현한 문장이다. 국어 사동문은 주어의 직접적 행위를 의미할 수도 있고, 주어의 간접적 행위를 의미할 수도 있다. (　㉠　)와 같이 주어의 직접적 행위와 간접적 행위를 모두 나타내는 경우도 있고, (　㉡　)와 같이 주어의 간접적 행위만을 나타내는 경우도 있다.
　　한편, 부정문은 (　㉢　)와 같이 단순 부정 혹은 의지 부정을 뜻하는 문장이 있고, (　㉣　)와 같이 능력 부정을 뜻하는 경우가 있다.

(가) 형은 동생에게 밥을 먹였다.
(나) 형은 동생에게 밥을 먹게 했다.
(다) 영호는 그림을 잘 그리지 않았다.
(라) 영호는 그림을 잘 그리지 못했다.

	㉠	㉡	㉢	㉣
①	(가)	(나)	(다)	(라)
②	(가)	(나)	(라)	(다)
③	(나)	(가)	(다)	(라)
④	(나)	(가)	(라)	(다)

06 다음 중 '피동 표현'에서 '능동 표현'으로 바꿀 수 없는 것은?

① 그 문제가 어떤 수학자에 의해 풀렸다.
② 그 책은 많은 사람들에게 읽혔다.
③ 철수가 감기에 걸렸다.
④ 아이가 어머니에게 안겼다.

05

㉠, ㉡	사동문에는 '짧은(단형) 사동문'과 '긴(장형) 사동문'이 있다. '짧은(단형) 사동문(파생적 사동문)'은 주어의 직접적 행위와 간접적 행위를 모두 의미하고, '긴(장형) 사동문(통사적 사동문)'은 주어의 간접적 행위만을 나타낸다. 따라서 '먹였다(짧은 사동문)'를 쓴 (가)는 ㉠의 예로 적절하고, '먹게 했다(긴 사동문)'를 쓴 (나)는 ㉡의 예로 적절하다.
㉢, ㉣	부정문에는 '안' 부정문과 '못' 부정문이 있다. '안' 부정문은 '단순 부정 혹은 의지 부정'을 뜻하고, '못' 부정문은 '능력 부정'을 뜻한다. 따라서 '않았다(안 부정)'를 쓴 (다)는 ㉢의 예로 적절하고, '못했다(못 부정)'를 쓴 (라)는 ㉣의 예로 적절하다.

06

'감기가 철수를 걸다'처럼 능동 표현으로 바꿀 수 없다.

오답체크
① '어떤 수학자가 그 문제를 풀었다.'로 바꿀 수 있다.
② '많은 사람들이 그 책을 읽었다.'로 바꿀 수 있다.
④ '어머니가 아이를 안았다.'로 바꿀 수 있다.

[정답]

05 ① 　06 ③

07
'사동 표현'은 시켜서 동작을 하도록 하는 표현이다. ②는 모닥불이 눈을 '녹게 한다.'의 의미이다. 따라서 '녹다'의 사동사 '녹이다'가 쓰인 사동 표현이다.

오답체크
① 쥐가 고양이를 스스로 물었다는 의미이므로 '사동 표현'이 아닌, '주동 표현'이다.
③ '-되다'는 피동 접미사이다. '정리되었다'는 '피동 표현'이다.
④ 목적어가 없는 것을 보아, '보이다'는 피동사이다.

07 다음 문장 중 사동 표현인 것은?

① 쥐가 고양이를 물었다.

② 모닥불이 눈을 녹인다.

③ 장난감이 잘 정리되었다.

④ 정우에게 아름다운 경치가 보였다.

08
'-시키다'가 '하다'로 교체했을 때 의미상 문제가 없다면, 이는 지나친 사동 표현에 해당한다.
①의 경우 군 당국이 일련의 과정을 통해 김 중위를 대위로 승진을 시킨 것. 즉 명한 것이므로 바른 표현이다. 나머지 선택지는 모두 주체가 직접 한 행위로 '하다'로 교체가 가능하므로(의미상 '주차하다, 해임하다, 단축하다'로 문맥이 충분함.) 바른 사동 표현으로 볼 수 없다.

08 밑줄 친 사동 표현이 바르게 사용된 문장은?

① 군 당국은 김 중위를 대위로 <u>승진시켰다</u>.

② 그는 차를 최대한 벽에 가깝게 <u>주차시켰다</u>.

③ 위원회는 김 회장을 <u>해임시킬</u> 수밖에 없었다.

④ 법원은 판결까지의 기간을 <u>단축시킬</u> 것으로 알려졌다.

09
'뽑다[選] : 뽑히다'만 '능동사와 피동사'의 관계이고, 나머지는 모두 '주동사와 사동사'의 관계이다. 사동사는 목적어를 필요로 하는 타동사이다. 따라서 다른 하나는 ②이다.

09 다음 중 두 단어의 관계가 나머지 넷과 다른 하나는?

① 먹다[食] : 먹이다

② 뽑다[選] : 뽑히다

③ 서다[止] : 세우다

④ 익다[熟] : 익히다

⑤ 알다[知] : 알리다

[정답]

07 ② 08 ① 09 ②

10 다음 설명에 해당하지 않는 문장은?

> 사동주가 피사동주로 하여금 어떤 행위를 하게 하거나 어떤 상황에 처하게 하는 표현법을 사동이라 하고, 사동이 표현된 문장을 사동문이라고 한다.

① 도둑이 경찰에게 잡혔다.

② 철호가 몸짓으로 나를 웃겼다.

③ 영애가 민수를 기쁘게 하였다.

④ 어머니가 아이에게 새 옷을 입혔다.

11 (가)에 들어갈 문장으로 가장 적절한 것은?

> 교사: 능동문의 목적어가 피동문의 주어가 되는 것이니까 피동문에는 목적어가 없는 것이 원칙이야. 그건 너도 잘 알고 있지?
>
> 학생: 예, 선생님. 그런데 '원칙'이라고 하셨으면, 원칙의 예외가 되는 문장도 있다는 말씀이신가요?
>
> 교사: 응, 그래. 드물지만 피동문에 목적어가 나타날 때가 있어. 어떤 문장이 있을지 한번 말해 볼래?
>
> 학생: "___(가)___"와 같은 문장이 그 예에 해당하겠네요.

① 형이 동생에게 짐을 안겼다.

② 동생은 집 밖으로 짐을 옮겼다.

③ 동생이 버스 안에서 발을 밟혔다.

④ 그 사람이 동생에게 상해를 입혔다.

10

①의 '잡히다'는 '붙들리다'라는 의미로, '집다'의 피동사이다. 따라서 '도둑이 경찰에게 잡혔다.'는 '사동문'이 아닌 '피동문'이다.

11

교사의 "피동문에 목적어가 나타날 때가 있어."라는 말을 볼 때, (가)에는 목적어가 쓰인 피동문이 들어가야 한다. 선지 ①~④의 문장에는 모두 목적어가 나타난다. 따라서 서술어가 피동사인지, 아닌지만 판단하면 된다. 피동사가 쓰인 것은 ③이다. '밟히다'는 '밟다'의 피동사로, '발에 닿아 눌리다'라는 피동의 의미를 가지고 있다. 피동사이지만 예외적으로 목적어 '발을'을 가진 경우이므로 (가)에 들어가기에 적절하다.

※ 접사를 취한 피동사의 경우 목적어를 취하지 않는 경우가 일반적이지만, 예외적으로 목적어가 두 개인 능동문이 파생 피동문으로 전환될 때 목적어를 취하게 된다.

오답체크

① 목적어 '짐을'은 있다. 그러나 '안기다'는 사동사이다. 따라서 피동문이 아니라 사동문이기 때문에 (가)의 예로 적절하지 않다.

② 목적어 '짐을'은 있다. 그러나 '옮기다'는 사동사이다. 따라서 피동문이 아니라 사동문이기 때문에 (가)의 예로 적절하지 않다.

④ 목적어 '상해를'은 있다. 그러나 '입히다'는 사동사이다. 따라서 피동문이 아니라 사동문이기 때문에 (가)의 예로 적절하지 않다.

[정답]

10 ① 11 ③

12

ⓐ 목적어 '시계를'이 있고, '보게 했다'라는 사동의 의미가 있기 때문에 사동사가 맞다.

ⓑ 목적어가 없고, '하늘이 있다는 걸 알게 되다'라는 피동의 의미가 있기 때문에 피동사가 맞다.

따라서 ②는 ⊙과 ⓛ에 해당하는 예로 적절하다.

오답체크

① ⊙은 목적어 '종을', ⓛ은 목적어 '동생을'이 있다. 또 '울게 했다'라는 사동의 의미가 있다. 따라서 ⊙과 ⓛ은 모두 사동사이다.

③ ⊙은 목적어 '몸을', ⓛ은 목적어 '고드름을'이 있다. 또 '녹게 했다'라는 사동의 의미가 있다. 따라서 ⊙과 ⓛ은 모두 사동사이다.

④ ⊙은 목적어가 없고, '짐이 손에 쥐어지다'라는 피동의 의미가 있기 때문에 피동사이다.

※ '문을'은 '들리다'가 아니라 '열다'의 목적어이다.

ⓛ은 목적어 '꽃을'이 있고, '들게 하다'라는 사동의 의미가 있기 때문에 사동사이다.

12 〈보기〉의 ⊙, ⓛ에 해당하는 것은?

> **보기**
>
> 우리말의 용언 중에는 피동사와 사동사의 형태가 동일한 것이 있다. 예를 들어, '글을 보고 거기에 담긴 뜻을 헤아려 알다.'의 뜻인 '읽다'에서 파생된 사동사와 피동사의 형태는 모두 '읽히다'로, 그 형태가 같다.
>
> • 사동사: '부하 장수들에게 병서를 읽혔다.'
> • 피동사: '이 책은 비교적 쉽게 읽힌다.'
>
> 이때 ⊙ 사동사인지, ⓛ 피동사인지의 구별은 문장에서의 의미와 쓰임을 통해 이루어진다.

① ⊙ 성탄절에는 교회에서 종을 <u>울렸다</u>.
　 ⓛ 형이 장난감을 뺏어 동생을 <u>울렸다</u>.

② ⊙ 동생이 새 시계를 내게 <u>보였다</u>.
　 ⓛ 멀리 건물 사이로 하늘이 <u>보였다</u>.

③ ⊙ 우리는 난로 앞에서 몸을 <u>녹였다</u>.
　 ⓛ 따스한 햇살이 고드름을 서서히 <u>녹였다</u>.

④ ⊙ 나는 손에 짐이 <u>들려</u> 문을 열 수가 없다.
　 ⓛ 부부 싸움을 한 친구에게 꽃을 <u>들려</u> 집에 보냈다.

13

⊙의 '모시다'는 서술의 객체, 즉 목적어 '선생님'을 높이고 있다는 점에서 객체 높임에 해당한다.

오답체크

ⓛ과 ⓒ은 서술의 주체, 즉 주어 '선생님'을 높이기 위해 주체 높임의 선어말 어미 '-시-'를 사용하였다. 따라서 '오시다'는 주체 높임에 해당한다.

※ '상대 높임'은 ⊙~ⓒ 모두에서 확인이 가능하다.

13 ⊙~ⓒ 중 객체 높임에 해당하는 것은?

> 민수: 저기 영선이가 선생님을 ⊙ <u>모시고</u> 온다.
> 정희: 정말 선생님께서 ⓛ <u>오시네</u>.
> 민수: 선생님, 어서 ⓒ <u>오세요</u>. 영선아, 너도 어서 와.

① ⊙　　　　② ⓛ　　　　③ ⓒ　　　　④ ⊙, ⓛ

[정답]

12 ②　13 ①

14 다음 중 아래 글의 내용을 포괄하여 설명하기에 가장 적절한 것은? 2022 군무원 9급

> 주체 경어법은 용언에 선어말 어미 '-시-'를 넣음으로써 이루어진다. 만약 여러 개의 용언이 함께 나타나는 경우라면 일률적인 규칙을 세우기는 어렵지만 대체로 문장의 마지막 용언에 선어말 어미 '-시-'를 쓴다. 또한 여러 개의 용언 가운데 어휘적으로 높임의 용언이 따로 있는 경우에는 반드시 그 용언을 사용해야 한다.

① 할머니, 어디가 어떻게 편찮으세요?

② 어머님께서 돌아보시고 주인에게 부탁하셨다.

③ 선생님께서 책을 펴며 웃으셨다.

④ 할아버지께서 주무시고 가셨다.

15 다음 중 상대 높임법의 등급이 다른 하나는? 2017 서울시 7급

① 여보게, 어디 <u>가는가</u>?

② 김 군, 벌써 봄이 <u>왔다네</u>.

③ 오후에 나와 같이 <u>산책하세</u>.

④ 어느덧 벚꽃이 다 <u>지는구려</u>.

14

조건 1.	주체인 '할아버지'를 서술하는 용언은 '자다'와 '가다'로 2개이다. "만약 여러 개의 용언이 함께 나타나는 경우라면 ~ 대체로 문장의 마지막 용언에 선어말 어미 '-시-'를 쓴다."에 따라 뒤의 서술어 '가다'에만 선어말 어미 '-시-'를 붙여 '가시다'로 표현하였다.
조건 2.	"여러 개의 용언 가운데 어휘적으로 높임의 용언이 따로 있는 경우에는 반드시 그 용언을 사용해야 한다."에 따라 '자다'의 높임말 '주무시다'를 사용하였다. ※ '주무시다'의 '시'는 주체 높임의 선어말 어미가 아니다.

따라서 제시된 글의 내용을 포괄하여 설명하기에 적절한 문장은 ④의 '할아버지께서 주무시고 가셨다.'이다.

15

상대 높임법의 등급은 종결 어미를 통해 알 수 있다. ④의 '-는구려'는 '하오체'의 종결 어미이고, 나머지 선택지들은 '하게체'의 종결 어미이다.

[정답]

14 ④　15 ④

동사론　해커스군무원 해원국어 적중 여신의 압도적 문법

16

'계십시오'는 합쇼체이다. ㉣의 적절한 용례
는 '선생님, 안녕히 계세요(계시어요)'이다.

16 <보기>는 우리말 높임법에 관한 설명이다. (   ) 안에 들어갈 용례로 맞지 않는 것은?

> **보기**
>
> • 상대높임법: 말하는 이가 상대, 곧 듣는 이(청자)를 높이는 높임법. 일정한 종
> 결 어미의 사용에 의해서 실현됨.
> (1) 격식체: 공식적이고 의례적인 표현으로, 심리적 거리감을 나타냄
> ① 해라체: 아주 낮춤
> ② 하게체: 예사 낮춤 ············· (㉠)
> ③ 하오체: 예사 높임 ············· (㉡)
> ④ 합쇼체: 아주 높임
> (2) 비격식체: 비공식적이며, 부드럽고 친근감을 나타냄
> ① 해체: 두루 낮춤 ············· (㉢)
> ② 해요체: 두루 높임 ············· (㉣)

① ㉠: 내가 말을 함부로 했던 것 같네.

② ㉡: 이게 꿈인지 생신지 모르겠구려.

③ ㉢: 계획대로 밀고 나가.

④ ㉣: 선생님 안녕히 계십시오.

17

'편찮다'는 주어인 '할머니'를 높이는 서술
어이다. 따라서 이는 '주체 높임'이다.

오답체크
① '모시다'는 '데리다'의 높임말이다. '모시
다'는 서술의 객체, '할머니'를 높이고
있다.
② 부사격 조사 '께'를 사용하여, '할머니'를
높이고 있다.
③ '드리다'는 '주다'의 높임말이다. '드리다'
는 서술의 객체, '할머니'를 높이고 있다.

17 ㉠~㉣ 중 <보기>의 밑줄 친 부분에 해당하지 않는 것은?

> **보기**
>
> 높임 표현은 높임의 대상에 따라 주체 높임, 객체 높임, 상대 높임으로 나눌
> 수 있다. 이 중 <u>객체 높임</u>은 목적어나 부사어가 나타내는 대상, 즉 서술의 객체
> 를 높이는 방법으로 주로 특수 어휘나 부사격 조사 '께'에 의해 실현된다.

> 지우: 민주야, 너 내일 뭐 할 거니?
> 민주: 응, 내일 할머니 생신이라서 할머니 ㉠ <u>모시고</u> 영화관에 가기로 했어.
> 지우: 와, 오랜만에 할머니도 뵙고 좋겠다.
> 민주: 응, 그렇지. 오늘은 할머니께 편지도 써야 할 것 같아.
> 지우: ㉡ <u>할머니께 드릴</u> 선물은 샀어?
> 민주: 응, 안 그래도 할머니가 허리가 아프셔서 엄마가 안마의자를 사서 ㉢ <u>드
> 린대</u>. 나는 용돈을 조금 보태기로 했어.
> 지우: 아, 할머니께서 ㉣ <u>편찮으셨구나</u>.

① ㉠   ② ㉡   ③ ㉢   ④ ㉣

18 밑줄 친 부분이 간접 높임의 예에 해당하는 것은?

2010 서울시 7급

> 국어의 높임법에는 직접 높임과 간접 높임의 두 가지가 있다. 간접 높임이
> 란 높임을 받는 대상과 관련된 말을 높임으로써 간접적으로 그 대상을 높이는
> 것을 말한다.

① 과장님은 <u>외출 중이십니다.</u>

② 그분께는 따님이 <u>계십니다.</u>

③ 어르신, 정성껏 준비했으니 많이 <u>잡수세요.</u>

④ 다른 의견이 <u>있으신</u> 분은 안 계십니까?

⑤ 아버님, 할아버지께서 <u>오라십니다.</u>

19 〈보기〉를 참고하여 문장에 실현되는 높임법을 분석할 때, 다음 중 옳지 않은 것은?

2019 서울시 7급(2월)

보기

> 국어의 높임법에는 주체 높임법, 객체 높임법, 상대 높임법이 있다. 이처럼
> 다양한 높임법을 체계적으로 살펴보기 위해서 아래의 예와 같이 이들 높임법
> 이 문장에 나타날 때와 그렇지 않을 때를 '+'와 '−'로 표시할 수 있을 것이다.
> **예** 영수가 동생에게 과자를 주었습니다.
> (−주체, −객체, +상대)

① 어머니께서 영희에게 과자를 주셨다.

　　(+주체, −객체, −상대)

② 영희가 할머니께 과자를 드렸다.

　　(−주체, +객체, +상대)

③ 어머니께서 영희에게 과자를 주셨습니다.

　　(+주체, −객체, +상대)

④ 어머니께서 할머니께 과자를 드리셨습니다.

　　(+주체, +객체, +상대)

18

④의 '있으신'은 문장에 명백히 나타나지 않은 주어 '여러분'을 높이기 위해 '의견'을 높인 간접 높임의 형태이다.

오답체크

① 문장의 주체인 '과장님'을 주체 높임 선어말 어미 '−시−'를 통해 높인 표현이므로, 직접 높임 표현이다.

② '따님'을 높임으로써 '그분'을 높이는 간접 높임의 형식이지만 '계시다'는 직접 높임의 형태로만 사용 가능하므로 간접 높임의 쓰임에서는 '있으시다'를 쓰는 것이 옳다. ②는 직접 높임을 사용하였고, 틀린 문장이다.

③ 청자이자 문장의 주체인 '어르신'을 서술어 '잡수세요'를 통해 높였으므로, 직접 높임 표현이다.

⑤ 문장의 주체인 '할아버지'가 청자인 '아버지'보다 높으므로 '할아버지께서 아버님 오라고 (말씀)하십니다.(＝오라십니다.)'의 압존법을 사용하였고, 할아버지(주어)를 '−시−'를 통해 직접 높이고 있다.

19

객체 높임은 실현되지 않은 채, 높임의 주격 조사 '께서'와 주체 높임의 선어말 어미 '−시−'를 통해 주체인 '어머니'를 높이고 있다. 다만 우리말 모든 문장에는 상대 높임법이 들어 있으므로 '(+주체, −객체, +상대)가 되어야 한다.

※ 단, 상대 높임법의 유무가 아닌 청자의 높임을 묻는다면 '주셨다'의 '해라체'로 청자에 대한 반말(낮춤)을 쓰고 있다고 볼 수 있다.

오답체크

② '영희가 할머니께 과자를 드렸다.'에서는 주체 높임은 실현되지 않은 채, 높임의 부사격 조사 '께'와 서술어 '드리다'를 통해 객체인 '할머니'를 높이고 있다. 더불어 '드렸다' 서술어는 '해라체'로 상대 높임법은 있으나 청자를 낮추어 표현하고 있다. 따라서 '(−주체, +객체, +상대)'의 분석은 옳다.

③ 객체 높임은 실현되지 않은 채, 높임의 주격 조사 '께서'와 주체 높임의 선어말 어미 '−시−'를 통해 주체인 '어머니'를 높이고 있다. 또한 합쇼체를 사용하였기 때문에 상대 높임도 실현되었다. 따라서 '(+주체, −객체, +상대)'의 분석은 옳다.

④ 높임의 주격 조사 '께서'와 주체 높임의 선어말 어미 '−시−'를 통해 주체인 '어머니'를 높이고 있다. 또한 높임의 부사격 조사 '께'와 서술어 '드리다'를 통해 객체인 '할머니'를 높이고 있다. 그리고 합쇼체를 사용한 상대 높임도 실현되었다. 따라서 '(+주체, +객체, +상대)'의 분석은 옳다.

[정답]

18 ④　19 ①

20

계신가요? → 있으신가요?: ①에서 '계신가요?'는 '계시다'가 기본형으로 직접 높임 표현에 사용되는 말이다. 따라서 간접 높임 대상인 '부장님의 따님'을 높일 때 사용하는 것은 적절하지 않다.

※ 부장님을 높이는 상황이므로 '집'의 높임 말 '댁'을 쓰는 것이 자연스럽다.

오답체크
② '담임 선생님'의 신체인 '키'가 간접 높임의 대상이 된다.
③, ④ ③의 '지팡이'는 '할아버지'의 소유물로, ④의 '우산'은 선생님의 소유물로 각각 간접 높임의 대상이 된다.

21

'절대 시제'는 발화시를 기준으로 결정되므로, 서술어 '보았다'를 볼 때 '과거'이다. '상대 시제'는 사건시를 기준으로 결정되므로, '철수를 본 것'과 '책을 읽은 것'이 같은 시점에 일어났으므로, '현재'이다.

※ 절대 시제는 종결형 확인!
상대 시제는 연결형 확인!

20 높임법이 가장 옳지 않은 것은?

① 부장님의 따님은 집에 계신가요?

② 담임 선생님은 키가 굉장히 크시다.

③ 할아버지, 지팡이가 아주 멋지세요.

④ 선생님, 비가 오는데 우산 있으세요?

21 다음 글은 시제에 대한 설명이다. <보기>의 밑줄 친 부분의 시제를 옳게 설명한 것은?

> 시제(時制)란 화자가 발화시를 기준으로 삼아 앞뒤의 시간을 구분하는 문법 범주이다. 발화시와 사건시가 일치하면 현재, 사건시가 발화시에 선행하면 과거, 발화시가 사건시에 선행하면 미래라고 한다. 발화시란 화자가 문장을 발화한 시간을 뜻하고 사건시란 문장에 드러난 사건이 발생한 시간을 뜻한다.
> 그런데 시제에는 절대 시제와 상대 시제도 있다. 절대 시제는 발화시를 기준으로 삼아 결정되는 시제이고 상대 시제는 주절의 사건시를 기준으로 결정되는 시제를 말한다.

보기

> 나는 아까 도서관에서 책을 <u>읽는</u> 철수를 보았다.

① 절대 시제나 상대 시제 모두 현재

② 절대 시제나 상대 시제 모두 과거

③ 절대 시제로는 현재, 상대 시제로는 과거

④ 절대 시제로는 과거, 상대 시제로는 현재

⑤ 절대 시제로는 과거, 상대 시제로는 미래

[정답]

20 ①   21 ④

22 〈보기〉는 국어의 시제에 대한 설명이다. 밑줄 친 부분의 예로 가장 적절한 것은?

2020 경찰 1차

보기

　절대 시제란 발화시를 기준으로 한 시제이고, 상대 시제란 발화시가 아닌 다른 시점을 기준으로 한 시제이다.

① 공원에는 운동하는 사람들이 많이 보였다.

② 철수는 다음 달에 유학을 간다.

③ 넌 이제 큰일 났다.

④ 내일은 비가 오겠다.

23 밑줄 친 부분의 시제가 다른 것은?

2016 기상직 9급

① 친구가 도서관에서 책을 빌렸다.

② 그녀의 아름다운 마음씨가 예쁘다.

③ 잘 익은 사과를 보니 기분이 좋다.

④ 나는 그에게 받은 것이 전혀 없다.

22

'운동하다'가 발화시를 기준으로 하면 '과거'임에도, 현재형 '운동하는'으로 표현했다. 따라서 〈보기〉의 '상대 시제'의 예로 적절하다.

오답체크

나머지는 모두 문장 끝에 나타나는 절대 시제로, ② '-ㄴ다'의 현재 시제, ③ '-았다'의 형태로 형태상은 과거 시제이지만, 의미상은 미래 시제, ④ '-겠다'의 형태로 미래 추측의 의미로 사용되었다.

23

'아름다운(아름답 + 은)'은 형용사 '아름답다'의 어간 '아름답-'에 관형사형 어미 '-은'이 붙은 것이다. 형용사의 어간에 붙는 '-은'은 현재 시제를 나타낸다는 점에서, ②의 시제는 '현재'이다.

오답체크

나머지는 모두 '과거 시제'이다.
① 동사 '빌리다'의 어간 '빌리-'에 과거 시제 선어말 어미 '-었-'이 붙었다는 점에서 시제는 '과거'이다.
③, ④ 동사의 어간에 붙는 어미 '-은'은 시제가 '과거'임을 나타낸다. 따라서 시제는 '과거'이다.

[정답]

22 ① 23 ②

01

01
화자와 청자가 함께 논의해 보자는 의미이므로, '청유문'이다.

01 <보기>의 문장 형식으로 가장 적절한 것은?

> **보기**
>
> 우리 함께 그 문제에 대해 진지하게 생각해 봅시다.

① 명령문　　　　　　　　② 평서문

③ 청유문　　　　　　　　④ 감탄문

02
ㄷ은 문장의 형식은 '의문문'이지만, 문장의 의미는 '반어(살 수 있다.)'의 평서형으로 서로 일치하지 않는다.

오답체크
① ㄱ은 판정 의문문으로 긍정과 부정의 대답을 요구한다.
② ㄴ은 의문사 '무엇'이 쓰였기 때문에, 설명을 요구하는 설명 의문문이다.
④ ㄱ과 ㄹ 모두 판정 의문문으로 긍정과 부정의 대답을 요구한다.

02 다음 중 설명이 잘못된 것은?

> ㄱ. 철수야, 숙제는 다 했니?
>
> ㄴ. 당신의 이름은 무엇입니까?
>
> ㄷ. 너한테 내가 차 한 잔 못 사겠니?
>
> ㄹ. 지금 눈이 오고 있다는데 사실인가요?

① ㄱ은 긍정이나 부정의 대답을 요구하는 의문문이다.

② ㄴ은 구체적인 설명을 요구하는 의문문이다.

③ ㄷ은 문장의 형식과 문장의 의미가 일치한다.

④ ㄱ과 ㄹ의 의문문의 종류는 동일하다.

03
'고민하다'는 동사이지만 어떤 능력을 요하는 서술어가 아니기 때문에 '못' 부정문을 쓸 수 없다. '나는 그 일에 대해 고민하지 않는다.'로 쓰는 것이 자연스럽다.

오답체크
① '-지 마라'는 명령형의 부정형으로 자연스럽다.
② '철수의 의지로 가지 않았다.'라는 의미이므로, '안 갔다'의 쓰임은 옳다.
④ '넓다'는 상태를 단순 부정하여 '넓지 아니하다(않다).'로 바르게 표현하였다.

03 다음 중 어색한 문장은?

① 수업 시간에 떠들지 마라.

② 철수는 오늘 학교에 안 갔다.

③ 나는 그 일에 대해 고민하지 못한다.

④ 새로 이사 간 집은 마당이 넓지 않다.

[정답]

01 ③　02 ③　03 ③

04 다음 중 문장의 성격이 다른 하나는?

① 우산이 바람에 뒤집히다.　　　② 개가 아기의 손을 핥았다.

③ 바람에 나뭇가지가 꺾였다.　　④ 멀리 건물 사이로 하늘이 보인다.

05 ㉠~㉣의 밑줄 친 부분에 대한 이해로 적절하지 않은 것은?

> ㉠ 팀원들 사이에는 신뢰가 <u>쌓였다</u>.
> ㉡ 신문지에 <u>말린</u> 것이 무엇인지 궁금했다.
> ㉢ 안방의 벽지가 인부들에게 <u>뜯겼다</u>.
> ㉣ 그 사고는 인명과 재산에 막대한 손실을 <u>입혔다</u>.

① ㉠: 동사 '쌓다'에 피동 접미사 '-이-'가 결합하여 피동사 '쌓이다'를 파생했다.

② ㉡: 동사 '말다'에 피동 접미사 '-리-'가 결합하여 피동사 '말리다'를 파생했다.

③ ㉢: 동사 '뜯다'에 사동 접미사 '-기-'가 결합하여 사동사 '뜯기다'를 파생했다.

④ ㉣: 동사 '입다'에 사동 접미사 '-히-'가 결합하여 사동사 '입히다'를 파생했다.

06 ㉠~㉣에 대한 예로 옳지 않은 것은?

> 　사동문은 ㉠ <u>'남으로 하여금 어떤 행동을 하도록 한다.'</u>라는 의미를 지닌 것으로, 사동 접미사나 '-게 하다'를 붙여 만들어진다. 사동 접미사는 흔히 1개만 사용되지만 ㉡ <u>2개가 붙는 경우도 있다.</u> 또한 사동문은 종류에 따라 ㉢ <u>의미가 중의적으로 나타나기도 한다.</u> 한편, ㉣ <u>사동사의 형태를 띠지만 사동의 의미에서 다소 멀어진 경우도 있다.</u>

① ㉠: 이모가 조카에게 책을 <u>읽히셨다</u>.

② ㉡: 이모가 조카를 <u>태우고</u> 여행을 떠난다.

③ ㉢: 이모가 조카에게 사과를 <u>깎게 했다</u>.

④ ㉣: 이모가 시골에서 소를 <u>먹이고</u> 있다.

04

주어가 스스로 움직이는 것은 '능동 표현', 다른 힘에 의해 움직이는 것은 '피동 표현' 이다.
②는 '개가 스스로 아기의 손을 핥은 것'이므로, '능동 표현'이다. ②에만 피동 접미사가 사용되지 않았다.

오답체크
① '뒤집다'에 피동 접미사 '-히-'가 붙은 피동문이다.
③ '꺾다'에 피동 접미사 '-이-'가 붙은 피동문이다.
④ '보다'에 피동 접미사 '-이-'가 붙은 피동문이다.

05

'뜯기다'는 피동사와 사동사가 모두 존재한다. 다만 ㉢의 경우 의미상 '뜯어지다'의 의미이므로 '피동사'에 해당한다.
[비교] 아이들에게 갈비를 뜯기다.
　　　→ '뜯게 하다'의 사동사

06

사동 접사로 만든 사동문은 중의적 의미(직접+간접)를 나타낸다. 하지만 ㉢은 '-게 하다'와 결합하여 만든 통사적 사동문으로 '간접'의 의미만 나타낸다.

오답체크
① 사동 접사 '-히-'로 만든 사동문으로 적절한 예이다.
② '태우다'는 사동 접사 '-이-'와 '-우-'를 사용한 이중 사동 표현이다.
④ '먹이다'는 주로 사동사로 기능하지만, '가축 따위를 기르다'의 의미일 때는 사동사로 기능하지 않는다.

[정답]
04 ②　05 ③　06 ③

07 다음 설명의 사례로 바르지 않은 것은?

> 우리말 높임법 중에는 서술의 객체, 즉 목적어나 부사어를 높이는 객체 높임법이 있다. 객체 높임법은 특수한 어휘를 이용하거나 높임의 뜻을 더하는 조사를 통해 표현한다.

① 학생분들은 입구 쪽으로 이동해 주십시오.

② 주문하신 상품은 어느 분께 드리면 될까요?

③ 민호가 할머니를 모시고 병원에 갔습니다.

④ 어제는 대학교 은사님을 뵙고 왔습니다.

08 다음 중 ㉠~㉢이 모두 나타난 표현은?

> 우리말의 높임 표현은 높임의 대상에 따라 ㉠ 주체 높임법, ㉡ 객체 높임법, ㉢ 상대 높임법 등으로 나타난다.

① 식당에서 선생님을 뵀다.

② 할아버지는 금이 많으시다.

③ 교수님께 빌린 책을 돌려 드렸다.

④ 할머니는 어머니께서 모시고 가셨습니다.

09 다음 중 사건시와 발화시가 일치하는 문장은?

① 고향에서는 벌써 추수를 끝냈겠다.

② 네 살짜리 아이가 벌써 책을 읽는다.

③ 예전에는 명절에 선물로 설탕을 주었다.

④ 나는 이 나무를 네가 심은 줄로 알았다.

09
'사건시와 발화시'가 일치한다는 말은 '현재 시제'가 쓰였다는 말이다.
②는 현재 시제 종결 어미 '-는다'가 사용되었다.

오답체크
① '-겠'이 사용되어 의미상 추측의 의미를 나타낸다. 다만 앞의 '-았-/-었-' 시제와 함께 문장 자체의 시제는 과거 추측이 된다.
③ '-었-'이 사용되었기 때문에, 과거 시제이다.
④ '-은', '-았-'이 사용되었기 때문에, 과거 시제이다.

10 ㄱ~ㄹ을 진행상과 완료상으로 구분할 때 분류가 바른 것은?

> ㄱ. 철수는 지금 책상에 앉아 있다.
> ㄴ. 할아버지는 모자를 벗어 버렸다.
> ㄷ. 버스가 정류장으로 들어오고 있다.
> ㄹ. 우리는 운동장에서 피구를 하고 있다.

진행상	완료상
① ㄱ, ㄴ	ㄷ, ㄹ
② ㄱ, ㄷ	ㄴ, ㄹ
③ ㄷ, ㄹ	ㄱ, ㄴ
④ ㄴ, ㄹ	ㄱ, ㄷ

10
진행상은 해당 동작이 계속되고 있음을 나타낼 때 쓴다. 따라서 진행상은 'ㄷ, ㄹ'에서 확인할 수 있다. 완료상은 해당 동작이 끝났음을 나타낸다. 따라서 완료상은 'ㄱ, ㄴ'에서 확인할 수 있다.

PART 4

통사론

해커스공무원 해원국어 적중 여신의 압도적 문법

[정답]
09 ② 10 ③

PART 5

의미 관계와 담화론

Day 08 의미 관계, 의미의 변화, 중의적 표현, 발화

1. 의미 관계

(1) 상하·유의·동음이의·다의 관계

구분	내용
상하 관계	한 단어가 다른 단어를 포함하거나 다른 단어에 포함되는 관계 예 생물 – 동물 – 조류 – 닭 상위어일수록 일반적, 포괄적 의미를 지닌다.
유의 관계	같거나 유사한 의미를 지닌 단어가 맺는 관계 예 죽다 – 돌아가시다, 잔치 – 연회, 밥 – 끼니, 벗 – 친구
동음이의 관계	소리만 우연히 같고 의미는 다른 단어가 맺는 관계 예 마구간에 있던 말[馬]이 사람의 말[語]을 알아듣고 일어섰다.
다의 관계	두 가지 이상의 뜻을 가진 단어 예 쓰다² 1. 모자 따위를 머리에 얹어 덮다. ——————————— 중심적 의미 2. 얼굴에 어떤 물건을 걸거나 덮어쓰다. ——— 3. 먼지나 가루 따위를 몸이나 물체 따위에 덮은 상태가 되다. —— 주변적 의미

📌 더 알아보기

동음이의어와 다의어

사전에 '동음이의어'는 별개의 단어로, '다의어'는 하나의 단어로 실려 있다.

(2) 반의 관계

구분	내용
개념	대립되는 의미를 지닌 단어가 맺는 관계
특징	• 반의어가 되려면 하나의 요소만 차이를 보여야 한다. • 맥락에 따라 반의 관계를 이루는 말이 달라질 수 있다.
종류	• **상보 반의어**: 중간 영역이 없는 반의어로, 반의 관계의 두 단어를 모두 부정할 수 없다. 예 살다 – 죽다, 남자 – 여자, 처녀 – 총각 • **정도 반의어**: 중간 영역이 존재하기 때문에 반의 관계의 두 단어를 모두 부정할 수 있다. 예 크다 – 작다, 길다 – 짧다, 기쁨 – 슬픔 • **방향 반의어**: 방향의 대립 관계를 나타내는 말의 관계 예 위 – 아래, 오다 – 가다, 오르다 – 내리다

2. 의미의 변화

구분	내용
의미의 확대	단어의 의미 영역이 넓어지는 일반화 현상 예 영감, 다리, 지갑, 세수, 수작 등
의미의 축소	단어의 의미 영역이 좁아지는 특수화 현상 예 짐승, 얼굴, 미인 등
의미의 이동	단어의 의미 영역과 관계없이 의미 자체가 변하는 현상 예 어리다, 어여쁘다, 씩씩하다 등

3. 중의적 표현

(1) 개념

한 문장이 두 가지 이상의 의미를 나타내는 표현을 말한다.

(2) 종류

구분	내용
주어부 범위	예 그가 보고 싶은 학생이 많다.
수식의 범위	예 나는 동생보다 영화를 더 좋아한다.
비교의 범위	예 귀여운 친구의 누나를 만났다.
부정의 범위	예 학생이 다 출석하지 않았다.

(3) 해소 방법

① 추가 정보를 제공한다.
② 보조사를 사용한다.
③ 수식어와 피수식어 관계를 명확히 한다.
④ 접속 조사를 바르게 사용한다.
⑤ 비교 대상을 명확히 제시한다.
⑥ 반점(,)을 사용한다.

4. 발화

구분	내용
직접 발화	문장의 유형과 발화의 의도가 일치하는 발화 의도를 상황보다 먼저 고려 예 (갈림길에서 방향을 물을 때) 김포공항은 어느 쪽으로 가야 합니까?
간접 발화	문장의 유형과 발화의 의도가 불일치하는 발화 상황에 맞춰 의도를 표현 예 (미혼의 친구에게) 국수를 언제 먹여 줄 거니?

★ 더 알아보기

중의성의 종류

1. 어휘적 중의성
   ① 동음이의어에 의한 중의성
      예 말이 많다.(馬, 言)
   ② 다의어에 의한 중의성
      예 손이 많다.(手, 客)
2. 구조적 중의성
   ※ (2) 종류는 '구조적 중의성'에 대한 설명이다.
3. 비유적 중의성
   비유적 표현이 두 가지 이상의 의미로 해석되는 것
   예 선생님은 호랑이 같다.(외모, 성격)
4. 화용적 중의성
   화용적 상황에 따라 두 가지 이상의 의미로 해석되는 것
   예 철수는 옷을 입고 있다.(진행, 완료)

01

'성공(成功)'과 '실패(失敗)'는 중간이 존재하지 않으며, 둘 다 긍정하거나 둘 다 부정할 수 없는 것으로 볼 때 이는 상보 반의어이다.

오답체크

② 상을 주고, 받는다는 의미이므로 일정한 방향성을 가진 '방향 반의어'의 예로 적절하다.

③ 물건을 팔고, 산다는 의미이므로 일정한 방향성을 가진 '방향 반의어'의 예로 적절하다.

④ 피해를 가하고, 막는다는 의미이므로 일정한 방향성을 가진 '방향 반의어'의 예로 적절하다.

02

※ '동음이의어'는 발음은 같지만 의미는 다른, 즉 '다른 단어'이고 '다의어'는 의미를 다양하게 갖는, 즉 '같은 단어'의 관계이다.

㉠의 '쓰다'는 '힘을 들이다.'의 의미이고, ㉡의 '쓰다'는 '모자를 머리에 얹어 덮다.'의 의미이다. 둘은 의미적 관련성이 없다. 따라서 둘은 '동음이의 관계'이다. 이와 동일한 의미 관계로 짝지어진 것은 ④이다.

④의 첫 번째 '먹다'는 '막혀서 제 기능을 하지 못하게 되다.'라는 의미이고, 두 번째 '먹다'는 '어떤 마음이나 감정을 품다.'라는 의미이다. 둘 역시 의미적 관련성이 없기 때문에 동음이의 관계이다.

오답체크

④를 제외한 나머지는 의미적 관련성이 있기 때문에 다의 관계이다.

① 첫 번째 '놀다'는 '어떤 놀이를 하여 이기고 짐을 겨루다.'라는 의미이고, 두 번째 '놀다'는 '작용이나 역할을 하다.'라는 의미이다. 둘은 다의 관계이다.

② 첫 번째 '놀다'는 '놀이나 재미있는 일을 하며 즐겁게 지내다.'라는 의미이고, 두 번째 '놀다'는 '고정되어 있던 것이 헐거워 이리저리 움직이다.'라는 의미이다.

　※ ①과 ②의 '놀다'는 모두 'playing'의 의미를 근원으로 하는 '놀다'와 근본적으로 다의 관계이다.

　①과 ②의 '놀다'와 동음이의 관계인 '놀다'는 '드물어서 구하기 어렵다(돈이 놀아서 약을 못 쓰다.).'라는 의미일 때뿐이다.

③ 첫 번째 '먹다'는 '남의 재물을 다루거나 맡은 사람이 그 재물을 부당하게 자기의 것으로 만들다.'라는 의미이고, 두 번째 '먹다'는 '일정한 나이에 이르거나 나이를 더하다.'라는 의미이다.

　※ 둘은 ④의 첫 번째 '먹다'와는 동음이의 관계이고, 두 번째 '먹다'와는 다의 관계이다.

[정답]

01 ①　02 ④

---

01 다음에 해당하는 사례로 적절하지 않은 것은?　　　2019 지방직 9급

> 대립쌍을 이루는 단어들이 일정한 방향성을 이루고 있다.

① 성공(成功) : 실패(失敗)

② 시상(施賞) : 수상(受賞)

③ 판매(販賣) : 구매(購買)

④ 공격(攻擊) : 방어(防禦)

02 <보기>와 같은 의미 관계로 짝지어진 것은?　　　2020 경찰 1차

보기

> ㉠ 힘을 <u>쓰다</u>.　　　　　　　　㉡ 모자를 <u>쓰다</u>.

① ┌ 친구와 같이 윷을 <u>놀았다</u>.
　└ 철수가 놀고 있는 우리에게 방해를 <u>놀았다</u>.

② ┌ 친구들과 공을 차면서 <u>놀았다</u>.
　└ 싱크대의 나사가 헐거워져서 <u>논다</u>.

③ ┌ 그 사람이 곗돈을 <u>먹고</u> 달아났다고 한다.
　└ 그 일은 나이를 <u>먹고</u> 할 일이 아니다.

④ ┌ 귀가 <u>먹어서</u> 잘 들리지 않는다.
　└ 마음을 <u>먹어서</u> 이렇게 하는 것이다.

03 의미 관계와 단어들의 연결이 옳지 않은 것은?

2019 서울시 7급(2월)

① 동의 관계(synonymy) – 근심 : 시름

② 반의 관계(antonymy) – 볼록 : 오목

③ 상하 관계(hyponymy) – 할아버지 : 손자

④ 부분 관계(meronymy) – 코 : 얼굴

04 밑줄 친 단어가 다음에서 설명한 동음어로 묶인 것은?

2017 국가직 7급

동음어는 의미상 서로 관련이 없거나 역사적으로 기원이 다른데 소리만 우연히 같게 된 말들의 집합이며, 국어사전에는 서로 다른 표제어로 등재된다.

① 지수는 빨래를 할 때 합성세제를 <u>쓰지</u> 않는다.
  이 일은 인부를 <u>쓰지</u> 않으면 하기 어렵다.

② 새로 구입한 의자는 <u>다리</u>가 튼튼하다.
  박물관에 가려면 한강 <u>다리</u>를 건너야 한다.

③ 이 방은 너무 <u>밝아서</u> 잠자기에 적당하지 않다.
  그는 계산에 <u>밝은</u> 사람이다.

④ 그 영화는 <u>뒤</u>로 갈수록 재미가 없었다.
  너의 일이 잘될 수 있도록 내가 <u>뒤</u>를 봐주겠다.

03

항렬을 따질 때는, '할아버지'와 '손자'의 상하 관계이다. 그러나 의미적으로 한쪽이 다른 한쪽의 상위 개념, 즉 '손자'를 포함할 수 있는 개념이 될 수 없고, 또는 '손자'가 '할아버지'의 한 종류이거나 사례의 하위 개념이 될 수 없기 때문에 상하 관계의 예로 적절하지 않다. 의미상 '관계'의 '방향 반의어'에 해당한다.

오답체크

① '근심'과 '시름'은 모두 '속을 태우는 상태'를 이르는 말이므로 동의 관계가 맞다.

② '볼록'과 '오목'은 그 의미가 서로 반대가 되므로 반의 관계가 맞다.

④ '코'는 '얼굴'의 일부이다. 따라서 '코'와 '얼굴'은 부분과 전체의 관계가 맞다.

04

②의 첫 번째 '다리[脚]'와 두 번째 '다리[橋]'는 소리가 '다리'로 동일할 뿐 의미상 서로 관련이 없거나 역사적 기원이 다르기 때문에 국어사전에 서로 다른 표제어로 등재되어 있다. 따라서 '동음어'의 예로 적절하다.

오답체크

②를 제외한 나머지는 '다의어'로, 국어사전에 하나의 표제어로 등재되어 있다.

① '쓰다[用, use]'의 의미이다.
  ※ '쓰다'의 동음어로는 '쓰다[苦]', '쓰다[書]' 등이 있다.

③ 첫 번째 '밝다'는 '불빛 따위가 환하다.'의 의미이고, 두 번째 '밝다'는 '어떤 일에 대하여 잘 알아 막히는 데가 없다.'라는 의미이다. 의미적 관련성을 가진다는 점에서 하나의 표제어로 올라 있다.

④는 '뒤[後, after]'의 의미이다.

[정답]

03 ③   04 ②

05

ⓐ의 '관계 반의어'는 다른 말로 '방향 반의어'라고도 한다. 공간, 관계, 이동 등에서 대립이 나타난다. ①, ②, ③이 여기에 속하는 예이다. 하지만 ④의 '있다 – 없다'는 한 단어의 긍정이 다른 단어의 부정을 함의하는 상보 반의어에 속한다. 공유하는 의미 영역이 없기에 동시에 긍정하거나 동시에 부정할 수 없는 관계이다.

05 **<보기>의 내용을 참고할 때 밑줄 친 ⓐ에 해당하는 것이 아닌 것은?** 2020 법원직 9급

> **보기**
>
> 상보 반의어는 양분적 대립 관계에 있기 때문에 두 단어가 상호 배타적인 영역을 갖는다. 즉 상보 반의어는 한 단어의 긍정이 다른 단어의 부정을 함의하는 관계에 있다. 등급 반의어는 두 단어 사이에 등급성이 있다. 다시 말하면 두 단어 사이에 중간 상태가 있을 수 있으며 그렇기 때문에 한쪽을 부정하는 것이 바로 다른 쪽을 의미하는 것이 아니다. ⓐ 관계 반의어는 두 단어가 상대적 관계에 있으면서 의미상 대칭을 이루고 있다. '남편'과 '아내'를 예로 들면 두 단어 사이에서 x가 y의 남편이면 y가 x의 아내가 되는 상대적 관계가 있으며 두 단어는 어떤 기준을 사이에 두고 대칭 관계를 이루고 있으므로 관계 반의어라고 할 수 있는 것이다.

① 사다 – 팔다

② 부모 – 자식

③ 동쪽 – 서쪽

④ 있다 – 없다

06

'반의어'는 '상보 반의어', '정도 반의어', '방향 반의어'로 나뉜다. '정도 반의어'나 '방향 반의어'와 달리 '상보 반의어'는 중간 단계가 없는 것이 특징이다. 따라서 두 단어를 모두 긍정하거나 부정할 수 없다. '살다'와 '죽다'의 중간 단계는 없기 때문에 ①은 '상보 반의어'이다.

오답체크

①을 제외한 나머지는 중간항이 존재하기 때문에 '정도 반의어'이다. 즉 두 단어를 모두 긍정하거나 부정해도 말이 된다.
② '저 산은 높지도 낮지도 않다.'가 가능하므로 '정도 반의어'이다.
③ '그는 늙지도 않았고, 젊지도 않았다.'가 가능하므로 '정도 반의어'이다.
④ '커피는 뜨겁지도 차갑지도 않았다.'가 가능하므로 '정도 반의어'이다.

06 **다음 중 반의 관계의 성격이 다른 하나는?** 2017 서울시 9급

① 살다 – 죽다

② 높다 – 낮다

③ 늙다 – 젊다

④ 뜨겁다 – 차갑다

07 〈보기〉의 어휘들은 통시적으로 변화된 양상을 보여준다. 이들에 대한 설명으로 가장 옳지 않은 것은?

2019 서울시 7급(2월)

> **보기**
>
> (가) 놈: '사람 평칭' → '남자의 비칭'
> (나) 겨레: '종친, 친척' → '민족, 동족'
> (다) 아침밥 > 아침
> (라) 맛비 > 장맛비

① (가)는 시대의 변화에 따라 의미가 축소된 예이다.
② (나)는 시대의 변화에 따라 의미가 확대된 예이다.
③ (다)는 형태의 일부가 생략된 후 나머지에 전체 의미가 잔류한 예이다.
④ (라)는 형태의 일부가 덧붙여진 후에도 전체 의미가 변하지 않은 예이다.

08 밑줄 친 부분에 해당하는 용례로 가장 적절하지 않은 것은?

2012 서울시 7급

> 언어도 생명처럼 시간이 흐름에 따라 생멸의 과정을 겪는다. 특히 의미는 음운이나 문법 구조보다 변화가 많은데 그 결과는 두 가지 측면에서 주로 논의된다. 의미 영역의 변화와 의미에 대한 평가의 변화가 그것이다. 의미 영역 변화에는 변화 전에 비해 의미가 축소되는 경우와 의미가 확대되는 경우가 있다. 전자의 경우를 의미의 특수화, 후자의 경우를 의미의 일반화라고 부르기도 한다. 그리고 어떤 단어의 의미 영역이 확대 또는 축소되는 일이 없이 그 단어의 의미가 전혀 다른 의미로 변화된 것이 있다.

① 미인   ② 짐승   ③ 어리다
④ 도련님   ⑤ 얼굴

07

'맛비'는 '장마'의 옛말이다. 형태의 일부 '장'이 덧붙여진 후에 전체 의미도 '장맛비'로 변했기 때문에 ④의 설명은 옳지 않다.

※ 맛비: '장마'의 옛말
　　장마: 여름철에 여러 날을 계속해서 비가 내리는 형상이나 날씨
　　장맛비: 장마 때에 오는 비

오답체크
① 보통 사람을 이르는 말에서 남자를 낮추는 말로 바뀌었다는 점에서 그 의미가 축소되었다는 설명은 옳다.
② '종친, 친척'에서 보다 넓은 '민족, 동족'의 의미로 변화했기 때문에 그 의미가 확대되었다는 설명은 옳다.
③ '아침밥'에서 일부인 '밥'이 생략된 '아침'만으로도 '조식(朝食)'의 의미를 가지고 있기 때문에 전체가 의미가 잔류한 예라는 설명은 옳다.

08

밑줄 친 '전자의 경우'는 '변화 전에 비해 의미가 축소되는 경우'를 의미한다. 따라서 '의미 축소'의 예가 아닌 것을 찾으면 된다. '어리다'는 15C에 '어리석다'의 의미였다가 현대에는 '나이가 젊다'로 의미가 완전히 변한 '의미 이동'의 예이다.

오답체크
① '미인'은 '남녀를 불문하고 성품과 인물이 좋은 사람'을 가리키는 말이었으나, 오늘날에는 여성에게만 쓰이므로, '의미 축소'의 예이다.
② '짐승'은 '사람을 포함한 생물'을 가리키는 말이었으나, 오늘날에는 '동물'만 가리키므로, '의미 축소'의 예이다.
④ '도련님'은 '총각 전부'를 이르는 말이었으나, 오늘날에는 '결혼하지 않은 시동생'만 이르는 말이므로, '의미 축소'의 예이다.
⑤ '얼굴'은 '몸 전체'를 이르는 말이었으나, 오늘날에는 '안면(顔面)'만을 의미하므로, '의미 축소'의 예이다.

[정답]

07 ④   08 ③

09

ⓔ은 두 사람이 부부라는 의미로 해석될 수도 있지만, 각각 다른 사람과 결혼을 한 상태라는 의미로도 해석될 수 있다. 따라서 ⓔ이 의미가 명확한 문장이라는 설명은 적절하지 않다.
[비교] '영선이는 철이와 결혼했다.'는 ⓔ과 달리, '철이'가 '영선이'와 결혼했다는 의미로 명확한 의미의 문장이다.

오답체크
① 관형어 '용감한'이 수식하는 체언이 '그'인지, '그의 아버지'인지에 따라 의미가 달라진다.
② 관형격 조사 '의'에 의해 '어머니가 그린 초상화'인지, '어머니를 그린 초상화'인지, '어머니가 소유한 초상화'인지 불분명하다.
③ 보고 싶어 하는 주체가 '선생님'인지, '학생들'인지에 따라 의미가 달라진다.

09 다음 표현에 대한 설명으로 가장 적절하지 않은 것은?

2018 경찰 1차

> ㉠ 용감한 그의 아버지는 적군을 향해 돌진했다.
> ㉡ 아버지는 어머니의 초상화를 팔았다.
> ㉢ 선생님이 보고 싶은 학생이 많다.
> ㉣ 철이와 영선이는 결혼했다.

① ㉠은 '용감한'이 '그'를 꾸미는지, '그의 아버지'를 꾸미는지 불분명하다.

② ㉡은 '어머니가 그린 초상화'인지, '어머니를 그린 초상화'인지, '어머니가 소유한 초상화'인지 불분명하다.

③ ㉢은 '선생님이 보고 싶어 하는 학생'인지, '선생님을 보고 싶어 하는 학생'인지 불분명하다.

④ ㉣은 '철이'가 '영선'이와 결혼했다는 의미로 명확한 의미의 문장이다.

10

①~④는 구조적인 이유로 중의적인 문장이고, ⑤만 어휘적인 이유로 중의적인 문장이다. ⑤는 동음이의어 '배'로 인해 발생하는 중의성으로, '1. 어휘적 중의성'에 해당한다. '배'는 '먹는 배[梨], 타는 배[船], 신체 배[腹]' 등의 다양한 의미로 해석할 수 있다.

오답체크
나머지는 모두 문장의 구조에 의해 발생하는 '2. 구조적 중의성'의 예이다.
① '만난' 대상이 '친구'인지, '동생'인지 모호하다.
　※ 용언의 관형형 ∨ 체언 + '의' ∨ 체언
　　→ 중의일 확률이 매우 높다.
② '가정에 충실한'이란 관형어가 '주부'만을 꾸미는지, '주부와 남편'을 꾸미는지 의미가 모호하다.
③ 주어의 범위가 '나는'인지, '나는 국어 선생님과'인지 모호하다. 주어가 '나는'이면 찾아뵌 사람은 '국어 선생님'과 '교장 선생님'으로 두 사람이 되고 주어가 '나는 국어 선생님과'가 되면 찾아뵌 사람은 '교장 선생님'만 해당된다.
④ 단순 대상 비교로, '아내가 더 좋아하는 대상이 남편이 아닌 아들'이라는 의미와, 정도 비교로, '아들을 더 사랑하는 주체가 남편이 아닌 아내'라는 의미가 있기 때문에 의미가 모호하다.

10 다음 문장들은 두 가지 이상의 의미로 해석될 수 있는 모호한 문장들이다. 모호성의 이유가 나머지 넷과 다른 것은?

2014 서울시 9급

① 내가 지난번에 만난 친구의 동생이 오늘 결혼을 한다고 한다.

② 그 연속극은 가정에 충실한 주부와 남편에게 불쾌감을 주었다.

③ 나는 국어 선생님과 교장 선생님을 찾아뵀었다.

④ 아내는 남편보다 아들을 더 좋아했다.

⑤ 그 배는 보기가 아주 좋았다.

[정답]
09 ④　10 ⑤

11 다음 대화의 ㉠~㉤에 대한 설명으로 적절하지 않은 것은?

2022 국가직 9급

> 이진: 태민아, ㉠이 책 읽어 봤니?
>
> 태민: 아니, ㉡그 책은 아직 읽어 보지 못했어.
>
> 이진: 그렇구나. 이 책은 작가의 문체가 독특해서 읽어 볼 만해.
>
> 태민: 응, 꼭 읽어 볼게. 한 권 더 추천해 줄래?
>
> 이진: 그럼 ㉢저 책은 어때? 한국 대중문화를 다양한 시각에서 다룬 재미있는 책이야.
>
> 태민: 그래, ㉣그 책도 함께 읽어 볼게.
>
> 이진: (두 책을 들고 계산대로 간다.) 읽어 보겠다고 하니, 생일 선물로 ㉤이 책 두 권 사 줄게.
>
> 태민: 고마워. 잘 읽을게.

① ㉠은 청자보다 화자에게, ㉡은 화자보다 청자에게 가까이 있는 대상을 가리킨다.

② ㉢은 화자보다 청자에게 멀리 있는 대상을 가리킨다.

③ ㉢과 ㉣은 같은 대상을 가리킨다.

④ ㉤은 ㉡과 ㉢ 모두를 가리킨다.

12 <보기>의 설명을 참고로 했을 때 가장 다른 하나는?

2020 경찰 1차

보기

> 담화(발화) 장면을 구성하는 화자, 청자, 시간, 장소, 사물 등의 요소를 가리키는 표현을 지시 표현이라고 하고, 담화나 글의 앞뒤에서 언급한 말이나 내용 대신에 사용되는 표현을 대용 표현이라고 한다.

① 사랑해. 사랑해. 나는 그렇게 말했지만 그는 대답이 없었다.

② 그를 기다린다. 나를 구원해주러 올 초인 말이다.

③ 그 글자가 어법에 맞지 않는 글자이다.

④ 읽고 또 읽어라. 그리하면 이해할 수 있을 것이다.

11

'저'는 말하는 이와 듣는 이로부터 멀리 있는 대상을 가리킬 때 쓰는 말이다. 따라서 '저 책'이 화자보다 청자에게 멀리 있는 대상을 가리킨다는 설명은 적절하지 않다.

오답체크

① '이'는 말하는 이에게 가까이 있거나 말하는 이가 생각하고 있는 대상을 가리킬 때 쓰는 말이고, '그'는 듣는 이에게 가까이 있거나 듣는 이가 생각하고 있는 대상을 가리킬 때 쓰는 말이다. 따라서 '이 책'이 청자보다 화자에게, '그 책'이 화자보다 청자에게 가까이 있는 대상을 가리킨다는 설명은 적절하다.

③ ㉢의 '저 책'과 ㉣의 '그 책'은 모두 '한국 대중문화를 다양한 시각에서 다룬 재미있는 책'을 의미한다. 따라서 둘이 같은 대상을 가리킨다는 설명은 적절하다.

④ ㉤의 '이 책' 뒤에 '두 권'을 볼 때, ㉤은 작가의 문체가 독특한 ㉡의 '그 책'과 한국 대중문화를 다양한 시각에서 다룬 재미있는 ㉢의 '저 책' 둘 모두를 가리킨다.

12

③을 제외한 나머지와 달리, ③에는 글의 앞뒤에 '그'를 언급한 말이나 내용이 제시되어 있지 않다.

오답체크

① '그렇게'는 바로 앞의 "사랑해. 사랑해."를 의미한다.

② '그'는 바로 뒤의 "나를 구원해주러 올 초인"을 의미한다.

④ '그리하면'은 바로 앞의 "읽고 또 읽어라."를 의미한다.

[정답]

11 ② 12 ③

01 다음의 특성을 지닌 반의어로만 묶인 것은?

> • 각각의 의미 영역이 상호 배타적이다.
> • 한쪽의 부정이 다른 한쪽의 긍정을 내포한다.
> • 정보 부사의 수식을 받을 수 없고, 비교 표현도 사용할 수 없다.

① 남성 – 여성, 가다 – 오다
② 좋다 – 싫다, 길다 – 짧다
③ 살다 – 죽다, 출석 – 결석
④ 아래 – 위, 부모 – 자식

02 다음 중 밑줄 친 단어의 관계가 이질적인 하나는?

① 어디로 갔는지 그를 찾을 길이 없다.
　아버지의 가업을 잇는 건 내 길이 아니었다.
② 뭔가 얻어먹으려고 했더니 날이 다 샜다.
　아버지께서 숫돌로 칼의 날을 가셨다.
③ 그는 물 묻은 손을 바지에 쓱쓱 닦았다.
　외국 물을 먹더니 말씨가 달라졌다.
④ 발 근처로 공이 때굴때굴 굴러왔다.
　눈치 빠르고 발이 잰 양 씨는 이상한 낌새에 도망을 쳤다.

03 다음 중 지시 대상을 잘못 지적한 것은?

> A: 어제 본 공연은 재미있었어?
> B: ㉠ 그거 말이야, 정말 재미있더라.
> A: 어제 공연 끝나고 배우들과 기념 촬영이 있었다던데. 사진 안 찍었어?
> B: ㉡ 이거 말이지? 그런데 그 공연장 크고 좋더라.
> A: 나도 ㉢ 거기에서 오빠랑 공연 보고 싶다.
> B: 어, ㉣ 저기 버스 온다. 나 먼저 갈게.

① ㉠ 공연　　　　　　　　② ㉡ 사진

③ ㉢ 공연장　　　　　　　④ ㉣ 버스

03

㉣은 '버스'가 아닌, '버스가 오는 방향'을 지시한 표현이다. 따라서 ④의 지시 대상이 '버스'라는 설명은 적절하지 않다.

04 <보기>에 대한 설명 중 옳지 않은 것은?

> **보기**
>
> ㄱ. (여름에 교사가 교실에 들어오면서 창문이 닫혀 있는 것을 보고 학생들에게)
> 　"창문이 닫혀 있네."
> ㄴ. (범죄 현장을 수사하는 경찰이 꽁꽁 닫힌 창문을 주시하며 혼잣말로)
> 　"창문이 닫혀 있네."

① ㄱ은 더우니 문을 열라는 의미이다.

② ㄱ의 화자는 완곡하게 명령하고 있다.

③ ㄴ은 화자의 불안한 심리를 표출한 것이다.

④ ㄱ과 ㄴ의 의미 차이는 맥락에 따라 발생한다.

04

ㄴ은 '화자의 불안한 심리'가 아닌, '단서를 발견했음'을 드러내는 표현이다.

오답체크

①, ② 명령형은 아니지만, 맥락을 고려할 때 '창문을 열라.'라는 명령을 한 것이다.
④ "창문이 닫혀 있네."라는 동일한 발화라도 맥락에 따라 전혀 다른 의미로 쓰였다.

PART 5

의미 관계와 담화론　해커스공무원 해원국어 적중 여신의 압도적 문법

[정답]

03 ④　04 ③

1. 문장 성분의 호응

(1) 주어와 서술어의 호응

수정 전	수정 후
오전에는 비와 바람이 세차게 불었다.	오전에는 비가 내리고 바람이 세차게 불었다.

(2) 목적어와 서술어의 호응

수정 전	수정 후
오후 내내 TV와 소설을 읽으며 시간을 보냈다.	오후 내내 TV를 보고 소설을 읽으며 시간을 보냈다.

(3) 부사어와 서술어의 호응

수정 전	수정 후
게걸스럽게 먹어대는 그 남자의 모습은 마치 걸신들린 사람일 것이다.	게걸스럽게 먹어대는 그 남자의 모습은 마치 걸신들린 사람과 같았다.

2. 의미 중복 표현

수정 전	수정 후
동해 바다에 가고 싶다.	동해에 가고 싶다. ※ 동해(東海): 동쪽 동, 바다 해
따뜻한 온정을 베풀어 주세요.	온정/따뜻한 인정을 베풀어 주세요. ※ 온정(溫情): 따뜻할 온, 뜻 정
흡연은 옥상 위에서만 가능합니다.	흡연은 옥상에서만 가능합니다. ※ 옥상(屋上): 집 옥, 위 상
과반수가 넘는 의원이 법안을 반대했다.	반수가 넘는 의원이/과반수의 의원이 법안을 반대했다. ※ 과반수(過半數): 지날 과, 반 반, 수 수

3. 기타

(1) 이중 피동 표현

파생적 피동과 통사적 피동이 중복되어 사용된 '이중 피동 표현'은 우리말 어법에 어긋난다.

예 설명서에 씌어진(→쓰인, 써진) 글을 읽어 봐라.

(2) '-시키다'의 남용

'시키다' 자리에 '하다'를 넣어도 뜻이 충분히 통하거나, 사동의 의미가 아니라면 '시키다'를 남용한 경우이다.

예 좋은 사람 있으면 소개시켜(→소개해) 줘.

(3) 조사의 쓰임

① (으)로서 – (으)로써

지위, 신분, 자격, 시작되는 곳 → (으)로서	재료, 수단(도구), 시간, 이유 → (으)로써
· 의장으로서 한마디 하겠습니다. · 지금으로서 이것이 최선의 방법이다. · 남쪽으로서 햇빛이 들어온다.	· 콩으로써 메주를 쑨다. · 자유주의 이념으로써 나라를 다스리다. · 이번으로써 세 번째다. · 감금죄는 다른 사람의 신체적 활동의 자유를 제한함으로써 성립하는 범죄이다.

② 에 – 에게

무정 명사 + 에	유정 명사 + 에게
· 꽃에 물을 주다. · 몸에 좋은 보약을 먹다.	· 아이에게 무슨 일이 생겼을까? · 돼지에게 먹이를 주다. · 남에게 놀림을 받다.

(4) 직접 높임과 간접 높임

① 있다: 계시다 - 있으시다

직접 높임 → 계시다	간접 높임 → 있으시다
· 교수님은 지금 댁에 계실 겁니다.	· 선생님의 말씀이 있으시겠습니다.

② 없다: 안 계시다 - 없으시다

직접 높임 → 안 계시다	간접 높임 → 없으시다
· 사장님은 지금 댁에 안 계십니다.	· 할아버지께서는 아무런 말씀이 없으셨다.

③ 아프다: 편찮으시다 - 아프시다

직접 높임 → 편찮으시다	간접 높임 → 아프시다
· 어머니가 좀 편찮으신 것 같다.	· 할머니께서는 다리가 아프시다.

(5) 용언의 활용

① 어간의 받침 ㄹ + ㄴ, ㄹ, ㅂ, 시, 오 → ㄹ 탈락
  예 땀에 전(절-+-ㄴ) 옷, 빨갛게 단(달-+-ㄴ) 인두

② '형용사 어간 + -은', '동사 어간 + -는'
  예 형용사: 알맞다, 걸맞다 - 빈칸에 알맞은 말, 분위기에 걸맞은 옷차림
    동사: 맞다 - 내 육감은 잘 맞는 편이다.

01 어법에 맞지 않는 문장은?

2023 국회직 8급

① 독감 유행이 지나가는 대로 다시 올게.

② 우리는 서로 걸맞는 짝이 아니라는 데 의견이 일치했다.

③ 컴퓨터에 익숙지 않으면 인공지능 시대를 살아가는 데 어려움이 크다.

④ 돌이켜 생각건대, 김 선생님은 정말 누구에게나 존경받을 만한 분이오.

⑤ 저는 솔직히 기대치도 않은 선물을 받아서 고마웠어요.

01

걸맞는 → 걸맞은: '걸맞다'는 형용사이다. 형용사는 '-는'이 아니라 '-은'과 결합한다. 따라서 '걸맞은'으로 고쳐야 어법에 맞는 문장이 된다.

오답체크

① '대로'는 의존 명사이다. 따라서 '지나가는'과 띄어 쓴 것은 옳다.

③ '하' 앞의 받침의 소리가 [ㄱ, ㄷ, ㅂ]이면 '하'가 통째로 줄고 그 외의 경우에는 'ㅎ'이 남는다. 따라서 '익숙하지 않으면'이 '익숙지 않으면'으로 준 것은 옳다.
'살아가는 데'는 '살아가는 것에'의 의미이다. 따라서 의존 명사 '데'의 쓰임은 어법에 맞다.

④ '하' 앞의 받침의 소리가 [ㄱ, ㄷ, ㅂ]이면 '하'가 통째로 줄고 그 외의 경우에는 'ㅎ'이 남는다. 따라서 '생각하건대'가 '생각건대'로 준 것은 옳다.
종결형에서 사용되는 어미 '-오'는 '요'로 소리 나는 경우가 있더라도 그 원형을 밝혀 '오'로 적는다. 따라서 '분이오.'의 표기는 어법에 맞다.

⑤ '-하다'가 붙는 말은 '-히'로 적기 때문에, '솔직히'로 표기한 것은 옳다.
'하' 앞의 받침의 소리가 [ㄱ, ㄷ, ㅂ]이면 '하'가 통째로 줄고 그 외의 경우에는 'ㅎ'이 남는다. 그 외의 경우에는 '모음'으로 끝난 경우도 포함된다. 따라서 '기대하지도 않은'을 '기대치도 않은'으로 준 것은 옳다.
'고맙다'는 'ㅂ' 불규칙 용언이기 때문에 '고마웠어요(고맙- + -었어요)'로 활용한 것은 옳다.

[정답]

01 ②

PART 5

의미 관계와 담화론 해커스공무원 혜원국어 적중 요약의 압도적 문법

다음에 해당하는 사례로 적절하지 않은 것은?

'−ㄹ뿐더러'는 어떤 일이 그것만으로 그치지 않고 나아가 다른 일이 더 있음을 나타내는 연결 어미이다. 한편, '무척'은 '다른 것과 견줄 수 없이'를 의미하는 부사이다. 둘 사이에는 의미 중복이 나타나지 않기 때문에, 제시된 글에 해당하는 사례로 적절하지 않다.
※ A ㄹ(을) 뿐더러 B = A와 B 모두

오답체크

① '부터'는 어떤 일이나 상태 따위에 관련된 범위의 시작임을 나타내는 보조사이다. 한편, '먼저'는 '시간적으로나 순서상으로 앞서서'를 의미하는 부사이다. 두 단어 모두 '시작, 처음'이라는 의미를 공유하고 있기 때문에 의미 중복의 적절한 사례이다.

② '오로지'는 '오직 한 곬으로'를 의미하는 부사이다. 한편, '만'은 '다른 것으로부터 제한하여 어느 것을 한정함'을 나타내는 보조사이다. 두 단어 모두 '오직'의 의미를 공유하고 있기 때문에 의미 중복의 적절한 사례이다.
※ 곬: 한쪽으로 트여 나가는 방향이나 길

③ '마다'는 '낱낱이 모두'의 뜻을 나타내는 보조사이다. 한편, '각각'은 '사람이나 물건의 하나하나마다'를 의미하는 부사이다. 두 단어는 모두 '하나하나'의 의미를 공유하고 있기 때문에 의미 중복의 적절한 사례이다.

> '역전앞'과 마찬가지로 '피해(被害)를 당하다'에도 의미의 중복이 나타난다. '피해'의 '피(被)'에 이미 '당하다'라는 의미가 포함되어 있기 때문이다.

① 형부터 먼저 해라.

② 채훈이는 오로지 빵만 좋아한다.

③ 발언자마다 각각 다른 주장을 편다.

④ 그는 예의가 바를뿐더러 무척 부지런하다.

03 문장 성분의 호응이 자연스러운 것은?

① 내가 강조하고 싶은 점은 우리가 고유 언어를 가졌다.

② 좋은 사람과 대화하며 함께한 일은 즐거운 시간이었다.

③ 내 생각은 집을 사서 이사하는 것이 좋겠다고 결정했다.

④ 그는 내 생각이 옳지 않다고 여러 사람 앞에서 말을 하였다.

03

"그는 내 생각이 옳지 않다고 여러 사람 앞에서 말을 하였다."는 문장 성분의 호응, 특별히 주어와 서술어의 호응이 자연스럽다. 제시된 문장은 "그가(주어) 여러 사람 앞에서(부사어구) 말을(목적어) 하였다(서술어)."의 문장과 "내 생각이(주어구) 옳지 않다(서술어구)."의 문장이 간접 인용절로 안겨 있다.

오답체크

① 내가 강조하고 싶은 점은 ~ 가졌다. → 내가 강조하고 싶은 점은 ~ 가졌다는 것이다.: 주어 '내가 강조하고 싶은 점은'과 서술어 '가졌다'의 호응이 자연스럽지 않은 문장이다.
"우리가(주어) 고유 언어를(목적어구) 가졌다(서술어)."는 호응 관계가 바르다. 다만 "내가 강조하고 싶은 점은(주어구)"에 대한 서술어가 제시되어 있지 않다.

② ~일은 즐거운 시간이었다. → ~일은 즐거운 경험이었다.: '일'과 '시간'의 호응이 자연스럽지 않다. '일'에 맞춰 '경험'으로 수정해야 호응이 자연스러운 문장이다. 혹은 '일' 대신에 '그때'로 바꾸면 '시간'과 호응할 수 있다.
"좋은 사람과(부사어구) 대화하다(서술어) + 좋은 사람과(부사어구) 함께하다(서술어)"의 호응 관계는 바르다. 다만 의미상 "일이(주어) 시간이다(서술어)."의 호응이 적절하지 않다.

③ 내 생각은 ~ 좋겠다고 결정했다.→ 내 생각은 ~ 좋겠다는 것이다. / 나는 ~ 결정했다.: 주어 '내 생각은'과 서술어 '결정했다'의 호응이 자연스럽지 않다.
"(내가, 주어) 집을(목적어) 사서(서술어) 이사하는 것이(주어구) 좋겠다(서술어)."의 짜임은 호응이 적절하다. 다만 "내 생각은(주어) 결정했다(서술어)."의 호응이 어색하다.

[정답]

03 ④

04

@에서 구속하는 주체는 '검찰'이다. 따라서 '구속했다'를 사동 표현인 '구속시켰다(구속시키었다)'로 고쳐 쓰는 것은 적절하지 않다. 동사 '구속하다(행동이나 의사의 자유를 제한하거나 속박하다.)'는 능동 표현으로 검찰의 동작이 대상인 그에게 행위의 효력이 미친다는 의미로 충분하다.

오답체크

① '기간(期間, 어느 때부터 다른 어느 때까지의 동안)'과 '동안'은 의미가 유사하기 때문에 둘을 같이 사용하면 의미 중복이 된다. 그렇기 때문에 '공사하는 기간 동안'을 '공사하는 동안' 또는 '공사 기간'으로 수정해야 자연스러운 문장이 된다. 따라서 '공사하는 동안'으로 고치는 방안은 적절하다.

② '회의를 갖다'는 'have a meeting'의 영어식 번역 투 표현이다. 따라서 '회의하겠습니다'로 고치는 방안은 적절하다. 영어식 번역 투를 비롯한 다른 언어의 번역 투는 자연스러운 문장이 아니다.

③ 이중 피동은 문법에서 바른 표현이 아니다. '(문을) 열다'의 피동사 '(문이) 열리다'에 다시 피동의 뜻을 더하는 보조 용언 '-어지다'를 결합하여 만들어진 '열려지다'는 어법에 어긋난 표현이다. 따라서 '열리다' 혹은 '열어지다'를 활용하여 '열려(열리어)' 혹은 '열어져(열어지어)'로 고치는 방안은 적절하다.

04 ⊙~@의 고쳐 쓰기 방안으로 적절하지 않은 것은?

2020 국가직 9급

> ⊙ 공사하는 기간 동안 안전사고가 일어나지 않도록 유의해 주십시오.
> ⓒ 오늘 오후에 팀 전체가 모여 회의를 갖겠습니다.
> ⓒ 비상문이 열려져 있어 신속하게 대피할 수 있었다.
> ⓔ 지난밤 검찰은 그를 뇌물 수수 혐의로 구속했다.

① ⊙: '기간'과 '동안'은 의미가 중복되므로 '공사하는 기간 동안'은 '공사하는 동안'으로 고쳐 쓴다.

② ⓒ: '회의를 갖겠습니다'는 번역 투이므로 '회의하겠습니다'로 고쳐 쓴다.

③ ⓒ: '열려져'는 '-리-'와 '-어지다'가 결합한 이중 피동 표현이므로 '열려'로 고쳐 쓴다.

④ ⓔ: 동작의 대상에게 행위의 효력이 미친다는 의미를 제시해야 하므로 '구속했다'는 '구속시켰다'로 고쳐 쓴다.

[정답]

04 ④

05 ㄱ~ㄹ을 고쳐 쓰기 위한 방안으로 적절하지 않은 것은?

2020 소방직

> 사회가 발달하면서 화법과 작문의 윤리에 대한 관심과 요구가 점점 커지고 있다. 화법과 작문의 윤리를 잘 지키지 않으면 사회적 의사소통의 바탕이 되는 상호 신뢰가 깨질 수 있으므로 이를 준수하기 위해 ㉠노력한다.
>
> ㉡그런데 청자나 독자를 존중하고 배려하는 자세를 갖추어야 한다. 말을 하거나 글을 쓸 때에는 상대방의 인격을 모욕하거나 상대방에게 상처를 주는 언어 표현을 사용하지 않아야 한다. 상대방을 존중하고 배려하는 표현을 사용함으로써 화법과 작문의 윤리를 지킬 수 있다.
>
> 다음으로, 다른 사람의 글이나 아이디어 등을 표절하거나 도용하지 않아야 한다. 다른 사람의 글이나 아이디어 등을 인용할 때에는 저작자의 허락을 얻거나 인용의 출처를 ㉢제출해야 하며, 내용의 과장ㆍ축소ㆍ왜곡 없이 정확하게 인용해야 한다. 또한 출처를 명시하더라도 과도하게 인용하지 않아야 한다. 과도한 인용은 출처 명시와는 무관하게 화법과 작문의 윤리를 어기는 것이기 때문이다.
>
> 화법과 작문의 윤리를 준수한다면 화자나 필자는 청자나 독자로부터 더욱 큰 신뢰를 얻을 수 있다. 그러므로 화자나 필자는 화법과 작문의 윤리를 잘 인식하고 있어야 하며, 말을 하거나 글을 쓸 때 이를 ㉣지키고 준수하는 태도를 가져야 한다.

① ㉠: 문장의 호응을 고려하여 '노력해야 한다'로 수정한다.

② ㉡: 앞뒤 내용을 자연스럽게 이어 주지 못하므로 '우선'으로 바꾼다.

③ ㉢: 문맥을 고려하여 '생략'으로 교체한다.

④ ㉣: 뒤의 단어와 의미상 중복되므로 삭제한다.

05

문맥상 출처를 '밝혀야' 한다는 내용이므로 '제출'을 '생략'으로 교체하는 것은 적절하지 않다. 문맥을 고려할 때, '생략'이 아니라 '제시(提示)'로 교체하거나, 단어 자체를 '밝혀야'로 교체하는 것이 자연스럽다.

오답체크

① 1문단에서는 화법과 작문의 윤리를 잘 지키지 않으면, 상호 신뢰가 깨질 수 있기 때문에 잘 준수하기 위해 '노력해야 함'을 주장하고 있다. 따라서 ㉠을 '노력해야 한다'로 수정한 것은 적절하다.

② 2문단과 3문단에는 화법과 작문의 윤리를 잘 지키기 위한 방법이 제시되어 있다. 따라서 순서대로 나열하고 있음을 보이기 위해 ㉡을 '우선'으로 고친 것은 적절하다. 또 3문단이 '다음으로'로 시작하는 것을 보아, 2문단에는 전환의 접속 부사 '그런데'보다는 '우선'이 더 어울린다.

④ '준수(遵守)하다'라는 말 속에 '지키다'라는 의미가 포함되어 있다. '지키다'라는 의미가 중복되므로, ㉣을 삭제하는 것은 적절하다.

01

'이제부터 너는 다른 생각은 하지 말고 오직 공부에만 전념해라.'는 문장 성분 간의 호응이 자연스러운 문장이다.

오답체크

① 결코 → 반드시: '결코'는 '아니다', '없다', '못하다' 따위의 부정 서술어와 호응하는 부사이다. 문맥을 고려할 때, '꼭'의 의미이므로 '반드시'로 수정해야 자연스럽다.

③ 기대기도 → 인간에게 기대기도: '동물이 기대다'라는 문장에서 '누구에게'라는 부사어가 빠져 있다. 따라서 어울리는 부사어 '사람에게'를 추가해야 자연스럽다.

④ 물을 마시려고 → 토끼가 물을 마시려고: '마시다'의 주체가 빠져 있다. 따라서 '누가'에 해당하는 주어를 추가해야 자연스럽다.

02

'예상(豫想: 미리 예, 생각할 상)'이라는 말 속에는 '미리'라는 의미가 포함되어 있다. 따라서 '미리 예상하고'가 쓰인 <보기>는 의미 중복 표현이 쓰인 예이다. 이와 동일한 오류를 범하고 있는 것은 '여생(餘生: 남을 여, 날 생)'이라는 말 속에는 '남은'이라는 의미가 포함되어 있다.

오답체크

① 계시겠습니다 → 있으시겠습니다: 교장 선생님의 '말'을 높임으로써, 교장 선생님을 간접적으로 높이고 있다. 따라서 직접 높임의 '계시다' 대신 '있으시다'를 써야 한다.

② 만듬 → 만듦: 어간의 받침 'ㄹ'은 'ㄴ, ㄹ, ㅂ, 시, 오'로 시작하는 어미 앞에서만 탈락한다. 'ㅁ' 앞에서는 탈락하지 않기 때문에, '만듦(만들-+-ㅁ)'으로 표기해야 한다.

④ 보여진다 → 보인다: '보다'의 피동사 '보이다'에 다시 피동의 '어지다'가 붙은 경우이다.

---

01 문장 성분의 호응이 자연스러운 것은?

① 정부는 이번 일을 묵과해서는 안 되며 결코 엄중하게 경고해야 한다.

② 이제부터 너는 다른 생각은 하지 말고 오직 공부에만 전념해라.

③ 동물은 사람을 경계하기도 하고 기대기도 한다.

④ 그때 물을 마시려고 우물을 찾아왔습니다.

02 다음 중 <보기>에 동일한 오류를 범하고 있는 것은?

> **보기**
>
> 비가 올 것을 미리 예상하고는 우산을 들고 나갔다.

① 교장 선생님의 말씀이 계시겠습니다.

② 임진왜란 때에, 이순신이 거북선을 만듬.

③ 나는 농촌에 내려가 남은 여생의 거처를 마련할 작정이다.

④ 그 사람은 아직 20대인데도 불구하고 외모는 40대처럼 보여진다.

[정답]

01 ② 02 ③

03 밑줄 친 부분의 표기가 바른 것은?

① 기름때에 <u>절은</u> 작업복을 벗었다.

② 구겨진 바지를 다리미로 한 번 <u>밉시다</u>.

③ 오늘은 화창해서 나들이하기에 <u>알맞는</u> 날씨다.

④ 오후 1시가 지났다면 교수님은 댁에 <u>안 있으실</u> 겁니다.

04 다음 중 수정 이유에 따라 고쳐 쓴 문장으로 가장 적절한 것은?

학습 활동 정확한 문장 표현 익히기
사례1: 사람들은 쾌적한 환경을 위한 조치에 찬성하는 경향이다. **이유:** 주어와 서술어의 호응이 맞지 않다. → 사람들은 쾌적한 환경을 위한 조치에 찬성하는 경향인 것이다. ············ ①
사례2: 동생은 평소에 건강을 위해 야구나 공을 찬다. **이유:** 목적어와 서술어의 호응이 맞지 않다. → 동생은 평소에 건강을 위해 공이나 야구를 한다. ···················· ②
사례3: 동물은 사람을 경계하기도 하고 기대기도 한다. **이유:** 서술어가 필요로 하는 부사어가 없다. → 동물은 사람을 경계하기도 하고 사람에게 기대기도 한다. ················ ③
사례4: 사람을 좋아하는 친구의 고양이가 새끼를 낳았다. **이유:** 문장의 의미가 중의적이다. → 사람을 좋아하는 친구의 고양이가, 새끼를 낳았다. ···················· ④
사례5: 누구나 자기의 처한 현실에 직시해야 한다. **이유:** 조사가 잘못 사용되었다. → 누구도 자기의 처한 현실에 직시해야 한다. ···················· ⑤

어간의 받침 'ㄹ'은 'ㄴ, ㄹ, ㅂ, 시, 오'로 시작하는 어미 앞에서 탈락한다. 따라서 '밀- + -ㅂ시다 → 밉시다'의 표기는 바르다.

오답체크

① 절은 → 전: 어간의 받침 'ㄹ'은 'ㄴ, ㄹ, ㅂ, 시, 오'로 시작하는 어미 앞에서 탈락하므로 '전(절- + -ㄴ → 전)'으로 표기해야 한다.
③ 알맞는 → 알맞은: '알맞다'는 형용사이다. 따라서 어미 '-은'과 결합해야 한다.
④ 안 있으실 → 안 계실: '있다'의 간접 높임말은 '계시다'와 '있으시다'가 있다. 부정을 할 때는 각각 '안 계시다', '없으시다'를 쓴다. 문맥상 직접 높임에 해당하므로 '안 계실'로 써야 한다.

04

'동물은 사람을 경계하기도 한다'와 '동물은 사람에게 기대기도 한다'가 결합하여 하나의 문장이 되었음을 고려하면, 서술어 '기대기도 한다'에 호응하는 부사어 '사람에게'가 추가되어야 정확한 문장이 된다.

오답체크

① [사례 1]의 주어 '사람들은'과 서술어 '경향이다'가 호응하지 않지만 서술어를 '경향인 것이다'로 수정한다고 하여도 '사람들은'과 호응되지 않는다.
② [사례 2]에서는 '야구를 차다'가 성립하지 않기 때문에 목적어와 서술어의 호응이 맞지 않는다. 그러나 이를 '공이나 야구를 하다'로 수정하면 이번에는 '공을 하다'가 성립하지 않기 때문에 여전히 목적어와 서술어가 호응하지 않는 문제가 발생한다. '동생은 평소에 건강을 위해 야구를 하거나 공을 찬다.' 정도로 수정하여야 정확한 문장이 된다.
④ [사례 4]는 '사람을 좋아하는'이 꾸미는 대상이 '친구'일 수도 있고, '고양이'일 수도 있다는 점에서 중의문이다. '고양이가' 뒤에 쉼표를 찍는다고 해서 이러한 중의성이 해소되지는 않는다. '사람을 좋아하는, 친구의 고양이가 새끼를 낳았다.'나 '사람을 좋아하는 친구의, 고양이가 새끼를 낳았다.' 정도로 수정하면 중의성을 해소할 수 있다.
⑤ [사례 5]는 조사가 잘못 쓰인 문장인데, '누구나'를 '누구도'로 수정한다고 해도 이러한 문제가 해결되지 않는다. '현실에 직시해야 한다'를 '현실을 직시해야 한다'로 수정해야 조사의 오용을 바로잡아 정확한 문장이 될 수 있다.

[정답]

03 ② 04 ③

의미 관계와 담화론 해커스공무원 해원국어 적중 요신의 압도적 문법

Day 09 자연스러운 표현 **125**

PART 6

국어 규범

1. 제1장 총칙

(1) 표기의 원칙

> **제1항** 한글 맞춤법은 표준어를 소리대로 적되, 어법에 맞도록 함을 원칙으로 한다.

(2) 띄어쓰기의 원칙

> **제2항** 문장의 각 단어는 띄어 씀을 원칙으로 한다.★

♟ 조사도 단어이지만, 다른 단어와 달리 조사는 앞말에 붙여 쓰며, 조사끼리도 붙여 쓴다.

2. 제2장 자모

(1) 사전 등재 순서

자음	ㄱ ㄲ ㄴ ㄷ ㄸ ㄹ ㅁ ㅂ ㅃ ㅅ ㅆ ㅇ ㅈ ㅉ ㅊ ㅋ ㅌ ㅍ ㅎ
모음	ㅏ ㅐ ㅑ ㅒ ㅓ ㅔ ㅕ ㅖ ㅗ ㅘ ㅙ ㅚ ㅛ ㅜ ㅝ ㅞ ㅟ ㅠ ㅡ ㅢ ㅣ

(2) 'ㄱ, ㄷ, ㅅ'의 명칭

① ㄱ: 기역
  비교 ㅋ(키읔)

② ㄷ: 디귿
  비교 ㅌ(티읕)

③ ㅅ: 시옷
  비교 ㅈ(지읒), ㅊ(치읓)

3. 제3장 소리에 관한 것

(1) 된소리되기

> **제5항** 한 단어 안에서 뚜렷한 까닭 없이 나는 된소리는 다음 음절의 첫소리를 된소리로 적는다.
> 1. 두 모음 사이에서 나는 된소리
>   예 소쩍새, 어깨, 오빠, 으뜸, 아끼다
> 2. 'ㄴ, ㄹ, ㅁ, ㅇ' 받침 뒤에서 나는 된소리
>   예 산뜻하다, 잔뜩, 살짝, 담뿍, 몽땅
> 다만, 'ㄱ, ㅂ' 받침 뒤에서 나는 된소리는, 같은 음절이나 비슷한 음절이 겹쳐 나는 경우가 아니면 된소리로 적지 아니한다.
> 예 국수, 깍두기, 색시, 법석, 갑자기

(2) 구개음화

> **제6항** 'ㄷ, ㅌ' 받침 뒤에 종속적 관계를 가진 '-이(-)'나 '-히-'가 올 적에는 그 'ㄷ, ㅌ'이 'ㅈ, ㅊ'으로 소리 나더라도 'ㄷ, ㅌ'으로 적는다.
> 예 맏이, 해돋이, 굳이, 핥이다, 걷히다

(3) 'ㄷ' 소리 받침

> **제7항** 'ㄷ' 소리로 나는 받침 중에서 'ㄷ'으로 적을 근거가 없는 것은 'ㅅ'으로 적는다.
> 예 덧저고리, 돗자리, 엇셈, 웃어른, 핫옷

(4) 모음

① 'ㅖ'의 표기

> **제8항** '계, 례, 메, 폐, 혜'의 'ㅖ'는 'ㅔ'로 소리 나는 경우가 있더라도 'ㅖ'로 적는다.
> 예 계수(桂樹), 사례(謝禮), 연몌(連袂), 폐품(廢品)

② '의'의 표기

> **제9항** '의'나, 자음을 첫소리로 가지고 있는 음절의 'ㅢ'는 'ㅣ'로 소리 나는 경우가 있더라도 'ㅢ'로 적는다.
> 예 의의(意義), 본의(本義), 보늬, 오늬

★ 더 알아보기

구개음화

'ㄷ, ㅌ' 받침 뒤에 'ㅣ' 모음으로 시작하는 형식 형태소('ㅣ' 모음을 포함하는 종속 형태소)가 올 때 구개음 'ㅈ, ㅊ'으로 변하는 것을 말한다.

'ㄷ'으로 적을 근거가 있는 것

- 본래 'ㄷ' 받침을 갖고 있는 경우
  예 걷잡다(거두어 잡다), 돋보다(도두 보다)
- 'ㄹ' 받침이 'ㄷ'으로 바뀐 것으로 설명 가능한 경우(호전 현상) <한글 맞춤법> 제29항
  예 이튿날(이틀+날), 사흗날(사흘+날), 숟가락(술+가락)

'ㅢ'의 발음

- 첫 글자 → [ㅢ]
  예 의지[의지]
- 첫 글자 × → [ㅢ/ㅣ]
  예 본의[보늬/보니]
- 관형격 조사 → [ㅢ/ㅔ]
  예 가정의[가정의/가정에]
- 자음 + ㅢ → [ㅣ]
  예 희망[히망]

📌 **더 알아보기**

주의해야 할 표기

· 모음/ㄴ받침 + 렬/률 → 열/율
  예 나열(羅列), 분열(分列), 비율(比率), 전율(戰慄)
· 고유어/외래어 + 란(欄), 량(量), 룡(龍), 릉(陵), 뇨(尿) → 난, 양, 용, 능, 요
  예 가십난, 일양, 아기용, 아기능

(5) 두음 법칙★

① ㄴ → ㅇ

> **제10항** 한자음 '녀, 뇨, 뉴, 니'가 단어 첫머리에 올 적에는, 두음 법칙에 따라 '여, 요, 유, 이'로 적는다.
> 예 여자(女子), 유대(紐帶), 연세(年歲), 이토(泥土)

② ㄹ → ㅇ

> **제11항** 한자음 '랴, 려, 례, 료, 류, 리'가 단어의 첫머리에 올 적에는, 두음 법칙에 따라 '야, 여, 예, 요, 유, 이'로 적는다.
> 예 양심(良心), 역사(歷史), 용궁(龍宮), 이발(理髮)

③ ㄹ → ㄴ

> **제12항** 한자음 '라, 래, 로, 뢰, 루, 르'가 단어의 첫머리에 올 적에는, 두음 법칙에 따라 '나, 내, 노, 뇌, 누, 느'로 적는다.
> 예 내일(來日), 낙원(樂園), 뇌성(雷聲), 누각(樓閣)

(6) 겹쳐 나는 소리

> **제13항** 한 단어 안에서 같은 음절이나 비슷한 음절이 겹쳐 나는 부분은 같은 글자로 적는다.
> 예 쓱싹쓱싹, 밋밋하다, 연연불망(戀戀不忘), 유유상종(類類相從)

01 다음 중 밑줄 친 단어의 표기가 어법에 맞지 않는 것은?

2023 군무원 7급

① 무를 <u>싹둑</u> 잘라 버렸네.

② 남북 교류의 <u>물고</u>를 텄어.

③ 벌써 <u>깍두기</u>가 다 익었어.

④ 물이 <u>따듯해서</u> 목욕하기에 좋아.

02 ㉠~㉣을 사전에 올릴 때 '한글 맞춤법 규정'에 따른 순서로 적절한 것은?

2020 국가직 9급

㉠ 곬	㉡ 규탄	㉢ 곳간	㉣ 광명

① ㉠ → ㉢ → ㉡ → ㉣

② ㉠ → ㉢ → ㉣ → ㉡

③ ㉢ → ㉠ → ㉡ → ㉣

④ ㉢ → ㉠ → ㉣ → ㉡

03 ㉠과 ㉡의 예로 적절하지 않은 것은?

2017 지방직 7급

〈한글 맞춤법〉

총칙 제1항 한글 맞춤법은 표준어를 ㉠ 소리대로 적되, ㉡ 어법에 맞도록 함을 원칙으로 한다.

표준어를 소리대로 적는다는 것은 표음주의를 취한다는 것이다. 그런데 표준어를 소리대로 적는다는 원칙만을 적용하기 어려운 경우도 있다. 예를 들어 한 단어의 발음이 여러 가지로 실현되는 경우 소리대로 적는다면 뜻을 파악하기 어렵다. 어법이란 언어 조직의 법칙, 또는 언어 운용의 법칙이라고 풀이할 수 있다. 어법에 맞도록 한다는 것은 뜻을 파악하기 쉽도록 각 형태소의 본 모양을 밝히어 적는다는 것이다.

① ㉠: '살고기'로 적지 않고 '살코기'로 적음

② ㉠: '론의(論議)'로 적지 않고 '논의'로 적음

③ ㉡: '그피'로 적지 않고 '급히'로 적음

④ ㉡: '달달이'로 적지 않고 '다달이'로 적음

01

물고 → 물꼬: 어떤 일의 시작을 비유적으로 이르는 말은 '물꼬'이다.

오답체크

①, ③ 'ㄱ, ㅂ' 받침 뒤에서 나는 된소리는, 같은 음절이나 비슷한 음절이 겹쳐 나는 경우가 아니면 된소리로 적지 아니한다. 따라서 '싹둑', '깍두기'의 표기는 바르다.

④ '따듯하다'는 '따뜻하다'보다 여린 느낌을 주는 말로, 표준어이다.

02

※ 시험장이라면 모음의 순서가 'ㅗ, ㅛ, ㅜ, ㅠ'이므로 ㉡이 제일 마지막에 오는 ②, ④를 먼저 선택하고, 그 가운데 ㉠, ㉢의 순서를 구별하여 답을 선택해야 한다.

1단계	'곬'과 '곳간'의 순서: '곬'과 '곳간'은 'ㄱ'는 같고 받침만 다르다. 'ㄿ'와 'ㅅ' 중 사전 등재 순서가 앞에 오는 것은 'ㄿ'이다.
2단계	'규탄'과 '광명'의 순서: '규탄'과 '광명'은 초성의 'ㄱ'은 같고 모음만 다르다. 모음 'ㅠ'와 'ㅘ' 중 사전 등재 순서가 앞에 오는 것은 'ㅘ'이다.
3단계	'ㅗ'와 'ㅘ'의 순서: 모음의 사전 등재 순서는 "ㅏ, ㅐ, ㅑ, ㅒ, ㅓ, ㅔ, ㅕ, ㅖ, ㅗ, ㅘ, ㅙ, ㅚ, ㅛ, ㅜ, ㅝ, ㅞ, ㅟ, ㅠ, ㅡ, ㅢ, ㅣ"이다. 'ㅗ' 뒤에 'ㅘ'가 온다.

따라서 종합하면 '곬(㉠) → 곳간(㉢) → 광명(㉣) → 규탄(㉡)'으로 배열된다.

03

각 형태소의 본 모양을 밝혀 원형으로 적으려면 '달달이'가 맞다. 그러나 'ㄹ'이 탈락한 형태로 발음되기 때문에 '다달이'로 적은 것이다. 따라서 '다달이'로 적은 것은 '원형을 밝히지 않은 사례'가 되어 '㉠ 소리대로 적되', 즉 표음주의의 예가 된다.

오답체크

① 각각 쓰일 때는 '살'과 '고기'가 어법에 맞는 말이다. 그러나 합성의 과정에서 'ㅎ' 소리가 덧나기 때문에, 이를 표기에 반영하여 '살코기'로 적은 것이다.

② '論'의 본음은 '론'이지만, 두음 법칙에 따라 소리 나는 대로인 '논'으로 적은 것이다.

③ '급하다'에서 파생된 말이다. 따라서 '급-'을 밝혀 '급히'로 적은 것이다.

[정답]

01 ② 02 ② 03 ④

04

제시된 조항은 "종속적 관계를 가진 '-이(-)'나 -히-'가 올 적에"라고 조건을 부여하고 있다. 즉 어간과 어미 또는 어근과 접사, 체언과 조사 등의 결합 등에서만 나타나는 현상이라는 의미이다. 그런데 '잔디'와 '버티다'는 한 형태소 내부이므로 이 조건을 충족하지 않는다. 따라서 제시된 조항의 예라는 설명은 적절하지 않다.

오답체크
① '해돋-' 뒤에 종속적 관계를 가진 접미사 '-이'가 와서, [해도지]로 발음한다. 그러나 표기는 형태를 밝힌(표의주의) '해돋이'이다. '같이' 역시 '같-' 뒤에 종속적 관계를 가진 접미사 '-이'가 와서 [가치]로 발음한다. 그러나 표기는 형태를 밝힌(표의주의) '같이'이다.
② 소리대로(표음주의)가 아니라, 형태(원형)를 밝혀 적은 경우이므로 '어법에 맞게 적는다'는 '표의주의' 원리를 따른 것이 맞다.
③ 종속적 관계란 '체언, 어근, 용언 어간 등'의 실질적 형태소에 '조사, 접사, 어미 등'과 같은 형식적 형태소가 결합하는 관계를 말한다.

05

고유어나 외래어 뒤 '量'은 '양'으로 적는다. '구름'은 고유어이기 때문에 '구름양'의 표기는 어법에 맞다.

오답체크
① 성장율 → 성장률: '성장(成長)'은 한자어이다. 따라서 본음대로 '성장률'로 표기한다.
③ 회계년도 → 회계연도: '회계년+도'의 결합이 아니라 '회계+연도'의 결합이다. 따라서 '회계연도'로 표기한다.
④ 펜팔란 → 펜팔난: 고유어나 외래어 뒤 '欄'은 '난'으로 적는다. '펜팔'은 외래어이기 때문에 '펜팔난'으로 표기한다.
⑤ 싹뚝 → 싹둑: 'ㄱ, ㅂ' 받침 뒤에서 나는 된소리는, 같은 음절이나 비슷한 음절이 겹쳐 나는 경우가 아니면 된소리로 적지 않는다. 따라서 '싹둑'으로 표기한다.

04 다음 한글 맞춤법 제6항에 대한 설명으로 옳지 않은 것은? 2017 하반기 국가직 9급

> 'ㄷ, ㅌ' 받침 뒤에 종속적 관계를 가진 '-이(-)'나 '-히-'가 올 적에는, 그 'ㄷ, ㅌ'이 'ㅈ, ㅊ'으로 소리 나더라도 'ㄷ, ㅌ'으로 적는다.

① 예시로는 '해돋이, 같이'가 있다.
② 위 조항은 한글 맞춤법 총칙 중 '어법에 맞게 적는다'는 원리를 따른 것이다.
③ 종속적 관계란 체언, 어근, 용언 어간 등에 조사, 접사, 어미 등이 결합하는 관계를 말한다.
④ '잔디, 버티다'는 하나의 형태소에서 'ㄷ, ㅌ'과 'ㅣ'가 만난 것으로서 위 조항의 예에 해당된다.

05 어법에 맞는 문장은? 2024 국회직 8급

① 올해 경제 성장율은 작년에 비해 소폭 상승할 것으로 예상된다.
② 밤이 되면서 구름양이 점점 많아져서 자정쯤부터 비가 내리겠습니다.
③ 우리나라의 회계년도는 1월 1일부터 12월 31일까지입니다.
④ 예전에는 잡지에 펜팔란이 있어서 외국인과도 편지를 주고받았다고 합니다.
⑤ 친구가 긴 머리를 싹뚝 자르고 나타나서 깜짝 놀랐습니다.

[정답]

04 ④   05 ②

06 맞춤법에 맞는 것만으로 묶은 것은?

① 돌나물, 꼭지점, 페트병, 낚시꾼

② 흡입량, 구름양, 정답란, 칼럼난

③ 오뚝이, 싸라기, 법석, 딱다구리

④ 찻간(車間), 홧병(火病), 셋방(貰房), 곳간(庫間)

06

'量(헤아릴 량)', '欄(난간 란)'이 단어 첫머리 이외의 경우는 두음 법칙이 적용되지 않으므로 본음인, '량', '란'으로 적는다. 한편, 고유어나 외래어 뒤에 결합한 한자어는 독립적인 한 단어로 인식이 되기 때문에 두음 법칙이 적용된다. 따라서 고유어나 외래어 뒤에 올 때는 두음 법칙이 적용되어 각각 '양'과 '난'으로 적는다.

한자어 '흡입(吸入)', '정답(正答)'과 결합할 때는 각각 두음 법칙이 적용되지 않은 형태인, '흡입량', '정답란'으로 적는다.

다만, 고유어 '구름'과 외래어 '칼럼'과 결합할 때는 두음 법칙이 적용된 형태인 '구름양', '칼럼난'으로 적는다.

따라서 ②의 '흡입량, 구름양, 정답란, 칼럼난'은 모두 맞춤법에 맞는 표기이다.

오답체크
① 꼭지점 → 꼭짓점
③ 딱다구리 → 딱따구리
④ 홧병(火病) → 화병(火病)

[정답]
06 ②

01

구개음화는 'ㄷ, ㅌ'의 받침 뒤에 'ㅣ' 모음으로 시작되는 형식 형태소가 왔을 때만 일어나는 현상이다.

오답체크

① '묻히다'를 예로 들면, 'ㅣ' 모음 앞에 'ㅎ'이 있어 구개음화의 환경이 아니지만, 'ㄷ'과 'ㅎ'이 축약되어 'ㅌ'이 되면 'ㅣ' 모음 앞에 'ㅌ'이 놓이게 되어 구개음화가 일어난다.

② '먼지'를 뜻하는 '티'라는 명사에서는 구개음화가 일어나지 않는다. 말, 글, 노래 따위의 한 도막을 뜻하는 '마디'에서도 구개음화는 일어나지 않는다. '티'와 '마디'에서 'ㄷ, ㅌ'은 'ㅣ' 모음과 하나의 형태소를 구성하고 있기 때문이다.

④ '붙여[부처–부처], 닫혀[다처–다처]'를 통해 'ㅕ' 모음 앞에서도 구개음화가 일어남을 알 수 있다.

02

'高冷地(고랭지)'는 '표고가 600미터 이상으로 높고 한랭한 곳'을 의미하는 명사로 '고–냉지'의 구성이 아니라 '고랭–지'의 구성이므로 두음 법칙에 적용받지 않는다.

오답체크

② '會計年度'는 '회계'와 '연도'가 이어진 형태로, '연도'가 초성에 위치하므로 두음 법칙에 따라 '년도'가 아닌 '연도'라고 적는 것이 적절하다.
  ※ '회계연도'는 한 단어로 등재된 경우는 아니지만, 관용적으로 붙여 적는 것이 허용된다.

③ '率(률)'은 'ㄴ' 받침이나 모음 뒤에서는 '율'로 적고, 'ㄴ' 받침 이외의 받침이 올 경우에는 '률'로 적어야 하므로 'ㄴ' 받침인 '출산' 뒤에 '율'의 쓰임은 적절하다.

④ '陵墓'의 '릉'은 초성에 있으므로 두음 법칙에 따라 '능'으로 적는 것이 바르다.
  ※ 능묘(陵墓), 능원(陵園)
    선릉(宣陵), 왕릉(王陵), 동–구릉(東九陵)

01 다음 중 '구개음화'에 대한 내용으로 옳지 않은 것은?

① 구개음화는 자음 축약이 된 후에도 일어난다.

② 구개음화는 한 형태소 내부에서 일어나지 않는다.

③ 구개음화는 실질 형태소끼리 결합할 때도 일어난다.

④ 구개음화는 모음 'ㅣ'뿐만 아니라 'ㅕ' 앞에서도 일어난다.

02 다음 한자어의 표기 중 적절하지 않은 것은?

① 우리 제품은 강원도 강릉 고냉지(高冷地) 배추만을 사용합니다.

② 회사에 따라 회계연도(會計年度)를 기준으로 연차를 처리하는 경우도 있다.

③ 정부는 출산율(出産率)을 높이기 위한 정책을 시행하고 있다.

④ 이제는 열성조의 능묘(陵墓)까지 짓밟힐 창피한 운명에 처해 있다.

[정답]

01 ③   02 ①

🏆 한글 맞춤법 제18항은 용언의 활용에 관한 것이다. 제18항은 'Day 05 품사의 분류 – 2. 용언 – (3) 불규칙 활용'을 참고

🏆 어간에 '-이'나 '-음' 이외의 모음으로 시작된 접미사가 붙어서 다른 품사로 바뀐 것은 그 어간의 원형을 밝히어 적지 아니한다.
예 명사(까마귀, 너머, 마중), 부사(너무, 도로, 비로소), 조사(나마, 부터, 조차)

🏆 '-이' 이외의 모음으로 시작된 접미사가 붙어서 된 말은 그 명사의 원형을 밝히어 적지 아니한다.
예 꼬락서니, 끄트머리, 이파리, 지푸라기

🏆 * '-이-, -히-, -우-'가 붙어서 된 말이라도 본뜻에서 멀어진 것은 소리대로 적는다.
예 도리다(칼로), 드리다(용돈을), 바치다(세금을)

🏆 한자 '불(不)'이 첫소리 'ㄷ, ㅈ' 앞에서는 '부'로 적는다.
예 부당(不當), 부득이(不得已), 부정(不正), 부조리(不條理)

1. 제4장 형태에 관한 것🏆

(1) 접미사가 붙어서 된 말 → 원형을 밝혀 적는다.

① 어간 + -이, -(으)ㅁ → 명사 예 길이, 땀받이 / 걸음, 앎

　어간 + -이/-히 → 부사 🏆 예 같이, 굳이 / 밝히, 익히

　* 어원에서 멀어진 것은 원형을 밝혀 적지 않는다. 예 굽도리, 거름(비료), 노름(도박)

② 명사 + 접미사 '-이'🏆

　예 부사(곳곳이, 낱낱이), 명사(곰배팔이, 바둑이)

③ 명사 + 자음 접미사 예 값지다, 넋두리

　어간 + 자음 접미사 예 낚시, 덮개

　* 예외

　　① 겹받침의 끝소리가 드러나지 아니하는 것 예 널따랗다, 말끔하다, 얄팍하다, 짤따랗다

　　② 어원이 분명하지 아니하거나 본뜻에서 멀어진 것 예 넙치, 납작하다

④ 사동 · 피동 접미사🏆

　예 맡기다, 뚫리다, 솟구다, 맞추다 / 놓치다, 부딪뜨리다/부딪트리다

⑤ 기타

　㉠ '-하다'나 '-거리다'가 붙는 어근에 '-이'가 붙어서 명사가 된 것

　　예 깔쭉이, 배불뚝이

　㉡ '-거리다'가 붙을 수 있는 시늉말 어근에 '-이다'가 붙어서 된 용언

　　예 깜짝이다, 속삭이다

　㉢ '-하다'가 붙는 어근에 '-히'나 '-이'가 붙는 경우 예 급히, 꾸준히

　㉣ 부사에 '-이'가 붙어서 역시 부사가 되는 경우 예 곰곰이, 더욱이

　㉤ '-하다'나 '-없다'가 붙어서 된 용언 예 딱하다, 숱하다 / 부질없다, 시름없다

(2) 합성어 및 접두사가 붙은 말 → ②와 ③은 형태를 밝혀 적지 않는다.

① 합성어와 파생어 예 꺾꽂이, 헛웃음

　* 예외

　　① 어원은 분명하나 소리만 특이하게 변한 것 예 할아버지, 할아범

　　② 어원이 분명하지 아니한 것 예 골병, 며칠, 업신여기다, 부리나케

　　③ '이[齒, 虱]'가 '니' 또는 '리'로 소리 날 때 예 사랑니, 어금니, 머릿니

② 'ㄹ' 탈락🏆 예 다달이(달달이), 우짖다(울짖다)

③ 'ㄹ'이 'ㄷ'으로 바뀜 예 숟가락(술~), 사흗날(사흘~), 잗다랗다(잘~)

④ 사이시옷★

⑤ 특정 소리가 덧나는 복합어

㉠ 'ㅂ' 소리가 덧나는 것　예 댑싸리, 입때

㉡ 'ㅎ' 소리가 덧나는 것　예 머리카락, 살코기, 안팎.

(3) 준말

① 받침으로 준 것　예 기러기야 → 기럭아, 그것은 → 그건

② 모음으로 준 것★　예 가아 → 가, 꼬아 → 꽈, 가지어 → 가져, 보이어 → 되어/보여

③ '-지 않다 → -잖다', '-하지 않다 → -찮다'
예 그렇지 않은→그렇잖은, 만만하지 않다→만만찮다★

2. 제6장 그 밖의 것

(1) 부사 파생 접미사 '-이/-히'

① '이'로 적는 경우

㉠ 겹쳐 쓰인 명사 뒤　예 겹겹이, 낱낱이

㉡ 'ㅅ' 받침 뒤　예 버젓이, 지긋이

㉢ 'ㅂ' 불규칙 용언 뒤　예 가벼이, 괴로이

㉣ '하다'가 붙지 않는 용언 어간 뒤　예 같이, 굳이

㉤ 부사 뒤　예 곰곰이, 오뚝이

② '히'로 적는 경우

㉠ '-하다'가 붙는 어근 뒤(단, 'ㅅ' 받침 제외)　예 간편히, 정확히

㉡ '-하다'가 붙는 어근에 '-히'가 결합하여 된 부사에서 온 말
예 익히(←익숙히), 특히(←특별히)

(2) 어미

의문형 어미일 때만 된소리로 적는다.
예 -(으)ㄹ까?, ~(으)ㄹ쏘냐?

---

1. 사이시옷을 표기하는 경우

'순우리말로 된 합성어'나 '순우리말과 한자말이 합성된 말'에서 앞말이 모음으로 끝난 경우 중

① 뒷말의 첫소리가 된소리로 날 때
예 고랫재, 나룻배, 냇가, 댓가지, 햇볕 / 귓병, 머릿방, 찻종, 횟가루 등

② 뒷말의 첫소리 'ㄴ, ㅁ' 앞에서 'ㄴ' 소리가 덧날 때
예 아랫니, 뒷머리, 잇몸, 깻묵 / 곗날, 제삿날, 양칫물 등

③ 뒷말 첫소리 모음 앞에서 'ㄴㄴ' 소리가 덧날 때
예 뒷윷, 두렛일, 베갯잇 / 가욋일, 사삿일, 예삿일

2. 사이시옷을 표기하지 않는 경우

① 종성을 가지는 어근이 앞에 올 때
예 손+등 → 손ㅅ등(×)

② 된소리나 거센소리가 이어질 때
예 위+쪽 → 윗쪽(×), 위+층 → 윗층(×)

③ 합성어가 아니라 파생어일 때
예 해+-님 → 햇님(×)

④ 외래어 합성어일 때
예 피자+집 → 피잣집(×)

3. 사이시옷을 표기하는 한자어 6개

곳간(庫間), 셋방(貰房), 찻간(車間), 숫자(數字), 툇간(退間), 횟수(回數)

★ 'ㅏ, ㅗ, ㅜ, ㅡ' + '-이어' → 'ㅐ, ㅚ, ㅟ, ㅢ' 또는 '여'
예 꼬이어 → 꾀어/꼬여, 쓰이어 → 씌어/쓰여

★ '하' 앞의 받침의 소리가 [ㄱ, ㄷ, ㅂ]이면 '하'가 통째로 줄고 그 외의 경우에는 'ㅎ'이 남는다.
예 [ㄱ] 넉넉하지 않다 → 넉넉지 않다 → 넉넉잖다
[ㄷ] 깨끗하지 않다 → 깨끗지 않다 → 깨끗잖다
[ㅂ] 답답하지 않다 → 답답지 않다 → 답답잖다
[ㄴ] 결근하고자 → 결근코자
[ㄹ] 분발하도록 → 분발토록
[ㅁ] 무심하지 → 무심치
[ㅇ] 회상하건대 → 회상컨대
[모음] 개의하지 → 개의치

01

밑줄 친 단어의 표기가 맞지 않는 것은?

① 그들은 서로 <u>인사말</u>을 주고받았다.

② 아이들은 <u>등굣길</u>이 마냥 즐거웠다.

③ <u>빨랫줄</u>에 있는 빨래를 걷어라.

④ <u>마굿간</u>에는 말 두 마리가 있다.

⑤ 요즘은 <u>셋방</u>도 구하기 힘들다.

---

01 (해설)

마굿간 → 마구간: 한자 합성어에는 사이시옷을 표기하지 않는 것이 원칙이다. 따라서 '마구간(馬廐間)'으로 표기해야 한다.

오답체크

① '인사+말'의 합성어는 [인사말]로 발음되기 때문에, 사이시옷을 받쳐 적을 근거가 없다. 따라서 '인사말'의 표기는 옳다.

② '등교+길'의 합성 과정에서 뒷말의 첫소리가 된소리로 난다. 한자어와 고유어의 합성어이면서, 뒷말의 첫소리가 된소리로 나기 때문에 사이시옷을 받쳐 적을 근거가 있다. 따라서 '등굣길'의 표기는 옳다.

③ '빨래+줄'의 합성 과정에서 뒷말의 첫소리가 된소리로 난다. 고유어와 고유어의 합성어이면서, 뒷말의 첫소리가 된소리로 나기 때문에 사이시옷을 받쳐 적을 근거가 있다. 따라서 '빨랫줄'의 표기는 옳다.

⑤ 한자 합성어는 사이시옷을 표기하지 않는 것이 원칙이지만, 예외가 있다. '곳간, 셋방, 숫자, 찻간, 툇간, 횟수', 이 여섯 단어에 한해서는 사이시옷을 받쳐 적을 수 있다. 따라서 '셋방(貰房)'의 표기는 옳다.

02

㉠~㉢ 중 한글 맞춤법에 맞게 쓰인 것만을 모두 고르면?

- 혜인 씨에게 ㉠ <u>무정타</u> 말하지 마세요.
- 재아에게는 ㉡ <u>섭섭치</u> 않게 사례해 주자.
- 규정에 따라 딱 세 명만 ㉢ <u>선발토록</u> 했다.
- ㉣ <u>생각컨대</u> 그의 보고서는 공정하지 못했다.

① ㉠, ㉡

② ㉠, ㉢

③ ㉡, ㉣

④ ㉢, ㉣

---

02 (해설)

'하' 앞의 받침의 소리가 [ㄱ, ㄷ, ㅂ]이면 '하'가 통째로 줄고 그 외의 경우에는 'ㅎ'이 남는다.

㉠ '무정하다'는 '하' 앞의 받침의 소리가 [ㄱ, ㄷ, ㅂ]이 아니므로 'ㅎ'이 남아 '무정타'이다.

㉢ '선발하도록'은 '하' 앞의 받침의 소리가 [ㄱ, ㄷ, ㅂ]이 아니므로 'ㅎ'이 남아 '선발토록'이다.

오답체크

㉡ 섭섭치 → 섭섭지: '섭섭하지'는 '하' 앞의 받침의 소리가 [ㅂ]이므로 '하'가 통째로 줄어 '섭섭지'이다.

㉣ 생각컨대 → 생각건대: '생각하건대'는 '하' 앞의 받침의 소리가 [ㄱ]이므로 '하'가 통째로 줄어 '생각건대'이다.

[정답]

01 ④   02 ②

03 다음 <한글 맞춤법>의 규정에 근거할 때 본말과 준말의 짝이 옳지 않은 것은?

2023 군무원 9급

<제32항>

단어의 끝모음이 줄어지고 자음만 남은 것은 그 앞의 음절에 받침으로 적는다.

<제39항>

어미 '-지' 뒤에 '않 -'이 어울려 '-잖-'이 될 적과 '-하지' 뒤에 '않 -'이 어울려 '-찮-'이 될 적에는 준 대로 적는다.

<제40항>

어간의 끝음절 '하'의 'ㅏ'가 줄고 'ㅎ'이 다음 음절의 첫소리와 어울려 거센소리로 될 적에는 거센소리로 적는다.

① 어제그저께 – 엊그저께

② 그렇지 않은 – 그렇잖은

③ 만만하지 않다 – 만만잖다

④ 연구하도록 – 연구토록

04 다음 <한글 맞춤법> 규정의 예로 옳지 않은 것은?

2018 지방직 9급

(가) 제19항 어간에 '-이'나 '-음/-ㅁ'이 붙어서 명사로 된 것과 '-이'나 '-히'가 붙어서 부사로 된 것은 그 어간의 원형을 밝히어 적는다.
(나) 제19항 [붙임] 어간에 '-이'나 '-음' 이외의 모음으로 시작된 접미사가 붙어서 다른 품사로 바뀐 것은 그 어간의 원형을 밝히어 적지 아니한다.
(다) 제20항 명사 뒤에 '-이'가 붙어서 된 말은 그 명사의 원형을 밝히어 적는다.
(라) 제20항 [붙임] '-이' 이외의 모음으로 시작된 접미사가 붙어서 된 말은 그 명사의 원형을 밝히어 적지 아니한다.

① (가): 미닫이, 졸음, 익히

② (나): 마개, 마감, 지붕

③ (다): 육손이, 집집이, 곰배팔이

④ (라): 끄트머리, 바가지, 이파리

03

제39항에 따라 '만만하지 않다'의 준말은 '만만찮다'이다.

오답체크

① 제32항에 따라 '어제그저께'의 준말은 '엊그저께'이다.
② 제39항에 따라 '그렇지 않은'의 준말은 '그렇잖은'이다.
④ 제40항에 따라 '연구하도록'의 준말은 '연구토록'이다.

04

'마개, 마감, 지붕'은 모두 파생 명사이다. 다만, '마개(막ー+ー애: 막다)'와 '마감(막ー+ー암: 막다)'은 (나)의 '용언의 어간에서 파생한 예'로 적절하지만, '지붕(집+ー웅)'의 '집'은 어간이 아니므로 (나) 규정의 예로 적절하지 않다.

오답체크

① '미닫이(미닫ー+ー이: 닫다)'와 '졸음(졸ー+ー음: 졸다)'은 어간에 '-이'나 '-ㅁ/음'이 붙어서 명사로 된 것이고, '익히(익ー+ー히: 익다)'는 '-이'나 '-히'가 붙어서 부사로 된 것으로 원형을 밝힌 사례이다.
③ 각각 명사 '육손(육손이)', '집집(집집이)', '곰배팔(곰배팔이)' 뒤에 '-이'가 붙어서 된 말로 원형을 밝혀 쓴다. 단 파생된 '육손이'와 '곰배팔이'는 '명사'이지만 '집집이'는 '부사'이다.
④ '끄트머리(끝+ー으머리), 바가지(박+ー아지), 이파리(잎+ー아리)'는 '-이' 이외의 모음으로 시작된 접미사가 명사(끝, 박, 잎)에 붙어서 된 말로 원형을 밝혀 표기하지 않는다.

[정답]

03 ③   04 ②

05

'뒤풀이'는 예사소리와 거센소리의 합성어이므로 사이시옷을 표기하지 못한다. 따라서 '뒤풀이'의 표기는 바르다. 한자어 '맥주(麥酒)'와 고유어 '집'이 만나 발음이 [맥쭈찝]으로 원래 없던 된소리가 첨가되는 사잇소리 현상이 있고 앞말에 받침이 없으므로 '맥줏집'으로 표기한다.

오답체크
① 부는 → 붇는: '붇다(부피가 커지다/분량, 수효가 많아지다)'가 기본형이다. 따라서 '붇는'으로 표기해야 한다.
② 넉넉치 → 넉넉지: 'ㄱ' 받침 뒤의 '하'는 아주 줄기 때문에 '하'가 탈락한 '넉넉지'의 형태가 바르다.
④ 로써 → 로서: '도구, 재료'의 의미일 때는 '로써'를, '자격, 지위'의 의미일 때는 '로서'를 쓴다. 문맥상 '자격, 지위'의 의미이므로 '로써'가 아니라 '로서'를 써야 한다.

06

'잠그다'가 기본형이다. 모음 어미와 결합하면서 '一'가 탈락한 것이므로, '잠그- + -았다 → 잠갔다'는 어법에 맞는 표기이다.

오답체크
① 낳았다 → 나았다: '완쾌되다'의 의미를 가진 말의 기본형은 '낫다'이다. '낫다'는 'ㅅ' 불규칙 용언이므로 모음 어미와 결합하면 'ㅅ'이 탈락한다. 즉 '낫- + -았다 → 나았다'와 같이 활용한다.
   ※ '출산하다'의 의미일 때는 '낳다(낳았다)'를 쓴다.
② 넉넉치 → 넉넉지: '넉넉하지'의 준말은 '넉넉지'이다.
④ 이여서 → 이어서: '잇다'가 기본형이고, 연결된 어미는 '-여서'가 아니라 '-어서'이다. 따라서 '잇- + -어서 → 이어서'와 같이 활용한다.

07

'핏기'는 고유어 '피'와 한자어 '기(氣)'가 결합한 말이다. 따라서 순우리말 합성어의 예로 적절하지 않다.

05 다음 밑줄 친 부분 중 <한글 맞춤법>에 따라 바르게 표기된 것은? 2017 서울시 9급

① 방학 동안 몸이 <u>부는</u> 바람에 작년에 산 옷이 맞지 않았다.

② <u>넉넉치</u> 않은 형편에도 불구하고 도움을 주서서 감사합니다.

③ 오늘 <u>뒤풀이</u>는 길 건너에 있는 <u>맥줏집</u>에서 하도록 하겠습니다.

④ 한문을 한글로 풀이한 이 책은 중세 국어의 자료<u>로써</u> 가치가 있다.

06 밑줄 친 부분이 어문 규정에 맞는 것은? 2017 국가직 9급

① 병이 씻은 듯이 <u>낳았다</u>.

② <u>넉넉치</u> 못한 선물이나 받아 주세요.

③ 그는 자물쇠로 책상 서랍을 <u>잠갔다</u>.

④ 옷가지를 <u>이여서</u> 밧줄처럼 만들었다.

07 <보기>의 맞춤법 규정에 해당하지 않는 것은? 2024 서울시 9급

> **보기**
>
> 제30항 사이시옷은 다음과 같은 경우에 받치어 적는다.
>   1. 순우리말로 된 합성어로서 앞말이 모음으로 끝난 경우

① 뱃길

② 잇자국

③ 갯더미

④ 핏기

[정답]

05 ③   06 ③   07 ④

08 다음 설명을 참고하여 ⊙~ⓒ에 해당하는 사례들로 바르게 연결한 것은?

2024 국회직 8급

「한글 맞춤법」 제30항은 사이시옷과 관련된 조항이다. 순우리말로 된 합성어 또는 순우리말과 한자어가 결합하여 만들어진 합성어에서 앞말이 모음으로 끝날 때에, ⊙ 뒷말의 첫소리가 된소리로 나는 경우, ⓒ 뒷말의 첫소리 'ㄴ, ㅁ' 앞에서 'ㄴ' 소리가 덧나는 경우, ⓒ 뒷말의 첫소리 모음 앞에서 'ㄴㄴ' 소리가 덧나는 경우에 사이시옷을 받쳐 적는다. 이때 뒷말의 첫소리가 거센소리이거나 된소리일 경우에는 사이시옷을 표기하지 않는다.

	⊙	ⓒ	ⓒ
①	귓병	잇몸	웃어른
②	덧저고리	툇마루	깻잎
③	돗자리	뒷머리	베갯잇
④	부싯돌	빗물	훗일
⑤	절댓값	도리깻열	가욋일

09 다음 규정에 근거할 때 옳지 않은 것은?

2022 국가직 9급

〈한글 맞춤법 제30항〉
사이시옷은 다음과 같은 경우에 받치어 적는다.
(가) 순우리말로 된 합성어로서 앞말이 모음으로 끝나면서 뒷말의 첫소리가 된소리로 나는 것
(나) 순우리말과 한자어로 된 합성어로서 앞말이 모음으로 끝나면서 뒷말의 첫소리가 된소리로 나는 것

① (가)에 따라 '아래+집'은 '아랫집'으로 적는다.
② (가)에 따라 '쇠+조각'은 '쇳조각'으로 적는다.
③ (나)에 따라 '전세+방'은 '전셋방'으로 적는다.
④ (나)에 따라 '자리+세'는 '자릿세'로 적는다.

08

⊙	고유어 '부시+돌'의 결합으로 뒷말의 첫소리가 된소리 [뜨]로 나기 때문에 '부싯돌'로 적는다.
ⓒ	고유어 '비+물'의 결합으로 'ㄴ' 소리가 덧나기 때문에 '빗물'로 적는다.
ⓒ	한자어 '후(後)'와 고유어 '일'의 결합으로 'ㄴㄴ'소리가 덧나기 때문에 '훗일'로 적는다.

오답체크
① '웃어른'은 ⓒ의 사례로 적절하지 않다.
② '덧저고리'는 접두사 '덧-'과 어근 '저고리'가 결합한 말로 합성어가 아니라 파생어이다. 따라서 ⊙의 사례로 적절하지 않다.
③ '돗자리'의 'ㅅ'은 사이시옷이 아니다. 'ㄷ' 소리로 나는 받침 중에서 'ㄷ'으로 적을 근거가 없는 것은 'ㅅ'으로 적는다는 한글 맞춤법 제7항 규정에 따라 '돗자리'로 적은 것이다.
⑤ '도리깻열[도리깬녈]'은 ⓒ이 아닌 ⓒ의 사례이다.

09
'전세'와 '방'이 합쳐지는 과정에서 뒷말의 첫소리가 된소리로 나 [전세빵]으로 발음한다. 그러나 '전세(傳貰)'와 '방(房)'은 모두 한자어이므로, 순우리말과 한자어로 된 합성어가 아니다. 따라서 (나)에 따라 '전셋방'으로 적는다는 설명은 옳지 않다. 한자 합성어는 사이시옷을 받쳐 적을 수 없기 때문에 '전세방(傳貰房)'으로 적어야 한다.

오답체크
① 순우리말 '아래'와 '집'이 결합해, 뒷말의 첫소리가 된소리로 나기 때문에 '아랫집'으로 적는다.
② 순우리말 '쇠'와 '조각'이 결합해, 뒷말의 첫소리가 된소리로 나기 때문에 '쇳조각'으로 적는다.
④ 순우리말 '자리'와 한자어 '세(貰)'가 결합해, 뒷말의 첫소리가 된소리로 나기 때문에 '자릿세'로 적는다.

[정답]
08 ④ 09 ③

PART 6

국어 규범 해커스공무원 해권국어 적중 800제 압도적 문법

Day 11 한글 맞춤법 ② 141

10
공기밥 → 공깃밥: 한자어와 순우리말 '공기(空器)+밥'의 결합 과정에서 사잇소리가 덧나기 때문에 사이시옷을 받쳐, '공깃밥'으로 표기해야 한다.

오답체크
② '인사+말'의 합성어는 [인사말]로 발음된다. 즉 사잇소리가 덧나지 않기 때문에 사이시옷을 받쳐 적지 않은 '인사말'의 표기는 바르다.
③ 된소리나 거센소리 앞에서는 사이시옷을 받쳐 적지 않는다. 따라서 '뒤+처리'의 합성어는 사이시옷을 받쳐 적지 않은 '뒤처리'로 표기한다.
④ '편지+글'의 합성어는 [편:지글]로 발음된다. 즉 사잇소리가 덧나지 않기 때문에 사이시옷을 받쳐 적지 않은 '편지글'의 표기는 바르다.

11
익숙치 → 익숙지: '익숙하지'의 '-하' 앞의 받침이 'ㄱ'이므로 '-하'를 생략하여 '익숙지'로 표기한다.
※ 용언이 '-하'를 포함하고 있는 경우,
　1. '-하' 앞의 받침이 'ㄱ, ㄷ, ㅂ, ㅈ, ㅅ'이면 '-하'를 생략하고,
　2. '-하' 앞의 받침이 울림소리(모음+ㅁ, ㄴ, ㅇ, ㄹ)이면 '-하'와 뒤의 자음을 축약하여 표기한다.

오답체크
① '하'가 아주 준 경우('-하' 앞의 받침이 'ㅂ')이므로 '섭섭하지'의 준말은 '섭섭지'가 맞는 표기이다.
② 'ㅏ'가 줄고 'ㅎ'이 다음 음절의 첫소리와 어울려 거센소리가 된 경우('-하' 앞의 받침이 'ㅏ'이므로 축약)이므로 '흔하다'의 준말은 '흔타'가 맞는 표기이다.
④ 'ㅏ'가 줄고 'ㅎ'이 다음 음절의 첫소리와 어울려 거센소리가 된 경우('-하' 앞의 받침이 'ㄹ'이므로 축약)이므로 '정결하다'의 준말은 '정결타'가 맞는 표기이다.

12
'부지런하다'의 어간 '하-'의 앞 받침이 'ㄴ', 즉 울림소리이므로 뒤의 자음과 축약(ㅎ+ㄷ)하여 '부지런타'가 된다.

오답체크
① 하마트면 → 하마터면: 소리 나는 대로 '하마터면'으로 적는다.
② 생각컨대 → 생각건대: '하'가 통째로 준 경우에는 준대로 적는다.
③ 아뭇튼 → 아무튼: 소리 나는 대로 '아무튼'으로 적는다.

[정답]
10 ① 11 ③ 12 ④

---

10 밑줄 친 말의 표기가 잘못된 것은?

2022 군무원 9급

① 배가 고파서 공기밥을 두 그릇이나 먹었다.
② 선출된 임원들이 차례로 인사말을 하였다.
③ 사고 뒤처리를 하느라 골머리를 앓았다.
④ 이메일보다는 손수 쓴 편지글이 더 낫다.

11 <보기>의 설명에 따라 올바르게 표기된 경우가 아닌 것은?

2019 서울시 9급(6월)

보기

- 어간의 끝음절 '하'의 'ㅏ'가 줄고 'ㅎ'이 다음 음절의 첫소리와 어울려 거센소리로 될 적에는 거센소리로 적는다.
- 어간의 끝음절 '하'가 아주 줄 적에는 준 대로 적는다.

① 섭섭지　　　　　　　　　② 흔타
③ 익숙치　　　　　　　　　④ 정결타

12 밑줄 친 부분이 <한글 맞춤법>에 맞는 것은?

2014 지방직 7급

① 그는 발을 헛디뎌 하마트면 넘어질 뻔했다.
② 생각컨대 우두머리가 존재하지 않은 사회는 한 번도 없었다.
③ 아뭇튼 아버지에 대한 직접적인 기억은 하나도 남아 있지 않다.
④ 언니는 식구 중에 제일 먼저 일어나 마당 청소를 할 정도로 부지런타.

13 <보기>는 단어의 사전적 정의이다. <보기>를 참고할 때 밑줄 친 부분이 문법적으로 가장 옳지 않은 것은?

2022 법원직 9급

보기

- **–던 「어미」**
  1) 앞말이 관형어 구실을 하게 하고, 과거의 어떤 상태를 나타내는 어미.
  2) 앞말이 관형어 구실을 하게 하고 어떤 일이 과거에 완료되지 않고 중단되었다는 미완(未完)의 의미를 나타내는 어미.
- **–던지 「어미」**
  막연한 의문이 있는 채로 그것을 뒤 절의 사실과 관련시키는 데 쓰는 연결 어미.
- **–든 「어미」**
  '–든지'의 준말.
- **–든지 「어미」**
  1) 나열된 동작이나 상태, 대상들 중에서 어느 것이든 선택될 수 있음을 나타내는 연결 어미.
  2) 실제로 일어날 수 있는 여러 가지 중에서 어느 것이 일어나도 뒤 절의 내용이 성립하는 데 아무런 상관이 없음을 나타내는 연결 어미.

① 싫든 좋든 이 길로 가는 수밖에 없다.

② 밥을 먹던지 말던지 네 맘대로 해라.

③ 어제 같이 봤던 영화는 참 재밌었다.

④ 집에 가든지 학교에 가든지 해라.

14 다음 <보기> 중 <한글 맞춤법> 규정에 맞게 표기한 것을 모두 고르면? 2018 국회직 8급

보기

| ㄱ. 얼룩배기 | ㄴ. 판때기 | ㄷ. 나이빼기 |
| ㄹ. 이맛배기 | ㅁ. 거적때기 | ㅂ. 상판대기 |

① ㄱ, ㄷ, ㅁ

② ㄱ, ㄹ, ㅂ

③ ㄴ, ㄷ, ㄹ

④ ㄴ, ㄷ, ㅂ

⑤ ㄴ, ㅁ, ㅂ

13

먹던지 말던지 → 먹든지 말든지: '선택'의 의미이므로 '–든지'를 써야 한다.

오답체크

① <보기>에서 '–든'은 '–든지'의 준말이라고 하였다. '상관없이' 이 길로 갈 수밖에 없다는 의미이므로 '싫든 좋든'으로 쓴 것은 옳다. '–든'은 '–든지'의 준말이기 때문에 '싫든지 좋든지'로도 쓸 수 있다.

③ 영화를 본 것이 '과거'라는 의미이므로, '과거'를 의미하는 '–던'의 쓰임은 적절하다.

④ 집, 학교 중에 '선택'할 수 있다는 의미이므로, '선택'을 의미하는 '–든지'의 쓰임은 적절하다.

14

'판때기, 거적때기, 상판대기'의 표기는 맞다.

오답체크

ㄱ. 얼룩배기 → 얼룩빼기

ㄷ. 나이빼기 → 나이배기

ㄹ. 이맛배기 → 이마빼기

[정답]

13 ② 14 ⑤

01

'거품'은 어근 '겊'에 '-움'이 결합된 말로 볼 수 없으므로 원형을 밝히지 않는 예시로는 적절하지 않다. '거품'은 단일어이므로 어근의 원형과는 아무런 관련을 지니지 않는다.

오답체크
② '무르팍'은 어근인 '무릎'의 원형을 밝히지 않고 연철하여 표기한 것이다.
③ '두루마리'는 그 어원상 두 동사 '두루-(두르)'와 '말-(말다)'이 결합하여, 만들어진 '두루말-'에 명사 파생 접사 '-이'가 결합하여 만들어진 말로 원형을 밝히지 않고 연철하여 표기한 것이다.
④ '지푸라기'는 어근인 '짚'에 접미사 '-으라기'가 결합하여 만들어진 파생어로 원형을 밝히지 않고 연철하여 표기한 것이다.

02

'여닫이'는 '열다'와 '닫다'의 합성어로 합성하는 과정에서 어간의 받침 'ㄹ'이 탈락한 형태이다. 즉 'ㄹ' 받침이 'ㄷ'으로 바뀌는 호전 현상의 예로는 적절하지 않다.

오답체크
① '이틀+날'의 합성어로 끝소리 'ㄹ'이 합성되면서 'ㄷ'으로 바뀐 예로 적절하다.
③ '바느질+고리'의 합성어로 끝소리 'ㄹ'이 합성되면서 'ㄷ'으로 바뀐 예로 적절하다.
④ '설+부르다'의 합성어로 끝소리 'ㄹ'이 합성되면서 'ㄷ'으로 바뀐 예로 적절하다.

01 밑줄 친 부분에 해당하는 예시가 아닌 것은?

> 어근에 접미사가 결합된 파생어는 표기 양상에 따라 두 가지로 나눌 수 있다. 하나는 어근의 원형을 그대로 밝혀서 표기하는 경우이고, 또 다른 하나는 <u>어근의 원형을 그대로 밝히지 않는 경우</u>이다.

① <u>거품</u>이 빠진 부동산 경기가 안정을 되찾고 있다.
② 아이가 뛰어가다 넘어져 <u>무르팍</u>이 까졌다.
③ 윤석이 훈장님 앞에서 <u>두루마리</u> 편지를 펼쳐 보였다.
④ 물에 빠진 사람은 <u>지푸라기</u>라도 잡는 법이다.

02 <보기>의 규정이 적용된 단어가 아닌 것은?

보기

> 제29항 끝소리가 'ㄹ'인 말과 딴 말이 어울릴 적에 'ㄹ' 소리가 'ㄷ' 소리로 나는 것은 'ㄷ'으로 적는다.

① 이튿날
② 여닫이
③ 반짇고리
④ 섣부르다

[정답]
01 ①　02 ②

03 다음 규정을 참고한 내용으로 적절하지 않은 것은?

> 제19항 어간에 '-이'나 '-음/-ㅁ'이 붙어서 명사로 된 것과 '-이'나 '-히'가 붙어서 부사로 된 것은 그 어간의 원형을 밝히어 적는다. 예 웃음, 같이 등
>
> 다만, 어간에 '-이'나 '-음'이 붙어서 명사로 바뀐 것이라도 그 어간의 뜻과 멀어진 것은 원형을 밝히어 적지 아니한다. 예 목거리(목병), 노름 등
>
> [붙임] 어간에 '-이'나 '-음' 이외의 모음으로 시작된 접미사가 붙어서 다른 품사로 바뀐 것은 그 어간의 원형을 밝히어 적지 아니한다. 예 주검, 자주 등

① '길이'를 '기리'로 적지 않는 것은 '웃음'을 표기할 때의 규정에 따르기 때문이다.

② '노름'과 달리 '놀이'는 어간의 뜻과 멀어지지 않은 경우에 해당한다.

③ '굽돌이'와 '같이'는 동일한 표기 원리가 적용된 것이다.

④ '마개'는 [붙임]의 예로 추가할 수 있다.

04 다음 밑줄 친 준말의 사용이 적절하지 않은 것은?

① 글을 잘 쓰기 위해서는 <u>띠여</u> 쓰기가 중요하다.

② <u>적잖은</u> 수의 관람객이 공연을 찾아주었다.

③ 보다 많은 학자가 <u>연구토록</u> 지원을 늘리도록 하겠습니다.

④ <u>생각건대</u> 청년들에게 희망을 줄 수 있는 정책이 필요합니다.

03

'굽돌이'는 어근 '돌-'에 접미사 '-이'가 붙은 파생어에 어근 '굽-'이 결합한 합성어로 본래 어간의 뜻이 살아 있지 않으므로 원형을 밝혀 적을 근거가 없다. 따라서 '굽도리'로 적는 것이 바른 표기이다. 원형을 밝히지 않는 '다만'의 규정에 의한 표기이므로, '같이'와 동일한 표기 원리가 적용된 것으로 볼 수 없다.

오답체크
① '길이'와 '웃음'은 어간의 원형을 밝혀 적는 경우에 해당하므로 같은 규정을 따른 표기가 맞다.
② '노름'은 어간 '놀-'에 '-음'이 붙은 것인데 어간의 뜻과 멀어져 원형을 밝혀 적지 않는 예에 해당한다. 반면 '놀이'는 어간 '놀-'에 '-이'가 붙은 것인데 원형을 밝혀 적었으므로 어간의 뜻과 멀어지지 않았다고 볼 수 있다.
④ '마개'는 어간 '막-'에 접사 '-애'가 붙은 형태로, '-이'나 '-음' 이외의 모음으로 시작된 접미사가 붙어서 명사로 바뀐 경우에 해당하므로 [붙임]의 예로 볼 수 있다.

04

〈한글 맞춤법〉 '제38항 ㅏ, ㅗ, ㅜ, ㅡ 뒤에 '-이어'가 어울려 줄어질 적에는 준 대로 적는다.'에 의거하면 대부분의 낱말의 준말 표기는 2가지가 된다. 하지만 '띄이어'의 경우 '띄이어 (쓰다)/띄어(쓰다)/*뜨여 (쓰다)'와 같이 준말이 하나만 허용되므로 '띠여'의 표기는 적절하지 않다. 참고로 '띄어쓰기'는 한 단어이므로 붙여 써야 한다.
※ '눈에 띄이다' 혹은 '눈이 뜨이다'의 경우에는 '눈에 띄어/눈에 뜨여', '눈이 띄어/눈이 뜨여'처럼 쓰일 수 있다. 즉 의미에 따라 준말이 인정되는 부분이 다르므로 주의해야 한다.

오답체크
② 〈한글 맞춤법〉 '제39항 어미 '-지' 뒤에 '않-'이 어울려 '-잖-'이 될 적과 '-하지' 뒤에 '않-'이 어울려 '-찮-'이 될 적에는 준 대로 적는다.'에 의거하여 '-지 않-'은 '-잖-'으로 축약되므로 '적지 않은-적잖은'의 표기는 적절하다.
③ 〈한글 맞춤법〉 '제40항 어간의 끝음절 '하'의 'ㅏ'가 줄고 'ㅎ'이 다음 음절의 첫소리와 어울려 거센소리로 될 적에는 거센소리로 적는다.'에 의거하여 울림소리 뒤의 '하'의 경우 다음 음절의 첫소리와 어울려 거센소리가 되므로 '연구하도록-연구토록'의 표기는 적절하다.
④ 〈한글 맞춤법〉 '제40항 [붙임 2] 어간의 끝음절 '하'가 아주 줄 적에는 준 대로 적는다.'에 의거하여 안울림소리 뒤의 '하'는 삭제되므로 '생각하건대-생각건대'의 표기는 적절하다.

[정답]

03 ③ 04 ①

05

'사귀었다'의 어간 '사귀-'는 'ㅗ, ㅜ'로 끝
난 어간이 아니기 때문에 제35항의 적용
을 받을 수 없다. '사귀었다'는 발음상으로
는 줄어들 수 있지만, 줄어든 형태를 표기
할 모음이 현행 모음 안에 없으므로 표기할
수 없다. 그러므로 '사겼다, 사궜다'는 모두
틀린 표기가 된다.

05 <보기>의 규정을 바탕으로 언어 자료를 분석한 내용으로 적절하지 않은 것은?

보기

제35항 모음 'ㅗ, ㅜ'로 끝난 어간에 '-아/-어, -았-/-었-'이 어울려 'ㅘ/ ㅝ, ㅙ/ㅞ'으로 될 적에는 준 대로 적는다.

본말	준말	본말	준말
보아	봐	보았다	봤다

[붙임 1] '놓아'가 '놔'로 줄 적에는 준 대로 적는다.
[붙임 2] 'ㅚ' 뒤에 '-어, -었-'이 어울려 'ㅙ, ㅙㅆ'으로 될 적에도 준 대로 적는다.

본말	준말	본말	준말
괴어	괘	괴었다	괬다

[언어 자료]
㉠ 이 손 놓아!
㉡ 교외로 나가 바람을 쐬었다.
㉢ 옛날부터 동짓날이 되면 팥죽을 쑤었다.
㉣ 그는 붙임성이 있어서 낯선 사람들과도 잘 사귀었다.

① ㉠: [붙임 1]에 따르면 '놓아!'는 '놔!'로도 쓸 수 있다.
② ㉡: 제35항에 따라 '쐬었다'는 준말로도 적을 수 있다.
③ ㉢: 제35항에 따르면 '쑤었다'는 '쒔다'로도 쓸 수 있다.
④ ㉣: 제35항에 따라 '사귀었다'는 준말로도 적을 수 있다.

[정답]

05 ④

06 밑줄 친 부분이 맞춤법에 맞지 않는 것은?

① 평소에 응석을 부리던 아이도 동생들 앞이라고 제법 <u>의젓이</u> 행동했다.

② 무엇에 쫓겨 가는 사람처럼 <u>급급이</u> 마시는 것이었다.

③ 그는 동생의 버릇없는 행동을 <u>너그러이</u> 받아 주었다.

④ 그는 가족을 챙기다가 좋은 기회를 <u>번번이</u> 놓쳤다.

07 다음 단어 중 표기가 바르지 않은 것은?

① 그루배기　　　　　② 언덕배기

③ 육자배기　　　　　④ 주정배기

06

'-하다'가 붙는 어근 뒤에는 'ㅅ' 받침을 제외하고는 '-히'를 적는 것이 일반적이므로 형용사 '급급(急急)하다'는 '급급히'로 적는 것이 맞다.

※ 급급(急急)하다: 매우 급하다.

오답체크

① '-하다'가 붙는 어근 중에서 'ㅅ' 받침이 있는 경우는 '-이'를 적는 것이 일반적이므로 '의젓이'의 표기는 맞다.

③ 'ㅂ' 불규칙 용언의 어간 뒤에는 '-이'가 붙는 것이 일반적이므로 '너그러이'의 표기가 맞다. 용언은 '너그럽다-너그러워'로 활용하고 부사는 '너그러이'로 표기한다.

④ 첩어 또는 준첩어인 명사 뒤에는 '-이'를 적는 것이 일반적이므로 '번번이'의 표기는 맞다.

※ 위와 같은 규칙성이 모든 경우에 적용된다고 단정하지는 못하므로, 예외적인 경우에 대한 암기가 필요하다.
 • 번번이: 매 때마다=매번
 • 번번히: ① 구김살이나 울퉁불퉁한 데가 없이 펀펀하고 번듯하게 ② 생김새가 음전하고 미끈하게 ③ 물건 따위가 멀끔하여 보기도 괜찮고 제법 쓸만하게 ④ 지체가 제법 높게

07

접사 '-배기'와 '-빼기'가 혼동될 때, [배기]로 발음되는 경우는 '배기'로 적고(육자배기, 주정배기), 한 형태소 내부에 있어서 'ㄱ, ㅂ' 받침 뒤에는 [빼기]로 발음되는 경우는 '배기'로 적으며(언덕배기), 다른 형태소 뒤에서 [빼기]로 발음되는 것은 모두 '빼기'로 적는다.

①은 다른 형태소 뒤에서 [빼기]로 발음되므로 [빼기]로 적어 '그루빼기'로 적는 것이 바르다.

※ 그루빼기: 짚단이나 나뭇단 따위의 그루가 맞대어서 이룬 바닥 부분

[정답]

06 ②　07 ①

✿ 조사도 단어에 포함되지만, 조사는 다른 단어와 달리, 붙여 쓴다.

📌 **더 알아보기**

주의해야 할 띄어쓰기

① 의존 명사와 조사(예 만큼, 대로, 뿐)
체언 뒤에 오면 '조사'니까 붙여 쓰고, 관형어(용언) 뒤에 오면 '의존 명사'니까 띄어 쓴다.
예 조사: 집을 대궐만큼 크게 짓다.
의존 명사: 주는∨만큼 받아 오다.
② 의존 명사와 접사·어미
'의존 명사'는 하나의 단어이니까 띄어 쓰고, '접사'나 '어미'는 단어가 아니므로 붙여 쓴다.
예 의존 명사: 그를 만난∨지도 꽤 오래되었다.
접사·어미: 기분이 좋은지 휘파람을 분다.

1. 띄어쓰기의 원칙

제1장 제2항 문장의 각 단어는 띄어 씀을 원칙으로 한다.✿

2. 띄어쓰기

(1) 조사

제5장 제41항 조사는 그 앞말에 붙여 쓴다.

예 꽃이, 멀리는, 웃고만
　* 조사가 둘 이상 연속되거나 어미 뒤에 붙을 때에도 그 앞말에 붙여 쓴다.
예 나에게만이라도, 말하면서까지도

(2) 의존 명사

제5장 제42항 의존 명사는 띄어 쓴다.

예 아는 것이 힘이다. / 먹을 만큼 먹어라.

(3) 숫자

제5장 제44항 수를 적을 적에는 '만(萬)' 단위로 띄어 쓴다. (경∨조∨억∨만)

예 십이억 삼천사백오십육만 칠천팔백구십팔

(4) 연결이나 열거

제5장 제45항 두 말을 이어 주거나 열거할 적에 쓰이는 다음의 말들은 띄어 쓴다.

예 국장 겸 과장 / 책상, 걸상 등이 있다.

3. 붙여 쓰기 허용

(1) 단음절 단어

제5장 제46항 단음절로 된 단어가 연이어 나타날 적에는 붙여 쓸 수 있다.

예

원칙	허용
좀∨더∨큰∨것	좀더∨큰 것
한∨잎∨두∨잎	한잎∨두잎

(2) 본용언+보조 용언

> 제5장 제47항 보조 용언은 띄어 씀을 원칙으로 하되, 경우에 따라 붙여 씀도 허용한다.

원칙	허용
(불이) 꺼져∨간다	(불이) 꺼져간다
(내 힘으로) 막아∨낸다	(내 힘으로) 막아낸다

(3) 성과 이름, 성과 호

> 제5장 제48항 성과 이름, 성과 호 등은 붙여 쓰고, 이에 덧붙는 호칭어, 관직명 등은 띄어 쓴다.

(4) 성명 이외의 고유 명사

> 제5장 제49항 성명 이외의 고유 명사는 단어별로 띄어 씀을 원칙으로 하되, 단위별로 띄어 쓸 수 있다.

원칙	허용
대한∨중학교	대한중학교
한국∨대학교∨사범∨대학	한국대학교∨사범대학

(5) 전문 용어

> 제5장 제50항 전문 용어는 단어별로 띄어 씀을 원칙으로 하되, 붙여 쓸 수 있다.

원칙	허용
만성∨골수성∨백혈병	만성골수성백혈병
중거리∨탄도∨유도탄	중거리탄도유도탄

4. 문장 부호

① 마침표(.)
② 물음표(?)★
③ 느낌표(!)
④ 쉼표(,)
⑤ 가운뎃점(·)
⑥ 쌍점(:)
⑦ 빗금(/)
⑧ 큰따옴표(" ")
⑨ 작은따옴표(' ')
⑩ 소괄호(( ))
⑪ 중괄호({ })
⑫ 대괄호([ ])★
⑬ 겹낫표(『 』)와 겹화살괄호(《 》)
⑭ 홑낫표(「 」)와 홑화살괄호(〈 〉)
⑮ 줄표(—)
⑯ 붙임표(-)
⑰ 물결표(~)
⑱ 드러냄표(˙)와 밑줄
⑲ 숨김표(○, ×)
⑳ 빠짐표(□)
㉑ 줄임표(……)

✦ 더 알아보기

본용언과 보조 용언의 띄어쓰기 팁
① 원칙은 띄어쓰기! 붙여 쓰기도 허용!
② 본용언이 복합어거나 조사가 있으면 무조건 띄어쓰기!
③ 단, 복합어라도 2음절 이하는 붙여 쓸 수 있다.

★ 물음표의 개수는 아래와 같다.
1. 독립적인 질문일 때
   → 각각 물음표 사용
2. 선택적인 질문일 때
   → 맨 끝에 하나만 사용
예 · 독립적 물음: 너는 여기에 언제 왔니? 어디서 왔니? 무엇하러 왔니?
   · 선택적 물음: 너는 중학생이냐, 고등학생이냐?

★ 고유어에 대응하는 한자어(외래어나 외국어 포함)를 함께 보일 때는 대괄호를 사용한다.
예 나이[年歲], 할아버지[祖父], 낱말[word]

왼쪽 단 (해설)

01

읽는데 → 읽는∨데: 문맥상 책을 읽기까지 걸린 '시간'이 3일이라는 의미이다. 따라서 '데'는 의존 명사이므로 '읽는∨데'로 띄어 써야 한다.

오답체크

① '이나마'는 어떤 상황이 이루어지거나 어떻다고 말해지기에는 부족한 조건이지만 아쉬운 대로 인정됨을 나타내는 보조사이므로 체언 '몸'과 붙여 쓴 것은 옳다.
③ '살'은 관형어이므로 '만하다'와 띄어 쓴 것은 옳다.
④ '따위'는 의존 명사이므로 '괴로움'과 띄어 쓴 것은 옳다.

02

'넣는'은 동사 '넣다'의 관형사형, '족족'은 부사이다. 단어끼리 띄어 써야 하므로, '넣는∨족족'으로 띄어 쓴 것은 옳다.

오답체크

① 많을∨뿐더러 → 많을뿐더러: '-을뿐더러'는 어미이다. 따라서 어간 '많-'과 붙여 써야 한다.
② 주기는∨커녕 → 주기는커녕: '커녕'은 조사이므로 앞말에 붙여 써야 한다.
④ 보이는구먼∨그래 → 보이는구먼그래: '그래'는 조사이므로 앞말에 붙여 써야 한다.

03

'총-'은 '전체를 아우르는' 또는 '전체를 합한'의 뜻을 나타내는 접두사이다. 어근과 접사는 붙여 쓴다. 따라서 '총금액'으로 붙여 쓴 것은 옳다.

오답체크

① 못했다 → 못∨했다: '못'은 부정 부사이므로, '못∨했다'로 붙여 써야 한다.
③ 한달간 → 한∨달간: '한∨달'은 한 단어가 아니므로 띄어 써야 한다. 한편, '-간'은 '동안'의 뜻을 더하는 접미사이므로 '달'과 붙여 쓴 것은 옳다.
④ 제문제 → 제∨문제: '제-(諸)'는 '여러'의 뜻을 나타내는 관형사이다. 따라서 '제∨문제'로 띄어 써야 한다.
⑤ 할∨지 → 할지: '지'는 의존 명사가 아니라 어미 '-ㄹ지'의 일부이다. 따라서 '할지'로 붙여 써야 한다.

[정답]

01 ② 02 ③ 03 ②

오른쪽 단 (문제)

01 다음 중 밑줄 친 부분의 띄어쓰기가 적절하지 않은 것은?

2023 군무원 9급

① 가진 게 없으면 몸이나마 건강해야지.
② 그 책을 다 읽는데 삼 일이 걸렸다.
③ 그는 그런 비싼 차를 살 만한 형편이 못 된다.
④ 그 고통에 비하면 내 괴로움 따위는 아무것도 아니었다.

02 다음 중 밑줄 친 부분이 '띄어쓰기' 규정에 따른 것은? ('∨'는 '띄어 쓴다'는 표시임)

2023 군무원 7급

① 그는 재산이 많을∨뿐더러 재능도 엄청 많다.
② 선물을 주기는∨커녕 쳐다보지도 않더라.
③ 원서를 넣는∨족족 합격을 하네.
④ 기분이 좋아 보이는구먼∨그래.

03 밑줄 친 부분의 띄어쓰기가 맞는 것은?

2023 국회직 8급

① 일이 있어서 숙제를 못했다.
② 총금액이 얼마 되지 않는다.
③ 한달간 전국 일주 여행을 하고 돌아왔다.
④ 현대사회의 제문제에 대한 토론을 하였다.
⑤ 이번 방학에 무엇을 해야 할 지 모르겠다.

04 다음 밑줄 친 낱말 중 띄어쓰기가 옳은 것은?

2022 군무원 7급

① 세달이 지나도록

② 수업이 끝난 지도

③ 집에 갈 생각 뿐이었다.

④ 노력한만큼 이루어진다.

04

'지'가 '시간의 경과'의 의미일 때는 의존 명사이기 때문에 앞말과 띄어 쓴다. 따라서 '끝난∨지도'의 띄어쓰기는 옳다.

오답체크

① 세달 → 세∨달: '세'는 관형사이고, '달'은 의존 명사이다. 단어끼리는 띄어서 쓰기 때문에 '세∨달'로 띄어 써야 한다.

③ 생각∨뿐이었다 → 생각뿐이었다: '뿐'은 조사이다. 따라서 체언 '생각'에 붙여 써야 한다.

④ 노력한만큼 → 노력한∨만큼: 관형어 '노력한' 뒤의 '만큼'은 의존 명사이다. 따라서 관형어 '노력한'과 띄어 써야 한다.

05 다음 중 띄어쓰기가 가장 옳은 것은?

2022 군무원 9급

① 지난 달에 나는 딸도 만날겸 여행도 할겸 미국에 다녀왔어.

② 이 회사의 경비병들은 물 샐 틈없이 경비를 선다.

③ 저 사과들 중에서 좀더 큰것을 주세요.

④ 그 사람은 감사하기는 커녕 적게 주었다고 원망만 하더라.

05

단음절로 된 단어가 연이어 나타날 적에는 붙여 쓸 수 있다는 규정에 따라 '좀∨더∨큰∨것'이 원칙이지만, '좀더∨큰것'으로 붙여 쓰는 것도 가능하다.
따라서 ③의 띄어쓰기는 옳다.

오답체크

① • 지난∨달 → 지난달: '지난달'은 한 단어이므로 붙여 써야 한다.
• 만날겸, 할겸 → 만날∨겸, 할∨겸: '겸'은 의존 명사이다. 따라서 관형어 '만날', '할'과 띄어 써야 한다.

② 물∨샐∨틈없이 → 물샐틈없이: '물샐틈없이'는 비유적으로 '조금도 빈틈이 없이'라는 뜻을 가진 부사로, 하나의 단어이다. 따라서 붙여 써야 한다.

④ 감사하기는∨커녕 → 감사하기는커녕: 조사끼리는 붙여 써야 한다. 따라서 보조사 '는'과 '커녕'을 모두 붙여 써야 한다.

06 띄어쓰기가 올바른 것은?

2022 소방직 경력채용

① 그∨보다∨좋은∨방법은∨없는∨것∨같다.

② 집에서∨부터∨학교까지∨한참을∨달렸다.

③ 이∨곳은∨내가∨방문한지∨일주일이∨되었다.

④ 고민을∨하면∨할수록∨답이∨나오지∨않았다.

06

단어끼리는 띄어 쓴다. 한편, '조사'는 단어이지만 앞말에 붙여 쓴다. 따라서 '고민을 하면 할수록 답이 나오지 않았다.'의 띄어쓰기는 바르다.

오답체크

① 그∨보다 → 그보다: '보다'는 조사이다. 체언과 조사는 붙여 써야 하므로 '그보다'로 붙여 써야 한다.

② 집에서∨부터 → 집에서부터: '에서'와 '부터'는 조사이다. 조사끼리는 붙여 써야 하므로 '집에서부터'로 붙여 써야 한다.

③ • 이∨곳 → 이곳: '이곳'은 한 단어이므로 붙여 써야 한다.
• 방문한지 → 방문한∨지: 방문하고 일주일의 '시간이 경과'했다는 의미이다. 이를 볼 때, '지'는 의존 명사이므로 '방문한∨지'로 띄어 써야 한다.

[정답]

04 ② 05 ③ 06 ④

07

의존 명사는 앞말과 띄어 쓰고, 조사는 앞말에 붙여 쓴다. '들'은 의존 명사이다. 따라서 '사과, 감, 귤'과 띄어 쓰고, 조사 '이'와는 붙여 쓴다.

오답체크

① 키는 장대∨만큼 → 키는 장대만큼: '장대'가 명사이기 때문에 '만큼'은 의존 명사가 아니라 조사이다. 따라서 '장대'에 붙여 쓴다.

③ 세 시간만에 → 세 시간∨만에: '시간' 뒤의 '만'은 '시간의 경과'를 나타내는 의존 명사이다. 따라서 '시간'과 띄어 쓴다.

④ 대답이 맞는∨지 → 대답이 맞는지: '지'는 막연한 의문이 있는 채로 그것을 뒤 절의 사실이나 판단과 관련시키는 데 쓰는 연결 어미 '-는지'의 일부이다. 따라서 '맞는지'와 같이 붙여 쓴다.

07 밑줄 친 부분의 띄어쓰기가 옳은 것은?

① 그 친구의 <u>키는 장대 만큼</u> 크다.

② 그 친구의 집에는 <u>사과, 감, 귤 들이</u> 많이 있다.

③ 그 친구와 연락한 지 <u>세 시간만에</u> 만났다.

④ 그 친구의 <u>대답이 맞는 지</u> 모르겠다.

08

잘될∨듯∨싶었다 → 잘될∨듯싶었다: '듯하다'는 하나의 단어이므로 붙여 써야 한다.
※ '듯도 싶다'처럼 '듯'과 '싶다' 사이에 보조사가 왔다면, 이 경우에는 띄어 써야 한다.

오답체크

① '만하다'는 한 단어이므로 붙여 쓴 것은 옳다.

② '하고∨싶다(싶은)'는 본용언과 보조 용언의 관계이므로 띄어 쓴 것은 옳다. '대로'는 의존 명사이므로 관형어 '싶은'과 띄어 쓴 것은 옳다. '테야'는 의존 명사 '터'에 서술격 조사 '이다'의 활용형 '이야'가 붙은 말이다. 따라서 '테야'로 붙여 쓰고, '할'과 띄어 쓴 것은 옳다.

④ '체하다'는 한 단어이므로 붙여 쓴다. 그러나 사이에 조사 '를'이 들어갔기 때문에 '체를∨하다'로 띄어 쓴 것은 옳다.

08 띄어쓰기가 가장 옳지 않은 것은?

① 이∨일도∨이제는∨할∨만하다.

② 나는∨하고∨싶은∨대로∨할∨테야.

③ 다음부터는∨일이∨잘될∨듯∨싶었다.

④ 그녀는∨그∨사실에∨대해∨아는∨체를∨하였다.

[정답]

07 ② 08 ③

09 밑줄 친 부분의 띄어쓰기가 옳지 않은 것은?

① 비가 올성싶다.

② 자네가 이야기를 좀 하게나그려.

③ 집을 떠나온 지 어언 3년이 지났다.

④ 복도에서 친구가 먼저 나에게 알은척했다.

⑤ 그는 불황을 타개하기 위해 사업 차 외국에 나갔다.

---

10 다음 띄어쓰기 규정의 '원칙'에 맞게 쓴 것 중 가장 적절한 것은?

① 희망의∨불씨가∨꺼져간다.

② 한국대학교∨사범대학∨최치원∨교수

③ 이천십팔∨년∨삼∨월∨이십사∨일∨제일∨차∨공무원∨시험

④ 제발∨여기에서만이라도∨집에서∨처럼∨못∨되게∨굴지∨않았으면∨좋겠다.

---

11 다음 중 띄어쓰기가 바르지 않은 것은?

① 오늘은 비가 올 듯한 날씨다.

② 그 사람은 거짓말을 밥 먹듯한다.

③ 꼬마는 잘 모르겠다는 듯이 눈만 껌벅이고 있었다.

④ 그가 말했듯이 자기의 앞날은 자기가 책임져야 한다.

09

사업∨차 → 사업차: '−차'는 '목적'의 뜻을 더하는 접미사이다. 따라서 어근 '사업'에 붙여 써야 한다.

오답체크

① 본용언과 보조 용언은 띄어 쓰는 게 원칙이지만, 붙여 쓸 수도 있다. 따라서 본용언 '올'과 보조 용언 '성싶다'를 붙여 쓴 것은 옳다.

② '그려'는 청자에게 문장의 내용을 강조함을 나타내는 보조사이다. 보조사는 앞말에 붙여 쓰기에 '하게나그려'로 붙여 쓴 것은 옳다.

③ 집을 떠나고 3년의 시간이 '경과'했다는 의미이므로 '지'는 의존 명사이다. 따라서 '떠나온'과 '지'를 띄어 쓴 것은 옳다.

④ '알은척하다'는 '사람을 보고 인사하는 표정을 짓다.'라는 의미를 가진 한 단어이다. 따라서 붙여 쓴 것은 옳다.

10

띄어쓰기 규정의 '원칙'에 따르면 단위를 나타내는 명사는 띄어 써야 한다. 따라서 단위 '년', '월', '일', '차'를 모두 띄어 쓴 ③의 표기는 띄어쓰기 규정의 '원칙'을 따른 것이다.

오답체크

① 띄어쓰기 규정의 '원칙'에 따르면 본용언과 보조 용언은 띄어 써야 한다. 따라서 '꺼져간다'를 '꺼져∨간다'로 표기해야 한다.

② 띄어쓰기 규정의 '원칙'에 따르면 성명 이외의 고유 명사는 단어별로 띄어 써야 한다. 따라서 '한국대학교∨사범대학'을 '한국∨대학교∨사범∨대학'으로 표기해야 한다.

④ • 집에서∨처럼 → 집에서처럼: 조사끼리는 붙여 써야 하므로 '집에서처럼'으로 표기해야 한다.
• 못∨되게 → 못되게: '악하다'의 의미로 쓰였기 때문에 '못되게(못되다)'는 한 단어이므로 '못되게'와 같이 붙여서 표기해야 한다.

11

밥∨먹듯한다 → 밥∨먹듯∨한다: 보조 용언 '듯하다'가 붙은 말이 아니라, 어간 '먹−'에 어미 '−듯'이 붙은 말이다. 또한 접미사 '−하다'가 아니라 동사 '하다'이므로 반드시 '먹듯 하다'와 같이 띄어 써야 한다.

※ 어미 '듯이' VS 의존 명사 '듯이'
예 먹듯이(어미) / 먹는 듯이(의존 명사)

[정답]

09 ⑤ 10 ③ 11 ②

PART 6

국어 규따 해커스공무원 해원국어 적중 여신의 압도적 문법

12

'[붙임1] 한 문장 안에 몇 개의 선택적인 물음이 이어질 때는 맨 끝의 물음에만 쓰고, 각 물음이 독립적일 때는 각 물음의 뒤에 쓴다.'를 볼 때, '너는 중학생이냐, 고등학생이냐?'로 고쳐야 한다.

오답체크
② '(1) 의문문이나 의문을 나타내는 어구의 끝에 쓴다.'의 예문이다.
③ '(2) 특정한 어구의 내용에 대하여 의심, 빈정거림 등을 표시할 때, 또는 적절한 말을 쓰기 어려울 때 소괄호 안에 쓴다.'의 예문이다.
④ '(3) 모르거나 불확실한 내용임을 나타낼 때 쓴다.'의 예문이다.

12 다음은 <한글 맞춤법>의 문장부호 사용법에 대한 설명이다. 이 설명에 어긋나는 예문은?

2023 군무원 9급

> <물음표(?)>
> (1) 의문문이나 의문을 나타내는 어구의 끝에 쓴다.
> [붙임1] 한 문장 안에 몇 개의 선택적인 물음이 이어질 때는 맨 끝의 물음에만 쓰고, 각 물음이 독립적일 때는 각 물음의 뒤에 쓴다.
> (2) 특정한 어구의 내용에 대하여 의심, 빈정거림 등을 표시할 때, 또는 적절한 말을 쓰기 어려울 때 소괄호 안에 쓴다.
> (3) 모르거나 불확실한 내용임을 나타낼 때 쓴다.

① 너는 중학생이냐? 고등학생이냐?
② 이번에 가시면 언제 돌아오세요?
③ 주말 내내 누워서 텔레비전만 보고 있는 당신도 참 대단(?)하네요.
④ 노자(? ~ ?)는 중국 춘추 시대의 사상가로도를 좇아서 살 것을 역설하였다.

13

| 우리말 (國語) ↓ 우리말 [國語] | 괄호 안의 단어와 괄호 밖의 단어의 독음이 일치할 적에는 소괄호( )를 쓴다. 하지만, 독음이 일치하지 않을 적에는 대괄호[ ]를 쓴다. 괄호 안의 독음은 '國語(나라 국, 말씀 어)'이므로 '우리말'과 독음이 일치하지 않는다. 따라서 '우리말[國語]'로 적어야 한다. |
| " "고 ↓ " "라고 | 직접 인용 부사격 조사는 '라고'이고, 간접 인용 부사격 조사는 '고'이다. 큰따옴표" "는 남의 말을 직접 인용할 적에 쓴다. 큰따옴표의 사용을 바르게 하기 위해서는 인용격 조사 '고' 대신 '라고'를 적어야 한다. |

오답체크
① 괄호 안의 단어와 괄호 밖의 단어의 독음이 일치할 적에는, 소괄호( )를 쓴다. '한'과 '恨(한)'의 독음은 동일하기 때문에, 문장 부호의 쓰임은 적절하다.
③ 남의 말을 직접 인용할 때는 큰따옴표(" ")를 쓴다. 선배의 말을 직접 인용한 경우이므로 큰따옴표의 쓰임은 적절하다. 한편, 줄임표는 여섯 점을 찍는 것이 원칙이나 세 점을 찍는 것도 허용된다. 또한 가운데에 세 점을 찍거나 아래에 세 점을 찍어서 나타낼 수 있다. 따라서 마침표를 포함하여 네 점을 찍은 "나는 시민을...."의 쓰임은 적절하다.
④ 아라비아 숫자만으로 연월일(年月日)을 표시할 적에 마침표를 쓴다. 따라서 마침표의 쓰임은 적절하다.

13 현행 <한글 맞춤법>에 따른 문장 부호의 사용으로 가장 적절하지 않은 것은?

2019 경찰 1차

① 이는 한국을 대표하는 정신, 즉 '한(恨)'을 말한다.
② 그는 "우리말(國語)을 사랑해야 한다."고 말했다.
③ 선배가 "나는 시민을...." 하면서 가셨는데 말끝을 잘 듣지 못했다.
④ 날짜: 2019. 4. 27. 토요일

[정답]

12 ①   13 ②

14 다음 문장 부호의 쓰임으로 가장 적절하지 않은 것은?

2018 경찰 1차

① "나는 너를…." 하고 뒤돌아섰다.

② 그녀의 50세 나이(年歲)에 사랑의 꽃을 피웠다.

③ '환경 보호 — 숲 가꾸기 —'라는 제목으로 글짓기를 했다.

④ 윤동주의 유고 시집인 《하늘과 바람과 별과 시》에는 31편의 시가 실려 있다.

15 묶음표의 쓰임이 잘못된 것은?

2015 지방직 9급

① 나는 3 · 1운동(1919) 당시 중학생이었다.

② 그녀의 나이(年歲)가 60세일 때 그 일이 터졌다.

③ 젊음[희망(希望)의 다른 이름]은 가장 아름다운 꽃이다.

④ 국가의 성립 요소 $\left\{\begin{array}{l}영토\\국민\\주권\end{array}\right.$

14

나이(年歲) → 나이[年歲]: 묶음표 안의 말이 바깥 말과 음이 다를 때에는 대괄호 '[ ]'를 써야 한다. 따라서 괄호 안의 '연세(年歲)'는 '( )'이 아니라 '[ ]'을 써야 한다.

오답체크

① 직접 인용이므로 큰따옴표(" ")를 사용한 것은 적절하다.

③ 제목 다음에 표시하는 부제의 앞뒤에 줄표(—)를 사용한 것은 적절하다.

④ 책의 제목에 겹화살괄호(《》)를 사용한 것은 적절하다.

　※ 책의 제목, 신문 이름은 겹화살괄호 (《》), 겹낫표(『』), 큰따옴표(" ")를 사용한다.

　※ 나머지 명칭은 홑화살괄호(〈 〉), 홑낫표(「」), 작은따옴표(' ')를 사용한다.

15

나이(年歲) → 나이[年歲]: 묶음표 안의 말의 음(연세)과 바깥 말의 음(나이)이 서로 다르므로 '소괄호( )'가 아닌 '대괄호[ ]'를 써야 한다.

오답체크

① 연대를 표시할 때는 '소괄호( )'를 사용하므로 적절하다.

③ 묶음표 안에 또 묶음표가 있을 때는 바깥쪽에 '대괄호[ ]'를 사용하므로 적절하다.

④ 같은 범주에 속하는 여러 요소를 세로로 묶어서 보일 때, 혹은 선택이 가능한 항목의 나열일 때는 '중괄호{ }'를 사용하므로 적절하다.

[정답]

14 ② 　15 ②

01 다음 <보기>의 숫자를 바르게 띄어 쓴 것은?

> 보기
>
> 9,863,427,815

① 구십팔억 육천삼백사십이만 칠천팔백십오

② 구십팔억 육천삼백 사십이만칠천팔백십오

③ 구십팔억육천삼백 사십이만칠천 팔백십오

④ 구십팔억 육천삼백 사십이만 칠천 팔백십오

02 다음 중 띄어쓰기를 잘못 수정한 것은?

① 그는 나 보다 두 살 위이다. → 그는 나보다 두 살 위이다.

② 거기에 백 명이나 모였다고? → 거기에 백명이나 모였다고?

③ 그꼴로 어딜 그렇게 돌아다녔니? → 그 꼴로 어딜 그렇게 돌아다녔니?

④ 어제같이 저녁 먹은 사람이 누구지? → 어제 같이 저녁 먹은 사람이 누구지?

03 밑줄 친 부분의 띄어쓰기가 바르지 않은 것은?

① 얼마 <u>되겠느냐 마는</u> 네가 다 쓰도록 해라.

② 여기는 비가 온 <u>지</u> 석 달이 지났다.

③ 나름대로 <u>노력하는 데서</u> 미래를 그려본다.

④ 그가 나를 <u>속일 줄은</u> 꿈에도 생각을 못 했다.

04 다음 문장의 띄어쓰기를 바로잡기 위해 적용될 규정들로 묶인 것은?

> 제42항 의존 명사는 띄어 쓴다.
> 제43항 단위를 나타내는 명사는 띄어 쓴다.
> 제45항 두 말을 이어 주거나 열거할 적에 쓰이는 다음의 말들은 띄어 쓴다.
> 제46항 단음절로 된 단어가 연이어 나타날 적에는 붙여 쓸 수 있다.
> 제47항 보조 용언은 띄어 씀을 원칙으로 하되, 경우에 따라 붙여 씀도 허용한다.
> 제48항 성과 이름, 성과 호 등은 붙여 쓰고, 이에 덧붙는 호칭어, 관직명 등은 띄어 쓴다.

보기

> 학과장겸 도서관장을 맡고 있는 고혜원교수는 매일 오전 4 시에 기상하여 업무를 시작한다.

① 제42항, 제43항
② 제43항, 제45항
③ 제45항, 제48항
④ 제47항, 제48항

05 다음 중 띄어쓰기가 잘못된 것은?

① 이충무공은 우리나라의 영웅이요, 위인이다.
② 같은 값이면 좀더 큰것이 좋지 않을까?
③ 국회의원은 특정 집단의 이익을 대변하는 존재가 되어서는 안 된다.
④ 만년설이 있는 몽블랑 산은 프랑스와 이탈리아 국경에 위치해 있다.

참고 **<외래어 표기법> 개정안**

2017. 3. 28.(문화체육관광부 고시 제2017-14호) 고시된 <외래어 표기법> 일부 개정안에 따라 기존의 "해, 섬, 강, 산 등이 외래어에 붙을 때에는 띄어 쓰고, 우리말에 붙을 때에는 붙여 쓴다."라는 조항이 삭제되었고, 이와 더불어 국립국어원에서는 고유 명사와 결합하는 경우 앞에 오는 말의 어종에 관계없이 붙여 쓰는 총 26항을 추가로 발표하였다(2017. 5. 29.).
⇨ 가(街), 강(江), 고원(高原), 곶(串), 관(關), 궁(宮), 만(灣), 반도(半島), 부(府), 사(寺), 산(山), 산맥(山脈),섬, 성(城), 성(省), 어(語), 왕(王), 요(窯), 인(人), 족(族), 주(州), 주(洲), 평야(平野), 해(海), 현(縣), 호(湖) (총 26항목)

구분	개정 전	개정 후
외래어에 붙을 때	그리스 어, 그리스 인, 게르만 족, 발트 해, 나일 강, 에베레스트 산, 발리 섬, 우랄 산맥, 데칸 고원, 도카치 평야	그리스어, 그리스인, 게르만족, 발트해, 나일강, 에베레스트산, 발리섬, 우랄산맥, 데칸고원, 도카치평야
비외래어에 붙을 때	한국어, 한국인, 만주족, 지중해, 낙동강, 설악산, 남이섬, 태백산맥, 개마고원, 김포평야	한국어, 한국인, 만주족, 지중해, 낙동강, 설악산, 남이섬, 태백산맥, 개마고원, 김포평야

따라서 위에 제시된 26항목과 고유 명사가 결합될 때는 항상 붙여 쓴다.

04

제시된 문장에서 잘못된 띄어쓰기는 '학과장겸 도서관장'과 '고혜원교수'이다.
- 학과장겸 도서관장 → 학과장∨겸∨도서관장: '겸'은 의존 명사로 두 말을 이어 주거나 열거할 적에 앞뒤 말과 띄어 써야 한다. (제45항)
- 고혜원교수 → 고혜원∨교수: 호칭어, 관직명 등은 띄어 써야 한다. (제48항)

05

2017년 외래어 표기법 제4장 제3절 제1장이 삭제됨으로써 그동안 고유어·한자어 뒤에서는 붙여 쓰되 외래어 뒤에서는 띄어 썼던 요소를 고유어, 한자어, 외래어에 관계없이 일관되게 붙여 쓰게 되었다. 따라서 '몽블랑'과 '산'을 띄어 쓴 것은 적절하지 않다.

오답체크
① 성과 호는 붙여 써야 하므로 '이충무공'의 붙여 쓰기는 바르다. '우리나라'는 한 단어이므로 반드시 붙여 적어야 한다.
② 단음절로 된 단어는 연이어 나타날 적에는 붙여 쓸 수 있음으로 '좀∨더∨큰∨것'은 '좀더∨큰것'으로 붙여쓰기가 가능하다.
③ '안'은 '못'과 함께 부정의 뜻을 나타내는 부사일 때는 띄어 써야 한다.

[정답]

04 ③　05 ④

06

생략할 수 있는 요소임을 나타낼 때는 '소
괄호(( ))'를 써야 한다. 대괄호([ ])는 괄호
안에 또 괄호를 써야 할 때, 고유어에 대
응하는 한자어를 함께 쓸 때, 원문에 대한
이해를 돕기 위한 설명이나 논평을 덧붙일
때 사용한다.

오답체크
① '해커스공무원 혜원국어 적중 여신의 압
도적 문법'은 책의 제목이므로 겹낫표(『
』)나 겹화살괄호(《》)를 쓸 수 있다. 더불
어 아라비아 숫자만으로 연월일을 표시
할 때 마침표를 쓸 수 있고, 기간이나 거
리 또는 범위를 나타낼 때 물결표 혹은
붙임표를 쓸 수 있으므로 문장 부호의
쓰임이 모두 적절하다.
③ 의존 명사 '대'를 쓸 자리에 쌍점을 쓸 수
있다. 대부분의 쌍점 표기는 앞말에 붙
여 쓰고 뒤는 띄어 쓰지만, '대'를 대신
하거나, 시와 분, 장과 절 등을 구별할 때
는 앞과 뒤를 붙여 적어야 한다.
④ 짝을 이루는 어구들 사이에 가운뎃점을
쓸 수 있는데, 가운뎃점을 쓰지 않거나
쉼표를 쓸 수 도 있다.

07

고유어에 대응하는 한자어를 함께 보일 때
(음이 다를 때)는 소괄호가 아니라 대괄호
를 쓴다. 따라서 '손발(手足)'이 아니라 '손
발[手足]'이 바른 표기이다.

오답체크
① 한 문장 안에 몇 개의 선택적인 물음
이 이어질 때는 맨 끝의 물음에만 물음
표를 쓴다.
③ 보충적인 내용을 덧붙일 때 소괄호를 사
용한 것은 적절하다.
④ 열거된 항목 중 어느 하나가 자유롭게
선택될 수 있음을 보일 때 중괄호를 사
용한 것은 적절하다.

06 다음 중 문장 부호의 쓰임이 적절하지 않은 것은?

① 『해커스공무원 혜원국어 적중 여신의 압도적 문법』: 2018.8.6. − 2018.9.1.

② 광개토[대]왕은 고구려의 전성기를 이끌었다.

③ 오늘 경기는 2:3으로 종료되었다.

④ 우리는 그 일의 참, 거짓을 따질 겨를도 없었다.

07 다음 중 문장 부호의 사용이 옳지 않은 것은?

① 동생은 고등학생이냐, 대학생이냐?

② 나이 들어 손발(手足)이 점점 차가워진다.

③ 조국 광복(1945) 뒤, 많은 혼란이 있었다.

④ 목적격 조사로는 {을/를}이 조건에 따라 쓰인다.

[정답]
06 ② 07 ②

08 다음 중 문장 부호의 사용이 바르지 않은 것은?

> ㄱ. 오전 10:20(오전 10시 20분)
>
> ㄴ. 그는 "나는 잘 할 수 있어."라고 생각했다.
>
> ㄷ. "어디 나하고 한번……." 하고 민수가 나섰다.
>
> ㄹ. 민수 · 영희, 선미 · 준호가 서로 짝이 되어 윷놀이를 하였다.

① ㄱ   ② ㄴ   ③ ㄷ   ④ ㄹ

08

마음속으로 한 말을 적을 때는 큰따옴표가 아니라 작은따옴표를 쓴다. 따라서 ㄴ은 '나는 잘 할 수 있어.'로 수정해야 한다.

[정답]

08 ②

PART 6

국어 규범 · 해커스공무원 혜원국어 적중 여신의 압도적 문법

1. 표준어 규정의 총칙

⭐ 제1항은 표준어의 계층적 기준, 시대적 기준, 지역적 기준을 담고 있다.

계층	교양 있는 사람들
시대	현대
지역	서울말

> **제1항** 표준어는 교양 있는 사람들이 두루 쓰는 현대 서울말로 정함을 원칙으로 한다. ⭐

2. 제2장 발음 변화에 따른 표준어 규정

(1) 자음

① 거센소리

거센소리 형태가 표준어	거센소리가 나지 않는 형태가 표준어
끄나풀, 나팔꽃, 칸, 털어먹다	가을갈이, 거시기, 분침

② 어원

어원에서 멀어진 형태가 표준어	어원에 가까운 형태가 표준어
강낭콩, 고삿, 사글세, 울력성당	갈비, 갓모, 굴젓, 밀뜨리다

③ 수컷을 이르는 접두사는 '수-'로 통일 ⭐
  예 수꿩, 수나사, 수놈

⭐ '수-'의 표기는 다음과 같다.
1. '수-'로 통일
2. 예외
  ① 거센소리 인정
    예 수캉아지, 수캐, 수컷, 수키와, 수탉, 수탕나귀, 수톨쩌귀, 수태지, 수평아리
  ② 숫-
    예 양, 염소, 쥐

(2) 모음

① 양성 모음·음성 모음

음성 모음으로 바뀐 형태가 표준어	양성 모음 형태가 표준어
깡충깡충, 발가숭이, 봉죽, 오뚝이	부조, 사돈, 삼촌

② 'ㅣ' 모음 역행 동화 ⭐

'ㅣ' 역행 동화한 형태가 표준어	'ㅣ' 역행 동화하지 않은 형태가 표준어
시골내기, 냄비, 동댕이치다	아지랑이

⭐ 기술자는 '-장이', 그 외에는 '-쟁이'로 표기한다.

✦ **더 알아보기**
'윗-'과 '웃-'
1. '윗-'으로 통일
2. 예외
  ① 된소리나 거센소리 앞에서는 '위'
    예 위쪽, 위층
  ② '위/아래' 대립이 없는 단어는 '웃-'
    예 웃국, 웃돈, 웃어른, 웃옷

③ 모음 단순화 예 괴팍하다, 미루나무, 으레, 케케묵다

④ 모음 발음 변화를 인정 예 깍쟁이, 나무라다, 주책, 지루하다, 허드레

⑤ '句'는 '글귀, 귀글'을 제외한 나머지는 모두 '구' 예 구절, 경구, 인용구

3. 표준 발음법의 총칙

> **제1항** 표준 발음법은 표준어의 실제 발음을 따르되, 국어의 전통성과 합리성을 고려하여 정함을 원칙으로 한다.

4. 모음의 발음과 음의 길이

(1) 모음

① 단모음

> **제4항** 'ㅏ ㅐ ㅓ ㅔ ㅗ ㅚ ㅜ ㅟ ㅡ ㅣ'는 단모음(單母音)으로 발음한다.
> [붙임] 'ㅚ[ㅚ/ㅞ], ㅟ[ㅟ]'는 이중 모음으로 발음할 수 있다.

② 이중 모음: 져, 쪄, 쳐[저, 쩌, 처]

> **제5항** 'ㅑ ㅒ ㅕ ㅖ ㅘ ㅙ ㅛ ㅝ ㅞ ㅠ ㅢ'는 이중 모음으로 발음한다.
> **다만 1.** 용언의 활용형에 나타나는 '져, 쪄, 쳐'는 [저, 쩌, 처]로 발음한다.
> 📖 가지어 → 가져[가저], 찌어 → 쪄[쩌], 다치어 → 다쳐[다처]

③ 이중 모음: ㅖ[ㅖ/ㅔ]

> **다만 2.** '예, 례' 이외의 'ㅖ'는 [ㅔ]로도 발음한다.
> 📖 계집[계ː집/게ː집], 혜택[혜ː택/헤ː택](惠澤)

④ 이중 모음: ㅢ

> **다만 3.** 자음을 첫소리로 가지고 있는 음절의 'ㅢ'는 [ㅣ]로 발음한다.
> 📖 늴리리[닐리리], 무늬[무니], 희망[히망]
> **다만 4.** 단어의 첫음절 이외의 '의'는 [ㅣ]로, 조사 '의'는 [ㅔ]로 발음함도 허용한다.
>
> | 첫 음절 이외 | 주의[주의/주이], 협의[혀비/혀비] |
> |---|---|
> | 조사 '의' | 우리의[우리의/우리에], 강의의[강ː의의/강ː이에] |

📌 **더 알아보기**

'ㅢ'의 발음

환경	발음
자음을 첫소리로 가 지는 음절의 'ㅢ'	[ㅣ] 📖 늴리리[닐리리]
단어의 첫음절 이외 의 'ㅢ'	[ㅢ](원칙), [ㅣ](허용) 📖 주의[주의/주이]
조사 'ㅢ'	[ㅢ](원칙), [ㅔ](허용) 📖 우리의[우리의/우리에]

(2) 음의 길이

① 긴소리로 발음

> **제6항** 모음의 장단을 구별하여 발음하되, 단어의 첫음절에서만 긴소리가 나타나는 것을 원칙으로 한다.
> **다만,** 합성어의 경우에는 둘째 음절 이하에서도 분명한 긴소리를 인정한다.
> [붙임] 용언의 단음절 어간에 어미 '-아/-어'가 결합되어 한 음절로 축약되는 경우에도 긴소리로 발음한다.
> **다만,** '오아→와, 지어→져, 찌어→쪄, 치어→쳐' 등은 긴소리로 발음하지 않는다.

② 짧은소리로 발음

> 1. 단음절인 용언 어간에 모음으로 시작된 어미가 결합되는 경우
> 2. 용언 어간에 피동, 사동의 접미사가 결합되는 경우

🏆 'Day 03 음운 변동' 참고

📌 **더 알아보기**

겹받침의 발음

겹받침	환경	발음	예외
ㄳ, ㄵ, ㅄ		[ㄱ, ㄴ, ㅂ]	
ㄼ, ㄽ, ㄾ	앞의 자음으로 발음	[ㄹ]	ㄼ의 예외 (어간이 '밟-', 어간이 '넓-'이 붙은 복합어)
ㅀ, ㄶ		[ㄴ, ㄹ]	
ㄺ, ㄻ, ㄿ	뒤의 자음으로 발음	[ㄱ, ㅁ, ㄹ]	용언 'ㄺ' 어간은 'ㄱ' 어미를 만나면 'ㄺ+ㄱ=[ㄹ ㄲ]'으로 발음

연음 법칙

후속 형태소	연음 법칙
모음으로 시작하는 형식 형태소	끝소리 자음이 다음 음절의 첫소리로 연음 예 꽃이[꼬치]
모음으로 시작하는 실질 형태소	음절의 끝소리 규칙에 따라 교체(바로 연음 ×) 예 꽃잎[꼳입 → 꼳닙 → 꼰닙]

🏆 'Day 03 음운 변동' 참고

5. 받침의 발음★

(1) 음절의 끝소리 규칙

(2) 홑받침과 쌍받침의 발음

(3) 겹받침의 발음

(4) 'ㅎ'의 발음

(5) 연음법칙

6. 음운 변동★

(1) 음의 동화

① 구개음화

② 비음화

③ ㄹ 비음화

④ 유음화

⑤ 연구개음화, 양순음화(조음 위치 동화) → 비표준 발음

⑥ 이중 모음화

(2) 경음화

① 단어 형성 과정에서의 된소리되기

② 활용 과정에서의 된소리되기

③ 관형사형 '-(으)ㄹ' + ㄱ, ㄷ, ㅂ, ㅅ, ㅈ → [ㄲ, ㄸ, ㅃ, ㅆ, ㅉ]

(3) 첨가

① ㄴ 첨가

② ㅅ 첨가 → 사이시옷

01 밑줄 친 부분이 표준어로 쓰인 것은?

① 그 친구는 <u>허구헌</u> 날 놀러만 다닌다.

② 닭을 <u>통째로</u> 구우니까 더 먹음직스럽다.

③ 발을 잘못 디뎌서 <u>하마트면</u> 넘어질 뻔했다.

④ 언니가 허리가 <u>잘룩하게</u> 들어간 코트를 입었다.

02 밑줄 친 단어의 쓰임이 올바른 것은?

① 가슴을 <u>옭죄는</u> 아픔이 밀려왔다.

② 나는 해마다 양력과 음력으로 설을 <u>쇤다.</u>

③ 퇴근하는 길에 포장마차에 <u>들렸다가</u> 친구를 만났다.

④ 바지의 해어진 부분에 <u>짜집기</u>를 했다.

03 복수 표준어로 인정된 단어들의 짝이 아닌 것은?

① 굽신거리다 – 굽실거리다

② 꺼림직하다 – 꺼림칙하다

③ 남사스럽다 – 남우세스럽다

④ 두루뭉술하다 – 두리뭉실하다

⑤ 야무지다 – 야물딱지다

01

'나누지 아니한 덩어리 전부.'라는 뜻을 가진 단어 '통째'와 부사격 조사 '로'가 결합한 '통째로'의 표기는 표준어이다.

오답체크

① 허구헌 → 허구한
③ 하마트면 → 하마터면
④ 잘룩하게 → 잘록하게

02

'명절, 생일, 기념일 같은 날을 맞이하여 지내다.'라는 의미를 가진 단어의 기본형은 '쇠다'이므로, 그 쓰임이 적절하다.

오답체크

① 옭죄는 → 옥죄는: '옥여 바싹 죄다.'라는 의미를 가진 단어는 '옥죄다'이다.
③ 들렸다가 → 들렀다가: '지나는 길에 잠깐 들어가 머무르다.'라는 의미를 가진 단어는 '들르다'이다. 따라서 활용형은 '들렀다가'이다.
④ 짜집기 → 짜깁기: '직물의 찢어진 곳을 그 감의 올을 살려 본디대로 흠집 없이 짜서 깁는 일'이라는 의미를 가진 단어는 '짜깁기'이다. 즉 '짜다 + 깁다'가 결합한 말이기 때문에 '짜깁기'로 표기해야 한다.

03

'야물딱지다'는 '야무지다'의 방언으로 표준어가 아니다.

오답체크

① '굽신거리다'는 본래 '굽실거리다'의 비표준어였으나 2014년 12월 국립국어원에서 '굽실거리다'와 동일한 뜻으로 널리 쓰이는 것으로 판단하여 복수 표준어로 인정하였다.
② '꺼림직하다'는 본래 '꺼림칙하다'의 비표준어였으나 2018년 국립국어원에서 표준어로 인정하였다.
③ '남사스럽다'는 본래 '남우세스럽다'의 비표준어였으나 2011년 8월 국립국어원에서 '남우세스럽다'와 동일한 뜻으로 널리 쓰이는 것으로 판단하여 복수 표준어로 인정하였다.
④ '두리뭉실하다'는 본래 '두루뭉술하다'의 비표준어였으나 2011년 8월 국립국어원에서 '두루뭉술하다'와 어감에 차이가 있는 것으로 판단하여 표준어로 인정하였다.

[정답]

01 ② 02 ② 03 ⑤

04

'으례'는 원래 '의례(依例)'에서 '으례'가 되었던 것인데 '례'의 발음이 '레'로 바뀌었으므로 '으레'를 표준어로 삼는다. 따라서 '으레'는 표준어 규정에 맞게 쓰인 것이다.

오답체크
① 수염소 → 숫염소: '양, 염소, 쥐'에는 접두사 '숫-'을 쓴다.
② 윗층 → 위층: 된소리나 거센소리 앞에는 사이시옷을 받쳐 적지 않는다.
③ 아지랭이 → 아지랑이: 'ㅣ' 모음 역행 동화가 일어나지 않은 '아지랑이'가 표준어이다.

05

'귀밑에서 턱까지 잇따라 난 수염'을 이르는 말은 '구레나룻'만 표준어이다.

06

꼬매고 → 꿰매고: '깁다'라는 의미를 가진 단어는 '꿰매다'이다.
※ 꿰매다: 옷 따위의 해지거나 뚫어진 데를 바늘로 깁거나 얽어매다.

오답체크
② '빠삭하다'는 '어떤 일을 자세히 알고 있어서 그 일에 대하여 환하다.'라는 뜻을 표준어이다.
③ '계면쩍다'는 '겸연쩍다(쑥스럽거나 미안하여 어색하다.)'의 변한말로 표준어이다.
④ '어중되다'는 '이도 저도 아니어서 어느 것에도 알맞지 아니하다.'라는 뜻을 가진 표준어이다.

04 밑줄 친 단어가 표준어 규정에 맞게 쓰인 것은?   2023 국가직 9급

① 저기 보이는 게 암염소인가, 수염소인가?

② 오늘 윗층에 사시는 분이 이사를 가신대요.

③ 봄에는 여기저기에서 아지랭이가 피어오른다.

④ 그는 수업을 마치면 으레 친구들과 운동을 한다.

05 다음 중 표준어끼리 짝지어진 것이 아닌 것은?   2023 군무원 7급

① 만날 – 맨날

② 가엾다 – 가엽다

③ 멀찌감치 – 멀찌가니

④ 구레나룻 – 구렛나루

06 밑줄 친 말이 표준어가 아닌 것은?   2022 지방직 7급

① 그는 구멍 난 양말을 꼬매고 있다.

② 그는 자동차에 대해서 빠삭한 편이다.

③ 그는 나를 보고 계면쩍게 웃기만 했다.

④ 밥을 제대로 차려 먹기에는 어중된 시간이다.

[정답]
04 ④   05 ④   06 ①

07 다음 중 표준어가 아닌 것은?

① 발가숭이

② 깡총깡총

③ 뻗정다리

④ 오뚝이

07

깡총깡총 → 깡충깡충: '짧은 다리를 모으고 자꾸 힘있게 솟구쳐 뛰는 모양'을 이르는 표준어는 '깡충깡충'으로, 모음조화가 지켜지지 않은 형태가 표준어인 경우이다.

---

08 표준어로만 묶인 것은?

① 웃돈, 위어른, 윗옷

② 윗배, 윗쪽, 윗마을

③ 윗니, 윗입술, 위층

④ 윗넓이, 웃목, 윗자리

08

'윗니, 윗입술, 위층'은 모두 표준어이다.

오답체크

① 위어른 → 웃어른: '위/아래'의 대립이 없을 때는 '웃-'을 사용한다. 따라서 '웃어른'이 표준어이다.

② 윗쪽 → 위쪽: 된소리나 거센소리 앞에서 'ㅅ'을 표기하지 않는다. 따라서 '위쪽'이 표준어이다.

④ 웃목 → 윗목: '웃-'은 '위/아래'의 대립이 없을 때만 사용할 수 있다. '아랫목'이 존재하기 때문에 '윗목'이 표준어이다.

---

09 단어의 표준 발음으로 가장 옳지 않은 것은?

① 장대비[장대삐/장댇삐]

② 장맛비[장마삐/장맏삐]

③ 안간힘[안깐힘/안간힘]

④ 효과[효:과/효:꽈]

09

'장대비'의 표준 발음은 [장때비]이다.

[정답]

07 ②   08 ③   09 ①

10

'-(으)려고 하여야'가 줄어든 '-(으)려야'를 쓴 '읽으려야'만 표준어이다.

오답체크
① '찰지다'는 '차지다'의 방언이었으나 2015년 12월 국립국어원에서 '차지다'의 원래말로 보고 표준어로 인정하였다.
③ 'ㅎ'이 탈락하지 않은 활용형은 비표준어였으나, 현실의 쓰임이 반영되어 2015년에 표준 활용형으로 인정되었다.
④ '주책이다'는 본래 '주책없다'의 비표준어였으나 국립국어원에서 '주책없다'와 동일한 뜻으로 널리 쓰이는 것으로 판단하여 표준어로 인정하였다.

11

①의 '수캉아지, 수탕나귀, 수평아리'의 표기와 ④의 '깡충깡충, 오뚝이, 아지랑이'의 표기는 모두 바르다.

오답체크
② 돐 → 돌: '생일'을 뜻하는 말은 '돌'만 표준어이다.
③ • 삵괭이 → 살쾡이/삵: '살쾡이' 또는 '삵'만 표준어이고, 이 둘을 합친 '삵괭이'는 표준어가 아니다.
  • 끄나불 → 끄나풀: 거센소리를 가진 '끄나풀'만 표준어이다.

12

'삐지다, 개기다, 놀잇감, 딴지, 섬찟'는 모두 2014년 12월 15일에 새로 추가된 표준어이다.

13

자음을 첫소리로 가지고 있는 음절의 'ㅢ'는 [ㅢ]가 아니라 [ㅣ]로 발음한다. 따라서 '희망'과 '무늬'의 표준 발음은 각각 [히망], [무니]이다.

[정답]
10 ② 11 ①, ④ 12 ⑤ 13 ③

---

10 밑줄 친 말이 복수 표준어가 아닌 것은? 2022 간호직 8급

① 화단에 있는 흙이 찰지다/차지다.
② 글을 읽으려야/읽을래야 읽을 수가 없다.
③ 너무 어지러워서 하늘이 다 노라네/노랗네.
④ 누가 그런 주책없는/주책인 소리를 하더냐?

11 다음 중 표준어끼리 올바르게 연결된 것은? 2018 경찰 1차

① 수캉아지 – 수탕나귀 – 수평아리
② 황소 – 장끼 – 돐(생일)
③ 삵괭이 – 사글세 – 끄나불
④ 깡충깡충 – 오뚝이 – 아지랑이

12 다음 밑줄 친 단어 가운데 새로 인정된 표준어는 몇 개인가? 2015 국회직 8급

ㄱ. 그렇게 조그만 일에 삐지다니 큰일을 못할 사람일세.
ㄴ. 인창이는 상급생에게 개기다가 혼쭐이 났다.
ㄷ. 나뭇잎도 아이들에게는 훌륭한 놀잇감이 된다.
ㄹ. 성우야, 이번 일에 자꾸 딴지를 걸지 마라.
ㅁ. 길형이는 뱀을 발견하고 섬찟 놀랐다.

① 1개 ② 2개 ③ 3개 ④ 4개 ⑤ 5개

13 '의'의 표준 발음에 대한 설명 중 맞지 않는 것은? 2023 군무원 7급

① '회의, 민주주의'와 같이 단어의 2음절 이하에 사용된 '의'는 [ㅢ]로 발음하는 것이 원칙이고, [ㅣ]로 발음하는 것도 허용된다.
② '우리의 마음, 반의 반'과 같이 조사로 사용된 '의'는 [ㅢ]로 발음하는 것이 원칙이고, [ㅔ]로 발음하는 것도 허용된다.
③ '희망, 무늬'와 같이 자음을 첫소리로 가지고 있는 음절의 'ㅢ'는 [ㅢ]로 발음하는 것이 원칙이고, [ㅣ]로 발음하는 것도 허용된다.
④ '의사, 의자'와 같이 단어의 첫음절에 사용된 '의'는 [ㅢ]로 발음한다.

14 다음은 받침 'ㅎ'의 발음에 대한 자료이다. 이를 바탕으로 이끌어 낸 규칙으로 옳지 않은 것은?

2023 국회직 8급

> 자료1. 놓고 → [노코]   않던 → [안턴]   닳지 → [달치]
>
> 자료2. 않네 → [안네]   뚫는 → [뚤는 → 뚤른]
>
> 자료3. 닿소 → [다:쏘]   많소 → [만:쏘]   싫소 → [실쏘]
>
> 자료4. 놓는 → [논는]   쌓네 → [싼네]
>
> 자료5. 낳은 → [나은]   않은 → [아는]   싫어도 → [시러도]

① 'ㅎ(ㄶ, ㅀ)' 뒤에 'ㅅ'이 결합되는 경우에는, 'ㅅ'을 [ㅆ]으로 발음한다.

② 'ㄶ, ㅀ' 뒤에 'ㄴ'이 결합되는 경우에는, 'ㅎ'을 발음하지 않는다.

③ 'ㅎ' 뒤에 'ㄴ'이 결합되는 경우에는, 'ㅎ'을 발음하지 않는다.

④ 'ㅎ(ㄶ, ㅀ)' 뒤에 모음으로 시작된 어미나 접미사가 결합되는 경우에는, 'ㅎ'을 발음하지 않는다.

⑤ 'ㅎ(ㄶ, ㅀ)' 뒤에 'ㄱ, ㄷ, ㅈ'이 결합되는 경우에는, 뒤 음절 첫소리와 합쳐서 [ㅋ, ㅌ, ㅊ]으로 발음한다.

---

15 <보기>의 밑줄 친 ㉠~㉤ 중 표준 발음으로 옳은 것을 모두 고르면?

2018 국회직 8급

보기

> • 이 문제는 입주민들과의 ㉠ 협의[혀븨]를 통해서 해결합시다.
> • 외국인들은 한글의 복잡한 ㉡ 띄어쓰기[띄어쓰기]를 어려워한다.
> • 관객들이 ㉢ 썰물[썰:물]처럼 빠져나갔다.
> • 나라다운 나라 만들기라는 ㉣ 우리의[우리에] 소망이 이루어질까?
> • ㉤ 반신반의[반:신바:늬] 하는 분위기였다.

① ㉠, ㉡, ㉢

② ㉠, ㉢, ㉣

③ ㉠, ㉣, ㉤

④ ㉡, ㉢, ㉤

⑤ ㉡, ㉣, ㉤

14

'ㅎ' 뒤에 'ㄴ'이 결합되는 경우는 '자료 4'와 관련이 있다. '자료 4'에서 'ㅎ' 뒤에 'ㄴ'이 결합되는 경우, [ㅎㄴ]이 [ㄴㄴ] 형태로 실현된 것을 확인할 수 있다. 'ㅎ'이 사라지고 [ㄴ]만 발음한 것이 아니므로 적절하지 않은 이해이다.

오답체크

① '자료 3'을 통해 이끌어낼 수 있다.

② '자료 2'를 통해 이끌어낼 수 있다.

④ '자료 5'를 통해 이끌어낼 수 있다.

⑤ '자료 1'을 통해 이끌어낼 수 있다.

15

'협의, 우리의, 반신반의'의 발음은 옳다.

㉠ 협의[혀븨/혀비]: 받침의 연음화와, 첫음절 이외의 '의'는 [ㅣ]로 발음할 수 있으므로 발음이 2가지로 된다. 따라서 [혀븨]가 원칙이고, [혀비]가 허용된다.

㉣ 우리의[우리의/우리에]: 조사 '의'는 [ㅔ]로 발음함이 원칙이고, [ㅔ]로도 발음함이 허용된다.

㉤ 반신반의[반:신바:늬/반:신바:니]: 합성어의 경우에는 둘째 음절 이하에도 긴소리를 인정하므로 '반신반의'의 장음은 적절한 발음이다. 더불어 '협의'와 같이 '반의'의 발음도 2가지 인정된다.

오답체크

㉡ 띄어쓰기[띠어쓰기/띠여쓰기]: '의'의 발음은 자음이 첫소리에 오는 경우 [ㅣ]로 발음해야 하므로 [띠]로 발음해야 한다. 더불어 용언의 어미 '어'는 [어]로 발음함을 원칙으로 하되 [여]로 발음함도 허용되므로 [띠어/띠여] 모두 옳은 발음이다.

㉢ 썰물[썰물]: 첫 글자가 장음인 단어가 아니다.

[정답]

14 ③ 15 ③

'협의'는 [혀븨/혀비]로 발음한다. 자음의 첫소리가 없는 'ㅢ'는 [ㅢ]로 발음해야 하며, 단어의 첫음절 이외의 환경에서는 [ㅣ]로도 발음할 수 있다. 따라서 [혀비]는 표준 발음이다.

오답체크

① 읽게[익께 → 일께]: 'ㄹㄱ'의 대표음은 'ㄱ'이지만, 'ㄱ'으로 시작하는 어미와 결합할 경우, [ㄹ]로 발음한다.

② 밭을[바츨 → 바틀]: 구개음화의 환경이 아니므로, 그대로 연음하여 발음한다.

④ 맑지만[말찌만 → 막찌만]: 'ㄹㄱ'은 'ㄱ'으로 시작하는 어미와 결합하는 경우를 제외하고는 대표음 [ㄱ]으로 발음된다.

---

16 밑줄 친 부분이 표준 발음법에 맞는 것은?

① 이 책을 좀 읽게[익께].

② 이 밭을[바츨] 다 갈아야 돼.

③ 협의[혀비]할 사항이 아직도 남아 있습니까?

④ 하늘은 맑지만[말찌만] 내 마음은 안 그래요.

17

• 끝을[끄츨 → 끄틀]: 구개음화의 환경이 아니므로, 그대로 연음하여 발음한다.

• 피읖에[피으페 → 피으베]: 받침 'ㅍ'이 조사 '에'과 결합할 때는 'ㅍ'이 연음되지 않고, [ㅂ]으로 바뀐 후 연음된다.

• 닭 앞에[달가페 → 다가페]: '앞'이 실질 형태소이므로 대표음으로 바뀐 후 연음된다. 'ㄹㄱ'의 대표음은 [ㄱ]이다.

오답체크

② 휘발유[휘발뉴 → 휘발류]: '휘발+유'의 관계로 앞말에 받침이 있고 뒷글자의 시작이 '이, 야, 여, 요, 유'이므로 'ㄴ' 첨가 현상이 발생하여 [휘발뉴]로 발음하게 되고, 그 후에 유음화되어 [휘발류]로 발음된다.

③ 넓대[넙따 → 널따]: '넓-'을 어근으로 가진 복합어인 '넓죽하다'와 '넓둥글다'는 예외적으로 대표음이 [ㅂ]이지만, '넓다'는 원칙에 따라 대표음이 [ㄹ]이다.

④ 서울역[서울녁 → 서울력]: '서울+역'의 관계로 'ㄴ' 첨가 현상이 발생하여 [서울녁]으로 발음된 후에, 유음화되어 [서울력]으로 발음된다.

---

17 표준 발음이 아닌 것으로만 짝지어진 것은?

① 끝을[끄츨], 피읖에[피으페], 닭 앞에[달가페]

② 헛웃음[허두슴], 휘발유[휘발뉴], 밭 아래[바다래]

③ 넓다[넙따], 넓죽하다[넙쭈카다], 넓둥글다[넙뚱글다]

④ 결단력[결딴녁], 상견례[상견녜], 서울역[서울녁]

[정답]

16 ③   17 ①

18 표준 발음법에 맞는 것으로만 묶인 것은?

2008 지방직 7급

① 닳지[달치], 밟게[밥:께], 삯일[상닐]

② 떫다[떱:따], 젊다[점:따], 담요[담:뇨]

③ 밟소[밥:쏘], 흙과[흘꽈], 막일[마길]

④ 읊고[읍꼬], 여덟[여덥], 송별연[송:벼련]

'닳지[달치], 밟게[밥:께], 삯일[상닐]'은 모두 표준 발음이다.

오답체크

② 떫다[떱:따 → 떨:따]

③ 흙과[흘꽈 → 흑꽈], 막일[마길 → 망닐]

④ 여덟[여덥 → 여덜]

---

19 <보기> 중 표준 발음법에 가장 맞지 않는 것은 모두 몇 개인가?

2020 경찰 1차

> **보기**
>
> 그믐달[그믐딸]　　늑막염[능망념]　　맑게[말께]
> 서울역[서울력]　　숙맥[쑥맥]　　　 식용유[시:공뉴]
> 젖먹이[점머기]　　직행열차[지캥렬차]

① 2개

② 3개

③ 4개

④ 5개

〈보기〉 중 표준 발음법에 맞지 않는 단어는 '숙맥[쑥맥 → 숭맥]', '젖먹이[점머기 → 전머기]', '직행열차[지캥렬차 → 지캥녈차]'로 3개이다.

숙맥	'숙맥'은 'ㄱ'이 비음 'ㅁ'에 동화되어 [숭맥]으로 발음된다.
젖먹이	'젖먹이'는 'ㅈ'이 음절의 끝소리 규칙에 의해 'ㄷ'으로 교체된다. 교체된 'ㄷ'이 비음 'ㅁ'에 동화되어 [전머기]로 발음된다.
직행열차	'직행열차'에서 '직행'은 'ㄱ'과 'ㅎ'이 만나 'ㅋ'으로 축약되어 [지캥]이 된다. '직행[지캥]'과 '열차'가 결합되는 과정에 'ㄴ'이 첨가되어 [지캥녈차]로 발음된다.

오답체크

그믐달	'그믐'과 '달'이 합성되는 과정에서 사잇소리 현상이 일어나 [그믐딸]로 발음된다.
늑막염	'늑막염'에서 '늑막'은 'ㄱ'이 비음 'ㅁ'에 동화되어 [능막]이 된다. '늑막[능막]'과 '염'이 결합되는 과정에 'ㄴ'이 첨가되어 [능막념]이 되고, 다시 'ㄱ'이 비음 'ㄴ'에 동화되어 [능망념]으로 발음된다.
맑게	'ㄺ'은 'ㄱ'으로 발음하는 것이 원칙이지만, 'ㄱ'으로 시작하는 어미와 만나 [ㄹ]로 발음된다. 따라서 '맑게'는 [말께]로 발음된다.
서울역	'서울'과 '역'의 결합 과정에서 'ㄴ'이 첨가되어 [서울녁]이 된다. 'ㄴ'이 유음 'ㄹ'에 동화되어 [서울력]으로 발음된다.
식용유	'식용'과 '유'의 결합 과정에서 'ㄴ'이 첨가되어 [시:공뉴]로 발음된다.

[정답]

18 ① 　19 ②

20

'결막염'의 표준 발음은 [결막염 → (ㄴ 첨가) → 결막념 → (비음화) → 결망념]이다. 받침은 조사 '이'에 연음되므로 표준 발음은 [결망녀미]가 맞다.

오답체크
① 넓습니다[널슴니다 → 널씀니다]: 어간 받침 'ㄼ' 뒤에 'ㅅ'으로 시작하는 어미가 결합할 경우 된소리로 발음해야 한다.
③ 송별연을[송별려늘 → 송:벼려늘]: '송별연'의 표준 발음은 [송:벼련]이다. 받침은 조사 '을'에 연음되므로 표준 발음은 [송:벼려늘]이다.
④ 협력하여[협려카여 → 혐녀카여]: '협력'의 표준 발음은 [혐녁]이다. '하여'의 'ㅎ'이 [혐녁]의 받침 'ㄱ'과 결합하여 'ㅋ'으로 축약되므로 표준 발음은 [혐녀카여]이다.

20 밑줄 친 부분의 발음이 옳은 것은?

2015 교육행정직 7급

① 그 집은 의외로 주방이 넓습니다[널슴니다].
② 여름이 시작되자 마을사람들 사이에 <u>결막염이[결망녀미]</u> 유행하였다.
③ 젊은이들은 입대하는 동료를 위해 <u>송별연을[송별려늘]</u> 벌이던 참이었다.
④ 우리는 옆집과 <u>협력하여[협려카여]</u> 모내기를 제때에 무사히 마쳤다.

21

늑막염[능마겸 → 능망념]: 한자어 '늑막'과 '염'의 합성어로, '염'에 'ㄴ'이 첨가되어 '념'으로 바뀐 후, '늑막'의 받침 'ㄱ'이 'ㅁ'의 영향으로 비음 'ㅇ'으로 바뀌어 '능막'으로 발음되고, 이때 '막'의 'ㄱ'이 뒤의 'ㄴ'의 영향으로 비음화가 일어나 [능망념]으로 최종 발음된다.

21 밑줄 친 부분의 발음 중 표준 발음법에 맞지 않는 것은?

2010 국가직 7급

① 그는 작년에 <u>늑막염[능마겸]</u>을 앓았다.
② 신병들은 <u>3연대[삼년대]</u>에 배속되었다.
③ 그녀의 나이는 <u>서른 여섯[서른녀섣]</u>이다.
④ 우리는 <u>서울역[서울력]</u>에서 만났다.

[정답]
20 ② 21 ①

01 다음 밑줄 친 단어 가운데 표준어가 아닌 것은?

① 미세먼지가 많아서 <u>눈꼽</u>이 자주 낀다.

② 잠깐 자리만 비워도 <u>뒷소리</u>가 나오는 곳이다.

③ 엄마의 잔소리에도 여전히 <u>딴전</u>만 피우고 있다.

④ <u>눈어림</u>으로는 대략 1 미터 정도의 식물이다.

02 밑줄 친 어휘 중 표준어가 아닌 것은?

① 그 사람 <u>눈초리</u>가 예사롭지 않다.

② <u>남우세스럽게</u> 그런 행동은 하지 마라.

③ 그녀는 예쁜 <u>콧망울</u>을 가지고 있다.

④ 갑자기 <u>딴죽</u>을 거니 당황스러웠다.

03 다음 중 짝지어진 단어들의 관계가 복수 표준어가 아닌 것은?

① 보통 – 내기/여간 – 내기/예사 – 내기

② 살 – 쾡이/삵

③ 넝굴/덩쿨

④ 뒷 – 갈망/뒷 – 감당

04 다음 밑줄 친 단어 가운데 새로 인정된 표준어는 몇 개인가?

- ⊙ <u>초장초</u>는 괭이밥과의 여러해살이풀이다.
- 그에 대한 감정이 ⊙ <u>사그라들었다</u>.
- ⓒ <u>속앓이</u>를 하다보니 속병이 났다.
- 그 녀석이 머리가 크더니 요즘 들어 부쩍 ② <u>개긴다</u>.
- 친구가 소개팅에 나가자고 자꾸 ⑩ <u>꼬신다</u>.

① 2개   ② 3개

③ 4개   ④ 5개

01

눈꼽 → 눈곱

오답체크

②, ③, ④ '뒷말 – 뒷소리', '딴전 – 딴청', '눈대중 – 눈어림 – 눈짐작' 모두 복수 표준어들이다.

02

콧망울 → 콧방울: 코끝 양쪽이 '방울'처럼 생겼다는 의미에서, 우리말 '코＋방울'이 합쳐진 말로, '콧방울'로 표기하는 것이 올바른 표기이다. '코＋방울'이 합성되는 과정에서 된소리가 첨가되어 [코빵울/콛빵울]로 발음되며, 사잇소리 현상이 일어나서 사이시옷을 표기한 표준어이다.

오답체크

① 눈초리/눈꼬리(○)
② 남우세스럽다/남사스럽다(○)
④ 딴죽/딴지(○)

03

'넝쿨 – 덩굴'이 맞는 복수 표준어이다.

04

⊙~⑩ 모두 2014년 12월 15일에 새로 추가된 표준어이다.

[정답]

01 ①   02 ③   03 ③   04 ④

05

- 쌓네[싼네]: 'ㅎ' 뒤에 'ㄴ'이 결합되는 경우에는 [ㄴ]으로 발음한다.
- 닳아[다라]: 'ㅎ' 뒤에 모음으로 시작된 어미나 접미사가 결합되는 경우에는 'ㅎ'을 발음하지 않는다.
- 뚫네[뚤레]: 겹받침 'ㄶ'의 대표음은 [ㄹ]이므로 'ㅎ'이 탈락한다. 받침 'ㄹ'이 뒤의 'ㄴ'에 영향을 줘 유음화가 일어나 발음이 'ㄹㄹ'이 된다.

05 다음 단어의 표준 발음으로 올바른 것은?

> 쌓네, 닳아, 뚫네

① [싼네], [다라], [뚤네] ② [싼네], [달아], [뚤네]

③ [싼네], [다라], [뚤레] ④ [싼네], [달아], [뚤레]

06

잃는다[일는다 → 일른다]: '잃는다'는 'ㄶ' 뒤에 'ㄴ'이 결합되는 경우에는 'ㅎ'을 발음하지 않는다는 제12항과 유음화 규정을 통해 [일른다]로 발음해야 한다.

오답체크
ⓐ 제5항 '다만 4'에서 조사 '의'는 [ㅔ]로 발음함도 허용한다고 하였으므로 [강ː의의/강ː의에/강ː이의/강ː이에] 모두 표준 발음이다.
ⓑ 제5항 '다만 1'에 따르면 용언의 활용형에 나타나는 '져,쪄,쳐'는 [저, 쩌, 처]로 발음하므로 '가져'의 표준 발음은 [가저]이다.
ⓓ 제4항 [붙임]에 따르면 'ㅚ'는 [ㅚ/ㅞ] 이중 모음으로 발음을 허용한다고 하였으므로 '최근'은 [최ː근/췌ː근]으로 모두 발음된다.

06 ⓐ~ⓓ의 발음 중 표준 발음이 아닌 것은?

- ⓐ <u>강의의</u> 주제는 '힐링'이다.
- 휴지를 ⓑ <u>가져</u> 가지 마시오.
- 건강을 잃으면 모든 것을 ⓒ <u>잃는다</u>.
- ⓓ <u>최근</u> 뉴스에 보도된 내용이다.

① ⓐ: [강ː의에] ② ⓑ: [가저]

③ ⓒ: [일는다] ④ ⓓ: [췌ː근]

07

'강릉, 미닫이, 칡까지'의 발음은 모두 바르다.

오답체크
② '훑이다, 앉과'의 발음은 바르다.
- 있었다[읻썬따 → 이썬따]: 어간 뒤에 형식 형태소 '-었-'이 왔으므로 어간 받침 'ㅆ'은 연음되어야 한다.
③ '키읔만, 정직하다'의 발음은 바르다.
- 밟는[밥ː는 → 밤ː는]: 겹받침 'ㄼ'은 대표음이 [ㄹ]이지만, '밟다'와 그 활용형 그리고 '넓-'으로 시작되는 복합어일 때는 예외적으로 [ㅂ]이 대표음이다. 받침 'ㅂ'이 비음 'ㄴ'을 만나면 비음화가 일어나므로 최종적인 발음은[밤ː는]이 바르다.
④ '얹다, 넓죽하다'의 발음은 바르다.
- 석류[석뉴 → 성뉴]: 'ㄱ'은 유음 'ㄹ'을 만나면 상호 동화가 일어나므로 'ㄱ'은 'ㅇ'으로, 'ㄹ'은 'ㄴ'으로 교체된 [성뉴]가 바른 발음이다.

07 표준 발음으로만 짝지어진 것은?

① 강릉[강능], 미닫이[미ː다지], 칡까지[칙까지]

② 훑이다[훌치다], 있었다[읻썬따], 앉과[안ː과]

③ 키읔만[키응만], 밟는[밥ː는], 정직하다[정ː지카다]

④ 석류[석뉴], 얹다[언따], 넓죽하다[넙쭈카다]

[정답]

05 ③   06 ③   07 ①

08 밑줄 친 부분이 <표준 발음법>에 맞지 않는 것은?

① 산동네[산똥네]로 가는 길이 가파르다.

② 그토록 몰상식[몰쌍식]한 사람을 본 적이 없다.

③ 노사 간의 갈등[갈뜽]을 원만히 해결하였다.

④ 깃발[긷발]이 바람에 나부끼다.

09 밑줄 친 부분의 발음이 옳은 것은?

① 여름이 되니 결막염이[결마거미] 유행하기 시작했다.

② 신병들이 3연대[사면대]에 배치되었다.

③ 공무원의 등용문[등용문]은 노량진인가?

④ 그녀의 올해 나이는 서른여섯[서른여섣]이다.

10 밑줄 친 부분이 <표준 발음법>에 맞지 않는 것은?

① 영업용[영엄뇽] 택시이었을 것이다.

② 색연필[생년필] 사러 문방구에 갔다 올게요.

③ 냉면은 한여름[한녀름]에 먹기에 좋은 음식이다.

④ 처방해 드린 내복약[내복:냑] 잘 챙겨서 드세요.

08

'ㄱ, ㄷ, ㅂ, ㅅ, ㅈ'으로 시작하는 단어 앞에 사이시옷이 올 때는 이들 자음만을 된소리로 발음하는 것을 원칙으로 하되, 사이시옷을 [ㄷ]으로 발음하는 것도 허용하므로 '깃발'은 [기빨] 혹은 [긷빨] 모두 맞는 발음이다.

오답체크

① '산동네'는 '산'과 '동네'의 합성어로 표기상으로는 사이시옷이 없더라도, 관형격 기능을 지니는 사이시옷이 있어야 할(휴지가 성립되는) 합성어의 경우에는, 뒤 단어의 첫소리 'ㄱ, ㄷ, ㅂ, ㅅ, ㅈ'을 된소리로 발음한다는 제28항, 사잇소리 규정과 관련이 있는 예이다. 따라서 '산동네'의 표준 발음은 [산똥네]이다.

②, ③ '몰상식'과 '갈등'은 제26항 한자어에서, 'ㄹ' 받침 뒤에 연결되는 'ㄷ, ㅅ, ㅈ'은 된소리로 발음한다는 규정에 의거하여 [몰쌍식], [갈뜽]으로 발음하는 것이 맞다.

09

'등용문'은 '6·25[유기오], 3·1절[사밀쩔]'과 더불어 'ㄴ' 첨가의 예외 현상에 해당하므로 'ㄴ' 첨가가 되지 않은 발음인 [등용문]이 표준 발음이다.

오답체크

① '결막염'의 표준 발음은 [결망념]이다. 자음 받침은 뒤에 모음으로 시작되는 형식 형태소가 오면 연음되므로, [결망녀미]가 옳은 발음이다.
  ※ 결막염[결막염 → (ㄴ 첨가) → 결막념 → (비음화) → 결망념]

②, ④ '3연대'와 '서른여섯' 모두 'ㄴ' 첨가가 일어나므로 [삼년대], [서른녀섣]이 옳은 발음이다.

합성어, 파생어에서, 앞 단어나 접두사의 끝이 자음이고, 뒤 단어나 접미사의 첫음절이 '이, 야, 여, 요, 유'인 경우에는 'ㄴ' 음을 첨가하여 [니, 냐, 녀, 뇨, 뉴]로 발음한다. 따라서 '내복약'은 [내:복약 → (ㄴ 첨가) → 내:복냑 → (비음화) → 내:봉냑]으로 발음하는 것이 맞다.

[정답]

08 ④ 09 ③ 10 ④

11

'민주주의의 의의'의 발음은 물론 설명도 모두 맞다. '민주주의'의 '의'와 '의의'의 두 번째 '의'는 첫 음절이 아니므로 [ㅣ]로 발음할 수 있다. 또한 조사 '의'는 [ㅔ]로 발음됨이 허용되므로 제시된 발음은 적절하다.

오답체크
① 이원-론[이:원론 → 이:원논]: 유음화의 예외로 'ㄴ'이 'ㄹ'로 되지 않고, 'ㄹ'이 'ㄴ'으로 발음된다('ㄹ'의 비음화).
③ 여덟이[여더리 → 여덜비]: 겹받침 다음에 모음으로 시작되는 형식 형태소가 나오면, 겹받침의 뒤 자음이 연음되어 발음된다. 따라서 [여덜비]로 발음해야 한다.
④ 늑막염[능마겸 → 능망념]: '늑막'과 '염'의 합성어로 'ㄴ' 첨가가 일어난 후, 'ㄴ'으로 인한 비음화가 일어난 [능망념]이 표준 발음이다.
  ※ 늑막염[늑막염 → (ㄴ 첨가) → 늑막념 → (비음화) → 능망념]

11 밑줄 친 부분의 발음과 그에 대한 설명이 모두 맞는 것은?

① 철학에서 이원론[이:원론]은 서로 대립되는 두 개의 원리를 가진다. → 'ㄹ'을 [ㄴ]으로 발음한다.
② 민주주의의 의의[민주주이에 의:이]는 무엇인가. → '의'의 발음은 첫음절의 경우 [의]로만 발음하고, 나머지 음절은 [이]로, 조사의 경우에는 [에]로 발음하는 것도 허용한다.
③ 꼬마의 나이가 올해 여덟이[여더리]나 되었다. → 홑받침이나 쌍받침이 모음으로 시작된 조사나 어미, 접미사와 결합되는 경우에는, 제 음가대로 뒤 음절 첫소리로 옮겨 발음한다.
④ 그는 오랫동안 늑막염[능마겸]을 앓아 왔다. → 받침 뒤에 모음으로 시작되는 실질 형태소가 연결될 경우 뒤 음절 첫소리로 옮겨 발음한다.

12
'뜻있다'의 '뜻'과 '있다'는 각각 실질 형태소이므로 [뜨딛따]만 표준 발음이다. 따라서 '뜻있는'의 발음은 [뜨딘는]만 옳다.

12 다음 중 원칙과 허용 발음이 옳지 않은 것은?

① 길가에 장미꽃이 피어[피어/피여] 있다.
② 여름에 먹는 냉면이 제일 맛있다[마딛따/마싣따].
③ 그의 사나운 인상 덕분에 검열[검:녈/거:멸]에 걸려본 적이 많다.
④ 뜻있는[뜨딘는/뜨신는] 남자는 큰 꿈을 가진다.

[정답]
11 ②   12 ④

1. 외래어 표기법

(1) 표기의 기본 원칙

★ 더 알아보기
국어의 현용 24 자모

자음	ㄱ, ㄴ, ㄷ, ㄹ, ㅁ, ㅂ, ㅅ, ㅇ, ㅈ, ㅊ, ㅋ, ㅌ, ㅍ, ㅎ
모음	ㅏ, ㅓ, ㅗ, ㅜ, ㅡ, ㅣ, ㅔ, ㅐ, ㅚ, ㅟ

★ [비교] 음절의 끝소리 규칙:
ㄱ, ㄴ, ㄷ, ㄹ, ㅁ, ㅂ, ㅇ

★ [예외] 일본어, 중국어, 동남아시아권
에서 유래한 외래어는 된소리로 표기하
기도 한다.
예 쓰시마, 마오쩌둥, 호찌민 등

제1항 외래어는 국어의 현용 24 자모만으로 적는다.
예 국어에 없는 소리를 별도로 만들지 않는다.

제2항 외래어의 1 음운은 원칙적으로 1 기호로 적는다.
예 [f]는 'ㅍ'이나 'ㅎ'으로 소리가 나지만, 'ㅍ'으로만 적는다.

제3항 받침에는 'ㄱ, ㄴ, ㄹ, ㅁ, ㅂ, ㅅ, ㅇ'만을 쓴다.★
※ 외래어의 받침에는 'ㄷ'이 아닌 'ㅅ'을 적는다.

제4항 파열음 표기에는 된소리를 쓰지 않는 것을 원칙으로 한다.★

제5항 이미 굳어진 외래어는 관용을 존중하되, 그 범위와 용례는 따로 정한다.
예 관용을 존중하여 '레디오'가 아닌 '라디오'로 적는다.

(2) 관용을 존중하는 외래어 표기

바른 표기	잘못된 표기	바른 표기	잘못된 표기
파마	퍼머	카메라	캐머러
피아노	피애노	바나나	버내너
가톨릭	카톨릭	라디오	레이디오

(3) 인명, 지명의 표기

① 인명

구분	과거인	현대인
중국	종전의 한자음대로 표기	중국어 표기법에 따라 표기, 한자 병기
일본	일본어 표기법에 따라 표기, 한자 병기	

② 지명: 중국 및 일본의 지명 가운데 한국 한자음으로 읽는 관용이 있는 것은 이를 허용한다.
예 · 東京 – 도쿄, 동경   · 上海 – 상하이, 상해
   · 京都 – 교토, 경도   · 臺灣 – 타이완, 대만
   · 黃河 – 황허, 황하

③ '외래어 + 해, 섬, 강, 산 등'은 붙여 쓴다.
예 그리스어, 게르만족, 나일강, 에베레스트산, 발리섬, 우랄산맥, 데칸고원, 도카치평야

2. 로마자 표기법

(1) 표기의 기본 원칙

제1항 국어의 로마자 표기는 국어의 표준 발음법에 따라 적는 것을 원칙으로 한다.

제2항 로마자 이외의 부호는 되도록 사용하지 않는다.

(2) 자음과 모음의 로마자 표기

① 자음

ㄱ	ㄲ	ㅋ	ㄷ	ㄸ	ㅌ	ㅂ	ㅃ	ㅍ
g, k	kk	k	d, t	tt	t	b, p	pp	p

ㅈ	ㅉ	ㅊ	ㅅ	ㅆ	ㅎ	ㄴ	ㅁ	ㅇ	ㄹ
j	jj	ch	s	ss	h	n	m	ng	r, l

② 모음

ㅏ	ㅓ	ㅗ	ㅜ	ㅡ	ㅣ	ㅐ	ㅔ	ㅚ	ㅟ
a	eo	o	u	eu	i	ae	e	oe	wi

ㅑ	ㅕ	ㅛ	ㅠ	ㅒ	ㅖ	ㅘ	ㅙ	ㅝ	ㅞ	ㅢ★
ya	yeo	yo	yu	yae	ye	wa	wae	wo	we	ui

(3) 표기상의 유의점

제1항 음운 변화가 일어날 때는 변화의 결과에 따라 다음과 같이 적는다.★
예 비음화, 유음화, 구개음화, ㄴ첨가, 거센소리되기 등

제2항 발음상 혼동의 우려가 있을 때에는 음절 사이에 붙임표(-)를 쓸 수 있다.
예 중앙: Jung-ang, 해운대: Hae-undae

제3항 고유 명사는 첫 글자를 대문자로 적는다.
예 부산: Busan, 세종: Sejong

제4항 인명은 성과 이름의 순서로 띄어 쓴다. 이름은 붙여 쓰는 것을 원칙으로 하되 음절 사이에 붙임표(-)를 쓰는 것을 허용한다.
예 민용하: Min Yongha(원칙), Min Yong-ha(허용)

제5항 '도, 시, 군, 구, 읍, 면, 리, 동'의 행정 구역 단위와 '가'는 각각 'do, si, gun, gu, eup, myeon, ri, dong, ga'로 적고, 그 앞에는 붙임표(-)를 넣는다.
예 충청북도: Chungcheongbuk-do
※ '시, 군, 읍'의 행정 구역 단위는 생략할 수 있다. 예 청주시: Cheongju

📌 **더 알아보기**

자음 표기 기준

자음 \ 실현 환경	모음 앞	자음 앞이나 어말
ㄱ, ㄷ, ㅂ	g, d, b	k, t, p
ㄹ	r	l

※ 'ㄹㄹ'은 'll'로 적는다.

★ 'ㅢ'는 'ㅣ'로 소리 나더라도 'ui'로 적는다.

★ [예외]
1. 체언 내부에서 일어난 거센소리되기는 표기에 반영하지 않는다.
 ⇨ 'ㅎ(h)'을 밝혀 적는다.
2. 된소리되기는 표기에 반영하지 않는다.

📌 **더 알아보기**

음운 변화를 표기에 반영하지 않는 경우
1. 이름에서 일어나는 음운 변화
 예 홍빛나[홍빈나]: Hong Bitna (Hong Bit-na)
2. 행정구역 단위 붙임표(-) 앞뒤에서 일어나는 음운 변화
 예 삼죽면[삼중면]: Samjuk-myeon

왼쪽 해설 칼럼

01

〈보기〉 중 외래어 표기가 옳은 것은 '밸런타인데이, 엔도르핀, 윈도, 플루트, 코즈모폴리턴'으로 5개이다.

오답체크
- 마르세이유 → 마르세유
- 비젼 → 비전
- 엠블런스 → 앰뷸런스
- 크리스찬 → 크리스천

02

중모음은 각 단모음의 음가를 살려서 적되, [ou]는 '오'로 적기 때문에, '윈도'의 표기는 옳다.

오답체크
① 휴즈 → 퓨즈
② 커텐 → 커튼
③ 헹거 → 행어

03

'재스민(jasmine)'의 표기는 옳다.

오답체크
① 부페 → 뷔페
② 애드립 → 애드리브
④ 팜플렛 → 팸플릿
⑤ 꽁트 → 콩트

04

프로포즈 → 프러포즈

[정답]
01 ③ 02 ④ 03 ③ 04 ①

오른쪽 문제

01 〈보기〉에서 외래어 표기가 옳은 것은 모두 몇 개인가? 2024 국회직 8급

보기

마르세이유, 밸런타인데이, 비젼, 엠블런스,
엔도르핀, 윈도, 플루트, 코즈모폴리턴, 크리스찬

① 3개　　② 4개　　③ 5개　　④ 6개　　⑤ 7개

02 다음 밑줄 친 단어 중 〈외래어 표기법〉에 맞는 것은? 2023 군무원 7급

① 화재의 위험을 방지하기 위하여 휴즈를 부착하였습니다.
② 커텐에 감겨 넘어질 수 있으니 유의하시기 바랍니다.
③ 기둥을 조립할 때 헹거가 넘어질 수 있습니다.
④ 스위치의 뒤쪽을 누르면 윈도가 열립니다.

03 밑줄 친 외래어 표기가 옳은 것은? 2023 국회직 8급

① 송년(送年) 모임이 회사 앞 부페 식당에서 있을 예정이다.
② 저 남자 배우는 애드립에 능해서 연기가 자연스럽게 느껴진다.
③ 점심시간이 끝나자 사람들은 재스민 차를 마시기 시작했다.
④ 여행 정보 팜플렛을 얻으러 회사 근처의 여행사 사무실에 다녀왔다.
⑤ 유머가 있고 내용이 가벼운 꽁트 프로그램을 한 편 보기로 했다.

04 외래어 표기법이 옳지 않은 것은? 2022 국회직 9급

① 프로포즈(propose)　　　② 플랫폼(platform)
③ 레이다(radar)　　　　　④ 장르(genre)
⑤ 배지(badge)

05 ⑤~⑤의 외래어 표기법 규정 중 <보기>의 내용과 관련성이 높은 것은? 2022 국회직 8급

05
<보기>의 "오늘부터는 우크라이나 지명을 러시아어가 아닌 우크라이나어를 기준으로 전해드립니다."를 볼 때, ©과 가장 관련이 있음을 알 수 있다.

> 제1장 표기의 기본 원칙
> 　제2항 ⑤ 외래어의 1 음운은 원칙적으로 1 기호로 적는다.
> 　제4항 ⑥ 파열음 표기에는 된소리를 쓰지 않는 것을 원칙으로 한다.
>
> 제2장 표기 일람표
>
> 제3장 표기 세칙
>
> 제4장 인명, 지명 표기의 원칙
> 　제1절 표기 원칙
> 　　제2항 © 제3장에 포함되어 있지 않은 언어권의 인명, 지명은 원지음을 따르는 것을 원칙으로 한다.
> 　　제3항 ⑫ 원지음이 아닌 제3국의 발음으로 통용되고 있는 것은 관용을 따른다.
> 　　제4항 ⑪ 고유 명사의 번역명이 통용되는 경우 관용을 따른다.

보기

　안녕하십니까? 12시 뉴스입니다. 오늘부터는 우크라이나 지명을 러시아어가 아닌 우크라이나어를 기준으로 전해드립니다. 대표적으로 수도인 키예프는 '키이우'로, 제2의 도시 하리코프는 '하르키우'로, 서부의 리비프는 '르비우'로 바꿔 부릅니다.

① ⑤　　　　　　　　　　② ⑥
③ ©　　　　　　　　　　④ ⑫
⑤ ⑪

06 외래어 표기가 올바른 것으로만 묶은 것은? 　　2022 서울시 9급(2월)

① 플랭카드, 케익, 스케줄
② 텔레비전, 쵸콜릿, 플래시
③ 커피숍, 리더십, 파마
④ 캐비넷, 로켓, 슈퍼마켓

06
'커피숍, 리더십, 파마'의 표기는 모두 바르다.

오답체크
① '스케줄'의 표기만 옳다.
　플랭카드 → 플래카드, 케익 → 케이크
② '텔레비전, 플래시'의 표기만 옳다.
　쵸콜릿 → 초콜릿
　※ TV는 '티브이'로 적는다. 티비(×)
④ '로켓, 슈퍼마켓'의 표기만 옳다.
　캐비넷 → 캐비닛

[정답]

05 ③　06 ③

07

ㄴ의 '시뮬레이션(simulation)'과 ㄹ의 '카레(curry)'의 표기는 옳다.
- 시뮬레이션(○), 씨뮬레이션(×)
- 카레(○), 커리(×)

오답체크
ㄱ. 가톨릭(O), 카톨릭(×), 카돌릭(×), 캐톨릭(×)
ㄷ. 쇼트커트(O), 숏컷(×), 숏커트(×)
ㅁ. 챔피언(O), 샴피언(×), 캠피언(×)
ㅂ. 캐리커쳐(O), 캐리커쳐(×), 카리커쳐(×)

08

'배지(badge), 앙코르(encore), 콘테스트(contest), 난센스(nonsense)'의 표기는 모두 옳다.

오답체크
① 옐로우 → 옐로: [ou]는 '오'로 표기해야 하기 때문에 '옐로'로 적어야 한다.
② 알콜 → 알코올, 써클 → 서클
③ 도너츠 → 도넛

09

이름에서 일어나는 음운 변화는 표기에 반영하지 않는다. 따라서 '빛나'를 [빈나]로 발음하더라도, 표기는 'Hong Bitna(Hong Bit-na)'로 해야 한다.

07 외래어 표기가 맞는 것을 <보기>에서 있는 대로 고른 것은? 2017 교육행정직 9급

보기

ㄱ. 카톨릭(Catholic)	ㄴ. 시뮬레이션(simulation)
ㄷ. 숏커트(short cut)	ㄹ. 카레(curry)
ㅁ. 챔피온(champion)	ㅂ. 캐리커쳐(caricature)

① ㄱ, ㅁ

② ㄴ, ㄹ

③ ㄱ, ㄹ, ㅂ

④ ㄴ, ㄷ, ㅁ

08 다음 중 외래어 표기가 모두 옳은 것은? 2016 서울시 9급

① 벌브(bulb), 옐로우(yellow), 플래시(flash), 워크숍(workshop)

② 알콜(alcohol), 로봇(robot), 보트(boat), 써클(circle)

③ 밸런스(balance), 도너츠(doughnut), 스위치(switch), 리더십(leadership)

④ 배지(badge), 앙코르(encore), 콘테스트(contest), 난센스(nonsense)

09 다음 중 밑줄 친 표기가 국어의 <로마자 표기법> 규정에 어긋난 것은? 2023 군무원 9급

① 경기도 의정부시 – Uijeongbu-si

② 홍빛나 주무관님 – Hong Binna

③ 서울시 종로구 종로 2가 – Jongno 2(i)-ga

④ 부석사 무량수전 앞에 서서 – Muryangsujeon

[정답]
07 ② 08 ④ 09 ②

10 다음 중 밑줄 친 단어를 <로마자 표기법>에 맞게 표기한 것은?

> • 내 이름은 복연필이다.
> • 어제 우리는 청와대를 다녀왔다.
> • 작년에 나는 한라산을 등산하였다.
> • 다음 주에 나는 북한산을 등산하려고 한다.

① 복연필 – Bok Nyeonphil

② 청와대 – Chungwadae

③ 한라산 – Hanrasan

④ 북한산 – Bukhansan

10

체언에서 'ㄱ, ㄷ, ㅂ' 뒤에 'ㅎ'이 따를 때에는 'ㅎ'을 밝혀 적는다. 따라서 '북한산'은 [부칸산]으로 거센소리되기가 일어나더라도, 체언이기 때문에 'ㅎ'을 밝혀 'Bukhansan'으로 표기한 것은 옳다.

오답체크

① 이름에서 일어나는 음운 변화는 표기에 반영하지 않는다. 또한 'ㅍ'은 로마자로 'ph'가 아닌 'p'로 적는다. 따라서 '복연필'은 'Bok Yeonpil' 또는 'Bok Yeon-pil'로 표기해야 한다.

② 모음 'ㅓ'는 로마자로 'un'이 아닌 'eo'로 적는다. 따라서 '청와대'는 'Cheongwa-dae'로 표기해야 한다.

③ '한라산'의 표준 발음은 [할ː라산]이다. 'ㄹㄹ'은 'll'로 적는다. 따라서 '한라산'은 'Hallasan'으로 표기해야 한다.

11 다음 단어의 로마자 표기로 옳은 것은?

종로	여의도	신라
① Jongro	Yeouido	Silla
② Jongno	Yeouido	Silla
③ Jongro	Yeoeuido	Sinla
④ Jongno	Yeoeuido	Silla
⑤ Jongno	Yeoeuido	Sinla

11

종로	'종로'의 표준 발음은 [종노]이다. 따라서 'Jongno'로 표기해야 한다.
여의도	'ㅢ'는 항상 'ui'로 표기한다. 따라서 '여의도'는 'Yeouido'로 표기해야 한다.
신라	'신라'의 표준 발음은 [실라]이다. 'ㄹㄹ'은 'll'로 표기한다. 따라서 '신라'는 'Silla'로 표기해야 한다.

해커스공무원 혜원국어 적중 여신의 압도적 문법

[정답]

10 ④   11 ②

12

현행 로마자 표기는 '발음'을 기준으로 한다. '한라산'의 표준 발음은 [할:라산]이다. 따라서 'Hallasan'의 표기는 바르다.

오답체크
① Dalakgol → Darakgol: 초성의 'ㄹ'은 'r'로, 종성의 'ㄹ'은 'l'로 표기한다. '다락골'에서는 'ㄹ'이 초성에 쓰였기 때문에 'l' 대신 'r'로 표기해야 한다.
② Gukmangbong → Gungmangbong: '국망봉'의 표준 발음은 [궁망봉]이다. 따라서 'Gungmangbong'으로 표기해야 한다.
③ Nangrimsan → Nangnimsan: '낭림산'의 표준 발음은 [낭:님산]이다. 따라서 'Nangnimsan'으로 표기해야 한다.

12 <보기>의 ㉠~㉣을 현행 <로마자 표기법>에 따라 표기한 것으로 가장 적절한 것은?

2019 서울시 9급(6월)

보기

| ㉠ 다락골 | ㉡ 국망봉 |
| ㉢ 낭림산 | ㉣ 한라산 |

① ㉠ - Dalakgol

② ㉡ - Gukmangbong

③ ㉢ - Nangrimsan

④ ㉣ - Hallasan

13

'반구대'를 붙임표 없이 'Bangudae'로 쓸 경우 '반구대(Bangudae)'로 읽을 수도 있지만, '방우대(Bangudae)'로도 읽을 수 있기 때문에, 발음상의 혼동의 우려가 있다. 따라서 붙임표를 붙이지 않는 것이 원칙이나 발음상 혼동을 없애기 위해 'n'과 'g' 사이에 붙임표를 붙일 수 있다.

오답체크
① Dok-do → Dokdo: '독도'는 붙임표가 없어도 발음상 혼동의 우려가 없다. 따라서 음절 사이에 붙임표를 붙일 필요가 없다. 또한 자연 지물명, 문화재명, 인공 축조물명은 붙임표(-) 없이 붙여 쓴다는 로마자 표기법 제6항의 규정에 따라 붙임표 없이 'Dokdo'로만 적어야 한다.
③ Dok-rip-mun → Dongnimmun: 자연 지물명, 문화재명, 인공 축조물명은 붙임표(-) 없이 붙여 쓴다는 로마자 표기법 제6항의 규정에 따라 붙임표 없이 적어야 한다. 또한 음운 변화가 일어날 때에는 변화의 결과에 따라 적는다는 로마자 표기법 제1항의 규정에 따라 자음 동화를 표기에 반영하므로 '독립문[동님문]'은 'Dongnimmun'으로 적어야 한다.
④ 'Inwang-ri'의 표기는 적절하나, 발음상 혼동을 방지하기 위해 붙임표를 쓴 것이 아니라 행정 구역의 표시로 사용한 것이다.

13 로마자 표기법에 관한 다음 규정이 적용된 것은?

2018 국가직 9급

> 발음상 혼동의 우려가 있을 때에는 음절 사이에 붙임표(-)를 쓸 수 있다.

① 독도: Dok-do

② 반구대: Ban-gudae

③ 독립문: Dok-rip-mun

④ 인왕리: Inwang-ri

[정답]

12 ④   13 ②

14 다음 중 제시된 단어의 표준 발음과 로마자 표기가 모두 옳은 것은? 2017 서울시 9급

① 선릉[선능] – Seonneung

② 학여울[항녀울] – Hangnyeoul

③ 낙동강[낙똥강] – Nakddonggang

④ 집현전[지편전] – Jipyeonjeon

14

'학여울'의 표준 발음은 [항녀울]이다. 이에 따라 로마자로 'Hangnyeoul'로 표기한다.

오답체크

① '선릉'의 표준 발음은 [선능]이 아니라 [설릉]이다. 따라서 로마자로 'Seolleung'으로 표기해야 한다.

③ '낙동강'의 표준 발음은 [낙똥강]이 맞다. 그러나 된소리되기는 로마자 표기에 반영하지 않기 때문에 'Nakdonggang'으로 표기해야 한다.

④ '집현전'의 표준 발음은 [지편전]이 맞다. 하지만 체언 내부에서 일어나는 거센소리되기의 경우 'ㅎ(h)'을 밝혀 적어야 하므로 'Jiphyeonjeon'으로 표기해야 한다.

[정답]

14 ②

01
'라디오'와 '그래프'의 표기는 모두 옳다.

오답체크
① 빠리 → 파리 / '패션쇼'의 표기는 옳다.
② 초콜렛 → 초콜릿, 쥬스 → 주스
③ 피애노 → 피아노 / '첼로'의 표기는 옳다.

01 다음 중 밑줄 친 표기가 모두 바른 것은?

① 빠리에 가서 패션쇼를 봤다.
② 그녀는 초콜렛과 쥬스를 좋아한다.
③ 나는 피애노와 첼로를 다룰 수 있다.
④ 라디오 청취율을 그래프로 나타내다.

02
이중 모음이 아닌 단모음을 쓴 '주니어'가
바른 표기이다.

오답체크
① '쇼핑'이 바른 표기이다.
② '콩트'가 바른 표기이다.
④ '하이라이트'가 바른 표기이다.

02 다음 중 밑줄 친 표기를 바르게 수정한 것은?

① 백화점에 쇼핑(→ 샤핑)을 가다.
② 제가 재미있는 꽁트(→ 꽁뜨)를 준비해 왔습니다.
③ 오후에는 쥬니어(→ 주니어) 경기가 이어집니다.
④ 축구 경기의 하이라이트(→ 하일라이트)를 모아서 방송하다.

03
'컵(cup)'과 '수프(soup)'에는 동일한 음운
인 [p]가 사용되었지만, '컵'의 [p]는 'ㅂ'으
로 '수프'의 [p]는 'ㅍ'으로 표기하였다. '컵'
을 '컾'과 같이 적으면 조사와의 결합 시
[커페] 등과 같이 국어의 실제 발음에 부
합하지 않는 결과를 초래하므로 동일하게
쓸 수 없다.

오답체크
① 외래어 표기법의 받침은 'ㄱ, ㄴ, ㄹ, ㅁ,
ㅂ, ㅅ, ㅇ'만 쓸 수 있으므로 'ㄷ'이 아닌
'ㅅ'으로 표기하는 것이 적절하다.
※ '슈퍼마켙'으로 표기하면 '슈퍼마켙
에'를 [슈퍼마케테]로 발음해야 하여
국어의 실제 발음에 부합하지 않는 결
과를 초래한다.
③ 〈외래어 표기법〉은 예외적인 경우를 제
외하고는 된소리 표기를 적지 않는 것
이 바르다.
④ '워크숍'만을 인정하는 것은 외래어의 1
음운을 1 기호로 적는 원칙이 적용된 것
으로 볼 수 있다.
※ 'shop'[ʃap]의 [a]라는 1 음운은 'ㅗ'라
는 1 기호로 표기한다. 다만 [ʃ]와 만
나 '쇼'라는 표기를 만들어 낸다.

03 다음 외래어 규정을 바탕으로 자료를 이해한 것으로 적절하지 않은 것은?

[제1장 표기의 기본 원칙]
제1항 외래어는 국어의 현용 24 자모만으로 적는다.
제2항 외래어의 1 음운은 원칙적으로 1 기호로 적는다.
제3항 받침에는 'ㄱ, ㄴ, ㄹ, ㅁ, ㅂ, ㅅ, ㅇ'만을 쓴다.
제4항 파열음 표기에는 된소리를 쓰지 않는 것을 원칙으로 한다.
제5항 이미 굳어진 외래어는 관용을 존중하되, 그 범위와 용례는 따로 정한다.

 • 레스토랑에서 돈가스를 시켰더니 수프(soup)가 먼저 나왔다.
 • 너무 졸려서 종이컵(cup)에 커피를 따라 마시며, 재즈(jazz) 음악을 감상했다.
 • 이번 워크숍(workshop)은 환경 문제 해결 방안을 모색하기 위한 것이다.

① 'supermarket'은 제3항에 따라 '슈퍼마켙'이 아닌 '슈퍼마켓'으로 적을 수 있다.
② 'cup'의 [p]와 'soup'의 [p]를 제2항에 따라 동일하게 쓸 수 있다.
③ '재즈(jazz)'를 '째즈'와 같이 표기하면 제4항에 어긋난다.
④ '워크숍(workshop)'만 인정하고 '워크샵'을 인정하지 않는 것은 제2항과 관련이 깊다.

[정답]

01 ④   02 ③   03 ②

04 다음 중 로마자 표기가 바르지 않은 것은?

① 담요: damnyo

② 굳이: guji

③ 집합: jipap

④ 박수: baksu

05 다음 중 로마자 표기가 모두 바른 것은?

① 미닫이: midati, 밭이: bachi

② 몫몫이: mongmoksi, 꽃망울: kkotmangul

③ 광한루: Gwanghallu, 물난리: mullalli

④ 초승달: choseungddal, 등용문: deungyongmun

06 밑줄 친 단어의 로마자 표기가 잘못된 것은?

① 고운 <u>목소리</u> – Moksori

② 시원한 냉면 <u>국물</u> – naengmyeon

③ <u>낙동강</u> 하류에 위치하다. – Nakdonggang

④ <u>대관령</u>에 폭설이 내린다. – Daegwallyeong

04

'집합'과 같이 체언에서 거센소리되기가 일어나면 로마자 표기에 반영하지 않고 'ㅎ(h)'을 밝혀 적으므로 '집합'의 로마자 표기는 'jiphap'이다.

오답체크
① '담요'는 'ㄴ'이 첨가되어 [담뇨]로 발음되므로, 올바른 표기이다.
② '굳이'는 구개음화로 [구지]로 발음되므로, 올바른 표기이다.
④ '박수'는 된소리되기로 [박쑤]로 발음되지만, 로마자는 된소리를 표기하지 않으므로 올바른 표기이다.

05

'광한루[광·할루]: Gwanghallu, 물난리[물랄리]: mullalli'의 표기는 모두 옳다.
※ 유음화는 로마자 표기에 반영되는 음운의 변동이다.

오답체크
① '밭이[바치]: bachi'의 표기는 옳다. '미닫이'의 발음은 [미:다지]로 구개음화는 로마자 표기에 반영되므로 'midati'가 아닌 'midaji'로 적어야 한다.
② '몫몫이[몽목씨]: mongmoksi'의 표기는 옳다. '꽃망울'의 발음은 [꼰망울]로 비음화는 로마자 표기에 반영되므로 'kkotmangul'이 아닌 'kkonmangul'로 적어야 한다.
④ '등용문[등용문]: deungyongmun'의 표기는 옳다. '초승달'의 발음은 [초승딸]이지만 로마자 표기는 된소리되기를 반영하지 않으므로 'choseungddal'이 아닌 'choseungdal'로 적어야 한다.

06

Moksori → moksori: 고유 명사가 아니므로, 두음을 대문자로 쓰면 안 된다.

오답체크
③ [낙똥강]으로 발음되지만, 된소리되기는 표기에 반영하지 않기 때문에 'Nakdonggang'의 표기는 옳다.
④ [대:괄령]이 표준 발음이므로, 'Daegwallyeong'의 표기는 옳다.

[정답]

04 ③ 05 ③ 06 ①

PART 6

국어 규범

해커스공무원 해권국어 적중 여신의 압도적 문법

2025 대비 최신개정판

해커스공무원
혜원국어
적중 여신의
압도적 문법

개정 2판 1쇄 발행 2024년 8월 23일

지은이	고혜원
펴낸곳	해커스패스
펴낸이	해커스공무원 출판팀

주소	서울특별시 강남구 강남대로 428 해커스공무원
고객센터	1588-4055
교재 관련 문의	gosi@hackerspass.com
	해커스공무원 사이트(gosi.Hackers.com) 교재 Q&A 게시판
	카카오톡 플러스 친구 [해커스공무원 노량진캠퍼스]
학원 강의 및 동영상강의	gosi.Hackers.com

ISBN	979-11-7244-258-3 (13710)
Serial Number	02-01-01

공무원 교육 1위,
해커스공무원 gosi.Hackers.com

ᵀᴴ 해커스공무원

· 해커스공무원 학원 및 인강(교재 내 인강 할인쿠폰 수록)
· 정확한 성적 분석으로 약점 극복이 가능한 **합격예측 온라인 모의고사**(교재 내 응시권 및 해설강의 수강권 수록)
· 해커스 스타강사의 **공무원 국어 무료 특강**
· 필수어휘와 사자성어를 편리하게 학습할 수 있는 **해커스 매일국어 어플**

한경비즈니스 2024 한국품질만족도 교육(온·오프라인 공무원학원) 1위